证券经纪人制度研究

RESEARCH ON SECURITIES BROKER SYSTEM

张存萍　乌日娜 / 著

中国经济出版社
CHINA ECONOMIC PUBLISHING HOUSE
北　京

图书在版编目（CIP）数据

证券经纪人制度研究／张存萍，乌日娜著．
北京：中国经济出版社，2017.5
ISBN 978-7-5136-3053-5

Ⅰ.①证… Ⅱ.①张… ②乌… Ⅲ.①证券交易—经纪人—研究—中国 Ⅳ.①F832.51

中国版本图书馆 CIP 数据核字（2014）第 011117 号

责任编辑 杨元丽
责任印制 马小宾
封面设计 华子图文

出版发行 中国经济出版社
印 刷 者 北京九州迅驰传媒文化有限公司
经 销 者 各地新华书店
开　　本 710mm×1000mm 1/16
印　　张 19
字　　数 272 千字
版　　次 2017 年 5 月第 1 版
印　　次 2017 年 5 月第 1 次
定　　价 45.00 元
广告经营许可证 京西工商广字第 8179 号

中国经济出版社 **网址** www.economyph.com **社址** 北京市西城区百万庄北街 3 号 **邮编** 100037
本版图书如存在印装质量问题，请与本社发行中心联系调换（联系电话：010-68330607）

前言

中国的股票市场起源于20世纪90年代初，就上市公司数量和每年成交额而言，中国股票市场用20多年的时间，走完了发达国家几百年才走完的历程，资本市场取得了长足发展，并成为全球引人注目的市场之一，注定会在金融史上留下浓墨重彩的一笔。

市场机制是在市场上通过自由竞争与自由交换来实现配置资源的机制。证券经纪人制度机制是指金融市场机制体内，有价证券产品的供求、价格、竞争、风险等要素之间互相联系及作用机理。从发达国家证券经纪人的起源来看，股票市场的出现和发展与证券经纪人的出现是同步的，股票市场的运行机制恰恰是由证券经纪人制定的，因为大多数个人投资者及机构投资者的证券投资活动，主要依靠证券经纪人来进行。证券经纪人的职责就是为客户找到股票的最好报价。可以看出，经纪业务涉及成千上万投资者的利益，但就中国资本市场运行机制而言，与发达国家的距离还相差很大。由于中国的股票市场开始出现的背景不是股票市场的交易功能，而是要建立市场经济新体制，解决国有企业融资问题，这就导致中国的股票市场并不是一个以证券经纪人制度为中心的股市体制。由于中国证券经纪人机制的缺失，导致中国证券经纪人结构不合理、功能不健全，从而使证券经纪人制度建设出现了相应的缺陷。

在中国资本市场的创新改革中，资本市场的制度创新正在不断探索和推进。这需要在证券经纪人制度的建设上有更多的创新和改革，也需要监管层和业内共同的努力。我们有幸生活在这个伟大的时代，作为见证者或亲历者，有必要去感受和记录这些改革和变迁。正是基于上述认识，我们很早就密切关注证券经纪业务和证券经纪人制度在我国的实践与探索活动，研究世界各发达市场证券经纪人制度的发展历史、主要模式及经验教训，并在多年的资料积累和研究的基础上完成了《证券经纪人制度研究》一书。

《证券经纪人制度研究》共分为四部分内容。第一部分是第一章，主要是从证券经纪人、证券经纪人制度以及这一制度的理论基础等对证券经纪人制度进行了概括性的描述。第二部分是第二章到第四章，主要介绍了世界上相对成熟的资本市场的证券经纪人制度，包括美国、英国、德国、新加坡、中国台湾地区、中国香港地区证券经纪人制度安排。第三部分是第五章和第六章，从我国证券经纪业务出发，描述证券经纪人发展历程，以及证券经纪人制度的实践探索模式。第四部分是第七章和第八章，主要是从我国证券经纪人机制缺失、结构性与功能性缺陷和法律体系不完善等方面，研究了我国证券经纪人制度的缺陷，最后从我国建立证券经纪人制度的必要性与可行性出发，提出完善我国证券经纪人制度的管理思路，建立以证券经纪人为主导的证券经纪人制度。建议从宏观上完善经纪人制度的法律法规体系，从行业管理上提出完善经纪人的组织管理体系、风险管理制度和执业管理制度；从微观上，证券公司要完善经纪人制度的管理。

本书由北京财贸职业学院张存萍、乌日娜编写，张存萍具体负责确定本书的写作大纲和写作思路，并做了全面修改和编辑。本书各章分工具体如下：第1、2、3、4章由乌日娜执笔，第1、5、6、7、8章由张存萍执笔。

本书只是我们对证券经纪人和证券经纪人制度的初步研究，对许多证券经纪人及这一制度的研究深度还不够，我们将在以后对这些问题进一步地深入研究探讨。书中难免有不当或错误之处，还请业内学者和专家批评指正，不吝赐教。在编写本书过程中，我们参阅大量的关于证券经纪业务及证券经纪人制度的专著、论文和相关资料，尽可能地注明了所引材料的出处，其中或许有遗漏，在此，谨向有关作者致以诚挚的歉意。

张存萍

2016 年 12 月 20 日于北京

目录

第一章　证券经纪人制度概述

第一节　证券经纪人

一、证券经纪人基本概念

（一）经纪与经纪人

经纪是指为促成商品、劳务等交易而为买卖双方提供有偿服务的一种经济行为。经纪行为一般分为以下三类，即居间、行纪和代理。居间是指处于商品、劳务等供需双方之间的中介方，为交易双方提供信息，撮合商品、劳务的成功交易，并提供与交易有关服务的一种商业活动行为，只以自己的名义替交易双方媒介交易，并不具体代表其中任何一方。行纪是指经纪机构受委托人的委托，以自己的名义与第三方进行交易，并承担规定的法律责任的商业行为。代理是指代理人受托以委托人的名义与第三方进行交易，所产生的法律责任和法律后果由委托人承担的商业活动。

经纪人是经纪行为的执行者，是指在经纪活动中，以收取佣金为目的，为促成他人交易而从事居间、代理、行纪等经纪业务的公民、法人和其他经济组织。

（二）证券经纪与证券经纪人

当经济活动的客体，即买卖双方的交易对象为有价证券时，这种特定的经济活动就被定义为证券经纪，为证券经纪提供中介服务的经纪人就被称为证券经纪人。

证券经纪人是证券经纪行为主体，在证券经纪活动中，以收取佣金为目的，为促成证券投资者的证券交易而从事证券委托代理业务的公民、法人和其他经济组织。一般来说，证券经纪是指证券经纪人在证券流通市场（二级市场）为促成证券买卖双方的交易所进行的证券中介（代理）活动。

证券经纪人从概念上可以分为广义证券经纪人与狭义证券经纪人两种。狭义的证券经纪人仅指具备法人资格的证券中介机构，即证券经纪人，简称证券商或券商；广义的证券经纪人是指在证券交易中专门接收客户委托，帮助客户买卖证券并从中收取佣金，为客户提供证券信息咨询服务、专业证券分析、投资组合设计、证券买卖代理的中介人或代理人。不仅包括证券商，还包括证券投资咨询机构和自然人形态的证券经纪人。

关于自然人形态的证券经纪人，各国（地区）的称谓有所不同，美国叫注册代表，新加坡叫经纪代表，日本称外务员，中国香港则叫证券商代表等。出于证券市场成熟度和风险控制的考虑，以前我国只承认法人型证券经纪人，而对自然人型证券经纪人没有确切定义，2009 年 4 月 13 日通过的《证券经纪人管理暂行条例》首次对自然人证券经纪人进行了立法，初步承认了证券经纪人的自然人状态。由于我国证券市场的特性，以自然人和非法人的经济组织形式存在的证券经纪人既不能独立开展业务，也不能直接进入交易所，同时也不能以个人名义承担法律责任。因此，以自然人和非法人的经纪组织形式存在的证券经纪人不能独立存在，必须依附于证券经纪商才能实现证券经纪的功能。

近年来，由于证券业务的竞争激烈，经营成本上升，浮动佣金的出现，为了赢得市场份额，能在激烈的竞争中取得优势，目前各大券商面对经纪业务激烈竞争的市场环境，纷纷探索自然人型经纪人模式，以期在赢得客户、扩大市场份额的同时，提高自身的服务水平和质量，树立券商新形象，拓展经纪业务的功能。可见，自然人形态的证券经纪人已开始在我国证券市场上崭露头角，并将在未来我国证券市场规范化和国际化的进程中，日益发挥其独特的作用。

二、证券经纪人特征

证券经纪人与客户在证券投资活动中的关系体现出以下四个方面的特征：

（一）授权代理特征

授权代理特征即客户是授权人，证券经纪人是代理人，证券经纪人从客户自己的收益角度出发，代理客户保管资金或证券，以及代理买卖证券。但代理的权限必须以委托人的授权为限。

（二）佣金特征

佣金特征指证券经纪人以收取证券交易产生的佣金提成作为个人收入，收入的多少与客户交易量的大小成正比。

（三）法律特征

证券经纪人的行为不是秘密性活动，是需要受国家法律明示的，要具备监管当局认证的行为资格，具备合法运作的认证许可，丰富的专业知识，并受监管部门的监管和约束。

（四）信托特征

客户将自己的资金和证券交由经纪人保管，除非客户单独授权，否则证券经纪人不得随意使用客户的资金与买卖证券，即使是出于客户的利益。

（五）资产管理和咨询服务特征

证券经纪人运用自己的财务分析和投资经验，为客户提供咨询服务，为客户资产的升值与保值提出相应的建议。而证券经纪人和客户间不存在抵押及债权债务关系。

三、证券经纪人经济功能

证券经纪人在证券交易中的作用是由其特殊地位决定的。经纪人是通过代为客户买卖股票而获得佣金收入的中介人。这一含义规定了证券经纪人的地位和应有的经济功能的发挥。在实践中，证券买卖双方分散各地，无论从精力、时间或能力上，双方彼此无法在交易成本最小化的前提下实现证券交易。为了解决这一问题，证券经纪人作为双方的中介人，既解决了股票买卖双方交易撮合问题，又大大降低了股票买卖双方的交易成本，因此就有独立存在的价值及特殊的地位。我国著名学者王国刚先生在《建立多层次资本市场体系研究》中指出，在证券市场发展中，证券经纪人发挥了客户中心功能、风险防范功能、开发创新功能与维护股票市场健康发展功能。

（一）客户中心功能

接受投资者委托，代理客户进行证券交易，是证券经纪人的基本职能之一。证券经纪人作为证券市场的专业人士，撮合股票买卖双方能够按照他们的委托意愿实现股票交易。经纪人要尽到这一义务不仅要有掌握分析各种行情的技术与经验，而且要有独特的能够满足各类客户投资心理、风险偏好和运作特点的经营模式；经纪人还需要掌握买卖双方的信息、市场信息和其他经济社会信息，由此对整个股票市场能有较准确的把握；在实行做空的条件下，买卖双方只需交纳一定的保证金就可实现交易，这就要求经纪人需要有向客户提供资金支持的能力；最重要的是经纪人必须拥有自己的客户群体，这些客户群体既是经纪人开展业务的资源，又是经纪业务拓展的平台，也是保障经纪人佣金收入继而持续开展业务的条件。

证券经纪人为了自我生存和发展的需要，需要拥有大量的客户，为拥有这些客户，经纪人势必要为客户提供更好的服务。证券经纪人如果面对的是一个从来没有参与过证券投资的潜在投资者，就要做大量艰苦细致的工作。证券经纪人要向投资者介绍证券投资的意义和对投资者的作用，以调动投资者对证券投资的兴趣；要向投资者宣传证券投资的基础知识，逐步深入地介绍证券市场的组织结构、运作体系与交易流程，让投资者对证券市场有一个初步地认识与了解；要进一步就证券交易的法律法规、交易规则和游戏法则向投资者作出耐心细致地阐释与说明，让投资者确立正确的投资理念，树立必要的风险防范意识。经纪人将持续不断地向投资者介绍各种证券投资工具和相关的市场信息，并及时提供可行的建议，以协助投资者把握市场机会。投资者入市后，经纪人还将为投资者提供深层次的咨询服务，最终将其培育成一名合格的投资者。

经纪人这种专业服务，使经纪人与客户之间形成了一种紧密关系，在这种关系中，经纪人处于“中心”地位，客户围绕经纪人开展股票买卖活动。

（二）风险防范功能

股票市场是一个高风险的金融投资市场。经纪人作为股票买卖双方的中介人，时刻关注市场走势及市场风险变化，及时地收集各种数据和资料，通过各种技术手段和经验分析，尽可能地预测股票市场变化趋势，建立防范风险机制。风险防范制度的建立与措施的及时到位，对提升经纪服务质量、保障客户盈利水平、提高经纪人的业内声誉、扩大客户规模、增加佣金收入是至关重要的。作为专业人士，经纪人本身既有防范运作风险的条件，也能通过风险防范制度与措施的设立与制定，起到防范股票市场风险的作用。

当投资者出现投资失误或证券市场发生影响市场走势的重大突发事件时，证券经纪人一般都会积极主动地采取适当的补救措施，以避免投资者的重大损失，从而把风险控制在投资者可以承受的范围内。当然，优秀的证券经纪人不仅能有效地控制风险，更可贵的是能在风险降临之前预测风险，最终防范风险。证券经纪人的这一职能，目前对国内证券市场的风险防范和证券经纪商的风险控制来说意义特别重大。首先，由于证券经纪人能够帮助投资者有效控制风险，避免投资者的重大损失，从而使证券经纪商避免了由于其客户的“覆灭”或“深度套牢”等可能遭遇的系列风险，进而能部分避免市场的整体风险；其次，由于证券经纪人的知识背景和从业经历的差距，他们对市场的理解和关注的方向都是千差万别的，投资者将被投资理念，投资风格各异的证券经纪人引向国民经济的各行各业，从而使证券经纪商代理的客户资产和市场的证券资产投资分布更为广泛合理。也就是说，万一某个证券经纪人出现判断失误，也不会因此使其他的投资者惨遭损失。显然，这一新型的经纪管理模式能有效地避免传统管理模式中由于公司的“解盘高手”或“股评家”不经意的失误而导致公司的投资者大部分或“全军覆灭”的尴尬局面。由此，证券营业部的整体经营风险将被有效地化解。从更深层次上去理解，证券市场的风险亦将被逐级地有效分化。

（三）开发创新功能

证券经纪人是一个独立经营、自负盈亏的经济组织，因此需要不断开发市场，创造新的可交易产品，提供新的服务。具体表现在四个方面：一是不断开发新证券和股票价值。在经营过程中，为了满足客户需求，经纪人经常向客户推荐可买卖的证券，因此就需要运用经验分析与技术分析对所推荐的股票、上市公司的价值进行判定，挖掘现有各种股票的潜在价值。二是开发新交易方式。从欧美国家证券市场的发展历史来看，股票交易从现券交易到期权交易再到股指期货交易和期权交易，从限制性指令交易到止损性指令交易再到市场性指令交易，从全额券款交易到信用交易，从现场交易到电子交易等，在这些交易方式开发创新中，经纪人都起了重要作用。三是开发客户新需求。在经纪业务开展中，经纪人最初是满足客户当前的需求，即经纪人根据客户提出股票买卖的要求帮助其完成交易。随后通过经纪人向客户推荐股票，客户向经纪人咨询股票投资，经纪人开发客户的隐性需求，并满足客户需求与新产品开发、新市场开发结合起来。四是开发新业务。经纪人最初是代理买卖股票，随着股票市场的发展，经纪人把业务延伸到了投资咨询、财务分析、承销股票、公司并购、资产管理等业务。

（四）维护股票市场健康发展功能

维护股票市场的运作活力和健康发展是证券经纪人的根本利益所在。一方面，证券经纪人的存在可以极大地繁荣市场。证券经纪人是一批高素质的市场专业人士，具有丰富的实战经验，对证券市场具有职业的敏感；加之他们无时无刻不在跟踪研究证券市场，关注全球的政治、军事、经济形势，与非专业人士相比，他们更善于把握转瞬即逝的市场机会，因此，证券经纪人在为投资者盈利的同时也无形之中起到了活跃交易、繁荣市场的作用。证券经纪人的诞生，可以有效地盘活证券市场现有的巨额资产存量。证券经纪人由于能够提供个性化的专业服务——对客户资产的关注超过对个人利益的关注，可使已沉淀的客户资产有望逐步盘活。经纪人通过培育投资者正确的投资理念，可部分避免客户资产的再次沉淀。一方面，经纪人的作用突出表现在：维护市场竞争机制，维护市场各类参与者充分选择权。第一，随着证券经纪人制度的逐步实施，券商将从传统的恶性竞争逐渐转向证券经纪人素质与综合服务质量水平上的竞争；第二，证券经纪人能在一定程度上抑制机构大户和证券自营商的投机行为，保护中小投资者的利益，增强市场的投资功能，促进市场的平稳发展；第三，证券经纪人可以进一步活跃市场，培养投资者正确的投资理念，提高投资者素质，对我国证券市场规范化建设的积极作用是无法估量的；第四，证券经纪人制度的实行，有助于证券市场的法规建设，完善市场监管功能，杜绝不规范的代理行为，保障券商、投资者、经纪人三者的合法权益，促使市场正常运行；第五、证券经纪人制度的实施，还有助于上市公司、中介机构，以及证券经纪机构的规范和发展，使弄虚作假的行为得到了有效抑制。

证券市场是由多种主体参与交易活动的市场，不仅不同主体之间在投资意向、风险偏好、运作目的和操作技能等方面差距较大，即使同一主体在不同时段要求也会发生变化，因此，在有价证券投资中拥有不同的选择，就成为经纪人、投资者及其他参与者所关心的基本问题，也成为证券市场运行是否充满活力的一个基本标准。证券经纪人在努力推进各种创新过程上，激励和提高了证券市场运行的活跃程度。

第二节　证券经纪人制度

一、证券经纪人制度含义

证券经纪人的产生是证券业发展与内部分工的结果，而证券经纪人制度的形成则是证券市场发展到一定阶段的产物，是证券市场发展的一种制度性安排，这种制度性安排成为证券市场走向成熟与规范的标志。

证券经纪人制度是指与证券经纪人有关的所有法律法规及管理制度的总称。证券经纪人制度是个完善的体系，包括宏观、微观两个层面的内容，宏观层面是指证券经纪人是证券市场实现的一种制度性安排，包括国家证券业监督管理部门及各地证券监管机构和立法部门对证券经纪人的法律地位、任职资格、执业条件、从业范围、权利义务，与市场其他参与者之间的关系、行为规范、奖惩措施、监管模式等总的法律规范，是规范证券市场的行为规则；微观层面是指证券经纪人内部的一种制度性安排与设计，也就是人们设定的约束证券经纪人行为的规则与准则。包括证券经纪人的业务开展、招聘培训、考核激励与风险防范等一整套制度安排。

二、证券经纪人制度演变

证券市场从无到有，证券交易从分散到集中，证券经纪人伴随证券市场走过了漫长的发展历程，并日益发挥着重要的作用。早在证券市场发展的初期，由于市场规模较小，证券品种单一，投资者在证券投资过程中仅需证券经纪人提供交易代理服务，所有其他投资活动主要由投资者自己参与。但当证券市场发展到一定规模程度后，它必然要求证券经纪人的广泛参与，在整个投资过程中都要求形成专家代理，同时市场也对证券经纪人的任职资格、专业素质、行为准则、佣金标准、风险防范等方面提出严格的要求，从而逐步形成日益完备的证券经纪人制度。证券经纪人的产生是证券业内部分工的结果，而证券经纪人制度的形成则是证券市场发展到一定阶段的产物，是证券市场自身的一种制度性安排，这种制度性安排成为证券市场走向成熟与规范的标志。

在欧美股票市场发展历史上，证券经纪人在设立股票市场和推进股票市场形成的过程中，不断制定与完善证券市场交易规则，同时形成了经纪人自身的行为规范与规则。从各国股票市场历史来看，股票经纪人并不是一个专业化的职位，是由商业经纪人兼任。世界上最早买卖股票的市场出现在荷兰，时间是 1602 年。因为荷兰海上贸易发达，刺激大量的资本投入，因而产生了股票发行与交易的需求。第一个股份有限公司是荷兰的东印度公司。因为当时还没有完备的股票流通市场，更没有独立的股票交易所，所以只能靠本地的商人们零星地进行股票买卖中介，股票交易也只能在阿姆斯特丹的综合交易所里与调味品、谷物等商品混和在一起交易。17 世纪后半叶，经济中心转移到了英国，在荷兰创立的股份公司在伦敦得到了飞跃发展。由于买卖交易活跃，原来在皇家交易所与其他商品一起进行交易的股票交易商独立了出来，在市内的咖啡馆里进行买卖。1773 年在伦敦柴思胡同的约那森咖啡馆中，股票经纪商正式组织了第一个证券交易所，即当今伦敦交易所的前身，这就是现代证券市场的原型。

美国股市以 1792 年 24 名股票经纪人在纽约华尔街梧桐树下签订交易协议为标志，发展至今已有 200 多年历史。最初证券交易中介商人们聚集在露天街角或咖啡馆进行买卖，随着经济发展以及投资者上升的热潮所支撑着的证券交易量不断地增加，经纪人之间在佣金上的竞争加强，出现了市场交易混乱与竞争无序的状况。1792 年，当时交易量最大的 24 位经纪商经过秘密协商，制定出了停止不当竞争的协议，这就是著名的“梧桐树协议”。这成为美国最早的股票市场，也就是纽约证券交易所的前身，标志着证券经纪人首次开始制定股票交易规则。以后随着股票市场的发展情况，经纪人不断制定新的股票交易规则。1792 年，一些经纪人在华尔街 22 号成立了拍卖中心（后来的纽约证券交易所），与证券经纪制度相关的规则有两条：一是经纪人既可以为自己也可为客户买卖股票。二是经纪人根据交易量收取佣金。1817 年又规定，至少具有 1 年经纪业务经验的经纪人都有成为新会员的资格。与此同时，场外证券交易规模也在不断扩大，与之相适应的交易规则与证券经纪人制度也在不断完善，这也推动着证券市场相关法律制度的建立与完善。

在经历了1929年股票市场灾难后，1933年出台了《联邦证券法》，1934年出台了《联邦证券交易法》，《联邦证券交易法》规定，证券市场上所有的经纪人和经销商都必须向美国证监会申请注册之后方能获得在证券市场上合法吆喝买卖股票的权利，同时还必须成为证券交易所或（和）是全美证券经销商协会的会员，必须接受和遵守所属证券交易所和全美证券经销商协会所制定的各项自律条款。根据这些法律，设立了联邦证券交易委员会，开始了政府监管股票市场的历史。

早期的美国证券市场有从事一级市场股票上市承销的投资银行和负责二级市场销售股票的证券公司。二级市场的证券零售业务又可以进一步地分成经纪业务和经销业务。1960年之后，一级市场和二级市场的业务之间开始相互渗透，越来越多的证券公司既做投资银行业务，也兼做经纪业务和经销业务。进入21世纪之后，商业银行、投资银行和二级市场业务也开始实现了混业经营。

20世纪40年代，华尔街经纪结构发生了实质性变化。美林公司摒弃了过去只拥有少量客户的经纪公司模式，建立了拥有成千上万客户的新的经纪公司运作模式。美林对证券经纪制度完善所做的最大贡献就是通过培训客户经理提高了经纪人的专业知识水平，为注册代理人制度的实施创造了条件；把证券分析作为向客户提供服务的一项重要内容。从而为证券经纪人向客户提供高质量服务，稳定客户资源奠定了基础。

总之，在各国股票市场发展史中，证券经纪人在创造和建立股票交易规则的同时，也不断制定与修正自身的约束与激励规则。

三、证券经纪人制度内容

（一）立法监管

对于证券经纪业务，从最初的法律条文的制定，到逐步形成完善的证券经纪人法律管理体系，几乎所有国家都实行严格的立法管制，甚至许多国家的政府还直接对早期经纪人实行行政管制。例如，美国在1929年“大萧条”以后先后公布了《1933年证券法》《1934年证券交易法》《1933年银行法》《1940年投资公司法》《1940年投资顾问法》等，对证券市场及证券经纪人实施严格的立法管理，并依法成立了兼具立法和准司法机构的美国证券交易委员会实施行政管理；日本大藏省、法国财政部等也依法对本国的证券市场经纪业务实施行政管理。

（二）佣金制度

佣金制度是证券经纪人制度的一项重要组成部分。证券经纪人通过设立经营场所，为投资者提供信息服务、资金支持、专业化服务而获取佣金，这是保证证券经营机构正常经营的基础。进入20世纪70年代以来，欧美等西方国家都先后展开了以证券经纪人的佣金自由化为代表的制度变革。美国的固定交易佣金制于20世纪70年代开始发生动摇，1968年一些券商开始实行大笔交易折价收费制，并于1975年通过《1975年证券法修改案》彻底废除了证券交易所的固定佣金制，从而实现了交易佣金的完全自由化。日本的固定交易佣金制度于20世纪80年代开始进行改革，并于1999年最终放弃固定佣金制，完成了交易佣金的自由化过程。英国于1986年底废除了最低佣金制的规定，实行佣金自由化。

（三）风险防范

证券市场是一个高风险的市场，为了保证证券市场的公正、公平交易，防范风险，各国证券监管部门都采取了严密的风险防范措施。首先是通过制定法律、规章、制度、对经纪人业务活动提出限制。以此对证券经纪人可能出现的违反公平、有效、诚实的交易原则的行为加以规定、制约和惩处，以保护广大投资者，不受内幕交易、操纵市场等行为的侵害。例如，新加坡《证券业法》《证券业条例》，对禁止损害投资者利益行为，建立各种保障机制和赔偿制度，规定执业时的财务要求，实行定期报告制度等方面有详尽的规定，有效地降低了风险，保证了投资者利益。

（四）资格管理

证券经纪人从事的业务关系投资者的切身利益，责任重大。要求经纪人不仅具备良好的职业道德、证券专业知识以及丰富的证券从业经验，并有一定的客户开发能力，而且必须依照法定和法定程序取得合法资格后才能开展经纪活动，因此，各国监管部门都建立严格的证券经纪人注册登记和持证上岗制度。而且对经纪人的业务素质、职业道德、授予或撤销的条件都有严格的规定。对经纪人年龄、学历、信誉、个人品德、工作经历、业务经验、资格考试等方面也都有具体的规定。另外，为了强化对经纪人资格的管理，国外的经纪人制度都规定经纪人资格的监督和撤销事项，即使在经纪人资格授予后，如发现有禁止情形发生的，证券经纪人资格管理部门或授权部门有权暂时吊销或撤销违法经纪人的资格。

（五）行为准则

为了保护客户的利益，维护证券市场的公平与公正，各国对经纪人的执业行为有详细的规范。证券经纪人执业的一般原则，即诚实和公平、勤勉尽责、能力、对客户资料、资产的保管、为客户提供资料、利益冲突、遵守规则。例如，新加坡证券行业委员会（SIC）制定了《证券经纪人操守准则》，规定证券经纪人以本人的名义而非以委托代理人的身份从事业务时，经纪代表必须预先通知与之交易的客户；以代理人的名义从事业务，经纪代表必须执行客户的指示，履行经纪人适当义务，并按最大利益原则进行交易。经纪代表不得单纯以获取佣金为目的而鼓励客户买卖证券。经纪代表不得以任何形式给予客户某种保证，也不得要求对客户账户分享利润或分担损失等规定。

第三节 证券经纪人制度的理论基础

一、委托代理理论

经济发展的一个主要特征就是分工越来越明确，即在企业制度等方面所有权与经营权的分离，在此基础上委托代理制成为公司最基本的产权安排模式。当委托人赋予某个代理人一定的权利时，一种代理关系也就建立起来了，此时的代理人受正式或非正式契约的约束，代表委托人的利益，并相应地获得某种形式的报酬。在证券经纪业务中，经纪人作为代理人，在代理的权限内，以被代理人即投资者名义实施民事法律行为，并收取佣金，被代理人对代理人的代理行为承担民事责任。因此，我们认为委托代理理论是证券经纪人制度的理论基础。

（一）委托代理关系的一般意义

1. 委托代理的产生

在现代企业制度进入成熟阶段前，局部委托代理关系已经产生。当股份制公司进入成熟阶段后，企业规模不断地扩大，所有者人数迅速增加，所有权更加分散，所有者直接控制和经营企业的成本很高。这时所有者就选择退出企业经营，委托代理人进行企业经营。企业的所有权与经营权完全分离，经营者根据契约全权代理经营财产，这种委托代理关系是完全委托代理关系。

2. 委托代理问题出现

由于代理人是负责运作资产的经营者，委托人是财产的所有者，二者具有不同的目标函数，因此，委托者和代理者的利益经常是不一致的，所以就出现了委托和代理问题。表现为以下几种形式：

利益不一致。在两权分离的情况下，对于投资人而言，投资者的利润最终以投资收益形式为其占有，投资行为的效用最大化可以简单化为利润最大化。而代理人只是资产的经营者，企业利润最大化不意味着代理人效用最大化，因此代理人员追求利润最大化的动力不足，如果对代理人的监督不力，可能会通过各种方式来侵蚀所有者的利益。正是由于委托人与代理人这种不同的利益取向，因而理论上存在代理人利用手中的权力侵犯所有者利益的可能性。

信息不对称。在现实中，委托人与代理人之间存在信息不对称的问题，即代理人拥有关于企业经营情况的真实信息，而作为委托人的所有者，由于不参加实际管理经营，无法获得相应的信息，即使付出很高的成本，也不可能得到关于企业经营的完整信息。这种信息不对称使代理人在与委托人签订契约时，代理人就可能向委托人提出有利于自己的代理条件。激励不相容就有可能成为经营者侵犯所有者权益的现实表现。

责任不对称。委托人与代理人对于管理经营结果所负的责任也是不对称的。一个代理人对于管理经营不善导致的恶劣后果，所能够承担的责任毕竟有限，最多不过是个人信誉、财产或自由的丧失，这与委托人的资产相比就十分不对称了。这种不对称随着代理规模的扩大而加大，使代理人有可能为了个人的利益而采取风险过度的行为，让委托人的利益受到重大损失。

3. 委托代理中激励的原则

由于现实中存在利益不一致、信息不对称、责任不对称、道德风险和监督成本等原因，委托人难以准确地考核代理人的工作情况，进而造成委托代理问题。对于现代经济来说，决定其能否生存的一个关键因素就是代理问题的控制。要解决这个问题，就必须引入激励相容机制，使委托人与代理人的利益尽可能地相容。委托人如何设计才能使委托人与代理人的目标函数尽可能一致，这才是解决问题的关键。

（二）证券经纪人制度中的委托代理安排

1. 证券经纪的委托代理形式

对证券经纪人与投资者（客户）之间法律关系如何界定，理论界和实践中存在不同的观点，归纳起来主要以下有三种：一为代理说，即代理人在代理权限内，以被代理人名义实施民事法律行为，被代理人对代理人的代理行为承担民事责任。二为行纪说，即一方根据他方委托，以自己的名义为委托人实施民事法律行为，并收取报酬。行纪人承担民事责任。三为居间说，即为他方报告订立合同的信息或提供订立合同的媒介服务。也就是说，为交易双方提供媒介服务，自身并不承担民事责任。

各国情况不同，证券经纪人制度既有代理意义上的委托代理关系，也有行纪意义上的委托代理关系。我们认为，就一般意义而言，委托代理关系基本可以概括为投资人与证券经纪人之间的关系，这也是证券经纪人制度的重要安排。

2. 证券经纪关系的三个层次

在实践中，证券经纪业务涉及证券投资人、证券经纪商和证券经纪人等主体，这三者的关系是分层次的。

第一层次是证券投资人与证券经纪商形成的委托代理关系，由于证券交易方式的特殊性、交易规则的严密性和操作程序的复杂性，投资者只能委托证券经纪商代理买卖有价证券。投资者必须与证券经纪商签订《证券交易委托代理协议书》，要求经纪人忠实地为自己办理受托业务，接受交易结果，及时办理交割清算。证券经纪商必须忠实办理受托业务，收到佣金，不承担委托交易的损失，只对因证券经纪商过失造成了委托人损失的负赔偿责任。因此，投资人与证券经纪商之间的关系是典型的委托代理关系，具体见图1－1。

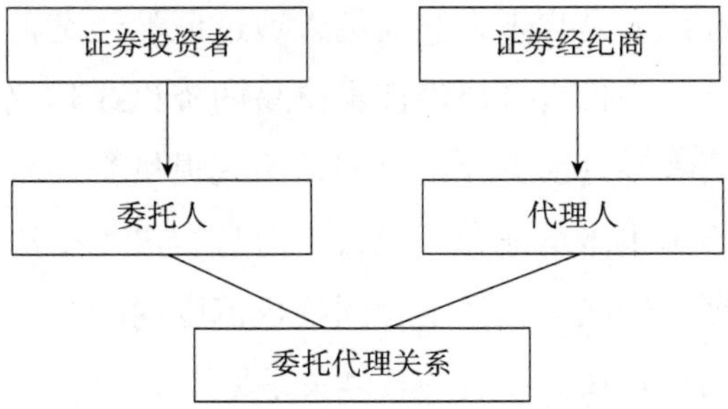

图1－1　投资人与经纪商委托代理关系

第二层次是证券经纪商与证券经纪人之间形成的委托代理关系。证券经纪人是接受证券经纪商的委托，代理其从事客户招徕和客户服务等活动的证券经纪商以外的自然人或机构。证券经纪商与证券经纪人之间是委托代理关系，证券经纪人作为代理人受雇于证券经纪商，从事客户招徕和客户维护活动，并从证券经纪商取得报酬，其服务的对象是证券经纪商而不是证券投资者；证券经纪商是委托人，委托经纪人从事客户招徕和经纪人服务与产品的营销活动。与投资者签订证券经纪合同，为其提供交易指令执行、清算交割及投资咨询服务的主体是证券经纪商，即与客户发生法律关系是证券经纪商而不是证券经纪人，因此，证券经纪人在证券经纪商授权范围内的行为，由证券经纪商依法承担相应的法律责任；超出授权范围的行为，证券经纪人应当依法承担相应的法律责任。二者的具体关系见图1－2。

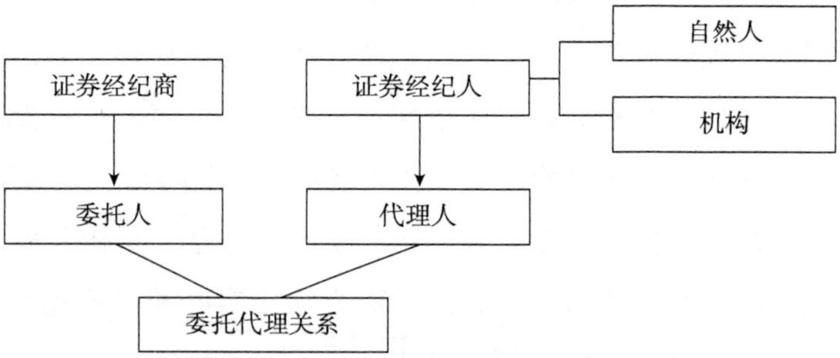

图1－2　经纪商与经纪人委托代理关系

第三个层次是证券经纪人与投资者之间形成的委托代理关系。证券投资者是委托人，经纪人是代理人。经纪人通过证券经纪商的交易通道帮助投资者完成交易，或为投资者提供证券交易的资讯或建议，甚至是证券和资金。与证券投资者签订证券经纪合同，为其提供交易指令执行、清算交割及投资咨询服务的主体是证券经纪人，即与客户发生法律关系的是证券经纪人。因此，证券经纪人在经纪合同授权范围内的行为，由证券经纪人依法承担相应的法律责任。二者的具体关系见图1－3。

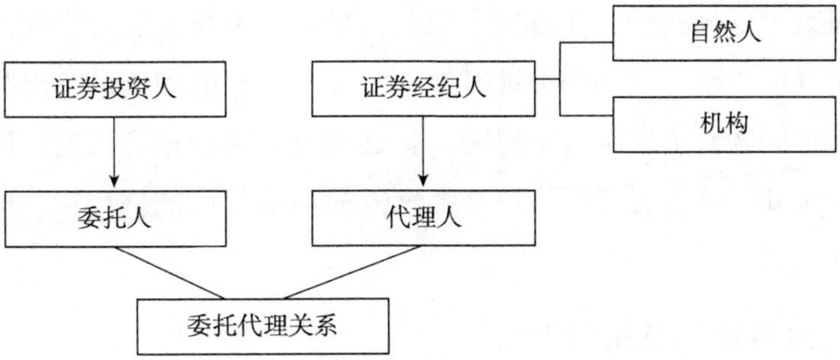

图 1-3　投资人与经纪人委托代理关系

3. 证券经纪业务的委托代理问题

由于证券经纪业务涉及证券投资人、证券经纪商和证券经纪人三个主体。证券投资人与证券经纪商形成委托代理关系，证券经纪商与证券经纪人之间又形成委托代理关系，证券经纪人与证券投资人又形成了委托代理关系。在这其中，证券经纪商具有委托人与代理人的双重身份，投资者具有双重委托人身份，这就导致委托代理的问题更加复杂。

对于投资人来说，投资于有价证券所得股息和资本利得最大化是其投资的目标。而代理人只是通过为投资提供交易通道及提供服务而获取佣金，投资收益最大化不意味着经纪商或经纪人效用最大化，因此经纪商与经纪人追求有价证券买卖收益最大化的动力不足，如果投资人对经纪商和经纪人监督不力，可能会通过各种方式来侵蚀所有者的利益。

以证券经纪商为例，现实中，证券经纪商从事的业务范围不仅有证券经纪业务，还有自营业务、承销业务及资产管理业务，因此就有可能产生损害委托经纪人进行有价证券买卖的投资行为。又如，由于证券经纪商和证券经纪人作为证券行业的专业人士，能够获得更多的涉及上市公司经营、财务或对上市公司股票价格有重大影响的尚未公开的内幕信息，产生不利于委托人的行为。

证券投资者与证券经纪商和证券经纪人，对于有价证券交易的结果所负的责任也是不对称的。经纪商和经纪人对投资人在有价证券交易中所产生的损失完全不承担责任，这就使经纪商或经纪人有可能为了个人的利益而采取风险过度的行为，让投资人的利益受到重大损失。对于现代经济来说，决定其能否生存的一个关键因素就是代理问题的控制。正因为存在以上委托代理问题。要解决这个问题，就必须引入激励相容机制，使投资人与证券经纪商，证券经纪商与证券经纪人的利益尽可能地相容，这才是解决问题的关键。

二、服务市场营销学理论

在投资人、证券经纪商、证券经纪人三者关系中，证券经纪人处于一个特殊的地位。作为证券市场的专业人士，经纪人通过为客户提供服务产品，即利用自己所掌握的行情的技术分析能力，以及掌握大量有关证券信息，撮合买卖双方能够按照他们的委托意愿实现有价证券的交易，尽可能地实现客户利益的最大化。那么，证券经纪人给客户提供的这种服务，最大的特点就是无形。证券经纪人向客户提供的经纪业务最大的特性就是无形化产品，即在经纪人专业的投资理念指导下，充分利用现有的各种金融投资品种，形成具有不同的投资收益和投资风险关系的金融投资组合。正是证券经纪人的这种“客户中心”功能，决定了经纪人处于为客户提供服务的“中心”位置，客户围绕经纪人来开展股票买卖活动。从而建立有效的经纪人与客户关系，也是完善证券经纪人制度的重要内容，其理论依据基于服务市场营销学理论。

（一）证券服务营销的一般意义

1. 证券营销含义

证券市场作为服务行业，无疑是大的服务市场概念下的一个细分市场。证券营销可以认为是服务市场营销在证券市场上的具体化，但证券市场营销与一般服务业的市场营销既互相联系，又互相区别，它有着自身的运行规律和服务特点。“证券经纪业务市场是大的服务市场营销概念下的细分市场，现代营销学之父”科特勒将市场营销学定义为：个人和群体通过创造产品和价值，并同他人进行交换以获得所需的一种社会及管理过程。简言之，市场营销是指在可盈利的情况下提供给顾客满意的服务。作为我国证券营销的最早倡导者和实践者之一的梁延夫对证券营销的定义是：以为更多投资者提供当时市场状况下资产保值增值的建议和方法为核心，充分发挥自身网点、科技、专业人员的优势，按照市场的要求配置资源，将无形的产品有形化，力求把握市场机会，创造价值和体现价值的过程。因此，证券营销的实质就是证券经纪产品的销售，由证券经纪人、产品（服务）和投资者这三个要素构成。如图1－4所示。

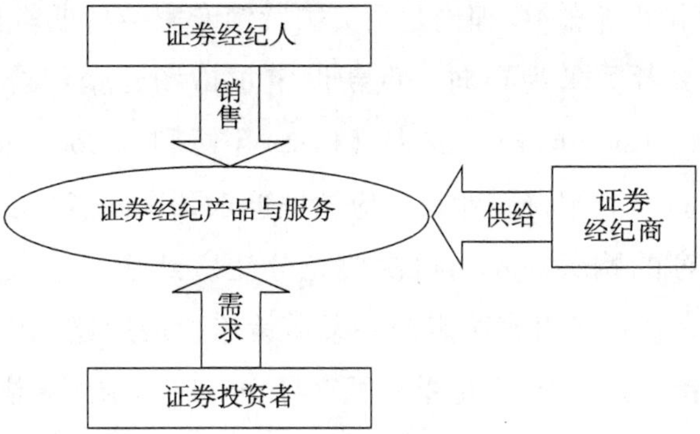

图1－4　证券营销关系

很显然，证券经纪人在证券经纪商的整个证券营销体系中，特别是在证券经纪业务产品的销售中有着极其重要的作用。证券经纪产品是利用证券交易通道，向客户推荐证券市场的产品或交易方式，着重于提供投资的建议、方法和计划。有价证券产品如国债、保险、储蓄、基金、期货等，特点就是无形性，而向投资者提供的资讯及建议也是无形服务，在这些产品或服务中，尤其重要的是证券买卖的分析及投资建议无形服务方面。专业的证券经纪人应尽可能把无形的金融产品有形化，并追求达成无形化和有形化的完美结合，以获得客户的认同和信任。

2. 证券营销理论

营销理念经历了三种典型的营销理念，即以满足市场需求为目标的4P营销理论、以追求顾客满意为目标的4C营销理论和以建立顾客忠诚为目标的4R营销理论。

（1）4P营销理论

4P 营销组合策略是美国营销学学者麦卡锡教授在 20 世纪 60 年代提出的，即产品（Product）、价格（Price）、渠道（Place）和促销（Promotion）。他认为一次成功和完整的市场营销活动，意味着以适当的产品、适当的价格、适当的渠道和适当的促销手段，将适当的产品和服务投放到特定市场的行为。4P 理论重视产品导向而非消费者导向，以满足市场需求为目标。

（2）4C 营销理论。4C 理论是由美国营销专家劳特朋教授在 1990 年提出的，它以消费者需求为导向，重新设定了市场营销组合的四个基本要素：即消费者（Consumer）、成本（Cost）、便利（Convenience）和沟通（Communication）。它强调企业首先应该把追求顾客满意放在第一位，其次是努力降低顾客的购买成本，再次要充分注意到顾客购买过程中的便利性，而不是从企业的角度来决定销售渠道策略，最后还应以消费者为中心实施有效的营销沟通。4C 理论重视顾客导向，以追求顾客满意为目标。

（3）4R 营销理论。4R 营销理论是 21 世纪伊始，《4R 营销》的作者艾略特·艾登伯格提出的。4R 理论以关系营销为核心，重在建立顾客忠诚。它阐述了四个全新的营销组合要素：即关联（Relativity）、反应（Reaction）、关系（Relation）和回报（Retribution）。4R 理论强调企业与顾客在市场变化的动态中应建立长久互动的关系，以防止顾客流失，赢得长期而稳定的市场；面对迅速变化的顾客需求，企业应学会倾听顾客的意见，及时寻找、发现和挖掘顾客的需求与不满及其可能发生的演变，同时建立快速反应机制以应对市场变化；企业与顾客之间应建立长期而稳定的朋友关系，通过实现销售转变来实现对顾客的责任与承诺，以维持顾客忠诚度；企业应追求市场回报，并将市场回报当作企业进一步发展和保持与市场建立关系的动力与源泉。对企业来说，营销的真正价值在于其为企业带来短期或长期的收入和利润的能力。而企业要满足客户需求，为客户创造价值。因此，营销目标必须注重产出和企业在营销活动中的回报。一切营销活动必须以为消费者及股东创造价值为目的。

（二）证券经纪人制度中的营销理论运用

证券行业作为服务性行业，它既有一般服务性行业所具有的普遍特性，又因其行业的特殊性而具有自身的特性。正是由于证券服务产品具有以上特点，证券服务市场营销的理论在4P理论和4C理论基础下，更加侧重于4R理论。

1. *在与客户关联方面*

在经纪业务开展中，经纪人就是要满足客户提出有价证券买卖的要求并帮助其完成交易，经纪人通过向客户推荐股票，开发客户的隐性需求，把客户需求与新产品开发、新市场开发相结合；经纪人通过提供有效的服务，满足客户需求等，与消费者建立关联，形成一种互助、互求、互需的关系，把客户与经纪人利益紧密联系在一起。

2. *在提高市场反应方面*

由于影响证券价格变化的因素复杂多样，证券市场行情变幻无常；证券市场本身的高风险性特点，也决定了这一行业必然是个高风险行业。经纪人提供的服务产品本身就随着市场变化而不断变化，瞬息万变的证券市场行情客观上要求证券经纪商及经纪人所提供的服务，非常及时有效。因此，证券行业的服务一旦失去其时效性，也就失去其存在的意义了。经纪人生产服务产品的同时客户也在消费。例如，券商提供行情的时候，客户在同步接受他所需要的行情信息，而且行情是在不断变化的，不存在以昨日的行情来做今天的交易行为。券商在服务过程中的每一细小环节都与客户利益息息相关，经纪人面对迅速变化的市场，必须及时应对提高市场反应，以满足消费者的需求。

3. *在关系营销的重要性方面*

证券经纪人最重要就是培养忠诚客户，客户忠诚是企业长期获利和业绩增长的有效途径。对于证券经纪人而言，其最大的成本就是吸引新客户，吸引一个新客户比留住一个老客户的成本高4~6倍。客户的存留量与公司的利润之间具有很高的相关性，与长期利润相关的唯一因素是客户的忠诚，不是销售量、市场份额或低成本。每个经纪人通常都会有自己的客户群体，一定规模的客户群体是保障其佣金收入从而经营良性循环的基础性条件。要有一定规模的客户群体，首先要取得客户的信任。让客户信任的前提又是高质量的服务及产品的供给，或帮助客户降低风险。只有处理好与投资者的关系，把服务、质量和营销有机地结合起来，通过与客户建立长期稳定的关系，才能实现长期拥有客户的目标。

4. 在证券经纪业务回报方面

在证券经纪业务回报上，必须考虑到证券经纪商、经纪人与投资者实现双赢。一方面，为投资者提供高效的证券交易通道、证券交易产品、证券交易咨询服务，从而使投资者实现较高收益，或较大程度地规避风险。另一方面，只有一切服务或产品的提供都以为消费者及股东创造价值为目的，才能保持一定规模的客户群体，才能保障有稳定的经纪佣金收入，从而使证券经纪人或经纪人的经营实现良性循环。

第二章　美国证券经纪人制度安排

第一节　美国证券经纪人与证券经销商

一、美国证券经纪人含义

美国证券市场是一个代理人市场。在美国证券市场的代理人有经纪人和经销商两种，他们是证券市场最基本的市场元素。

（一）证券经纪人

目前，美国在法律上界定证券经纪人还是主要基于其传统职能。根据美国1934年证券交易法（Securities Exchange Act of 1934）第3条第四款规定，证券经纪人是“任何代理他人从事证券交易业务的人”，而在司法实践中采用的判断标准如下。

1. 经纪人的标准

（1）该人代理他人买卖证券，从事了证券业务，代理活动不一定是全国的；

（2）在从事证券买卖中，该人收取了佣金或其他形式的补偿；

（3）该人向公众显示自己为经纪人；

（4）该人代客户保管了资金或证券。

在行业监管上的经纪人的定义则较为宽泛，只要通过了美国证券交易商协会系列7考试（NASD Series 7 exams，相当于从业资格考试），且在券商从事经纪业务的，都可认为是证券经纪人。

2. 经纪人的类型

根据经纪人经纪活动的过程，经纪人可以分为经纪商和注册代表（包括证券经销商）两种层次。

（1）经纪商

经纪商是代理投资者买卖证券的金融机构。经纪商为投资者提供的服务大体上有以下几种：一是代理客户进行各种证券交易，这是证券经纪商最基本的功能；二是为客户提供研究报告和其他信息资料，美国大部分证券经纪商都雇有专职的研究人员，这些研究人员称为财务分析师，他们经过专门的训练，具有经济研究、证券分析方面的知识、经验和能力；三是对客户证券买卖提供融资和融券。证券交易法规定，经纪商信用放款的最高限额不得超过该种证券当前市场价格的 55%，或者过去 36 个月内最低价格的 100%；四是为投资者保管证券，代客户收取股息或利息。按美国联邦法律，以经纪商名义持有的证券和以客户本人名义持有的证券，必须分开。为了保证客户的证券和资金的安全性，纽约证券交易所常对各会员经纪商进行突然检查。美国证券监管部门也往往通过存托公司（TDC）和全国证券清算公司（NSCC）及其代理机构——证券业自动结算公司（SLAC），对客户的清算保证金和股票余额进行严格监管。由于有严格的监管及严厉的惩罚措施，使经纪商不愿也不敢非法挪用客户资金或股票。

从 1997 年 5 月 1 日开始，固定佣金制度废除，美国出现了一种新型的折扣经纪商，他们只是简单地执行客户买卖的委托指令，不提供有关研究报告，也不会建议客户买卖何种证券：但折扣经纪商买卖证券的佣金较低，通常要比全服务经纪商低 50% ~60%。

（2）注册代表

注册代表是证券经纪商的雇员，代表经纪商直接与投资者打交道，主要工作是负责客户账户管理，接受客户买卖证券的委托指令，并保证使其指令得到执行。关于经纪人的准入，美国的相关法规制定了严格的注册制度和考试制度。规定证券经纪人必须到政府证券管理部门和证券自律组织注册登记，只有经注册后才能正式从事证券业务。注册代表既可以是自然人形式的，也可以是法人形式的。要成为注册代表，必须参加由全国证券交易商协会（NASD）主持的系列 7 考试。参加系列 7 考试人员必须是全国证券交易商协会或纽约证券交易所会员公司的雇员，而且需由会员公司提名上报方可。通过考试后，只是取得了经纪人资格，还不是注册代表，需经他所属会员公司上报全国证券交易商协会批准后才能成为注册代表。纽约证券交易所还规定经纪人至少在所属公司工作 60 天以上，须为客户服务 120 天以上才能申请成为场内注册经纪人。只有成为注册代表后，方可从事代理业务。依据美国 1956 年《统一证券法》第 201 条（B）项规定，任何证券经纪商或发行人雇用非注册代表，则为违法。

注册代表从业务关系上是经纪人的雇员，但注册代表既可以是独立的，也可以是隶属于经纪人的。

注册代表的主要类型有：

①佣金经纪人，指接受客户委托，在证券交易所内代理客户买卖证券，并收取佣金的证券经纪商，他们一般代表某一家证券经纪公司。佣金经纪商根据客户的指令，按价格优先、时间优先的原则进行交易。佣金经纪商只能代理交易，不得用自己的资金为自己买卖股票，即不得兼做自营。

②两元经纪人，也叫场内经纪人，因其最初每代理成交 100 股固定收取 2 元佣金而得名。他们是在交易所大厅内为佣金经纪人所雇佣，在佣金经纪人业务繁忙或其业务代理发生困难时代其进行证券买卖并收取佣金的经纪人。

③债券经纪人，在纽约证券交易所，上市股票和债券是分设在两个交易所的，债券经纪商就在债券交易中代理客户买卖债券并从中收取佣金，只能作代理债券业务而不能为自营买卖债券。

④专业经纪人（做市商），又称特种经纪人或交易专家，他们多数都是独立的经纪人，与证券经纪人有业务关系，属于自负盈亏的机构或个人。

专业经纪人一般有以下几种类型：A. 专门从事某行业或某几种股票交

易的证券交易经纪人。B. 交易厅"专家"作为经纪人的经纪人，是固定在某交易台进行交易的，当其他佣金经纪人接到客户某种股票的限价委托等特别条件委托时，可再委托给交易厅"专家"。C. 交易厅"专家"可兼营零股买卖业务。D. 交易厅专家兼有经纪人和自营商的双重身份，当有客户委托交易专家买或者卖某种股票而别的经纪商要卖或买这种股票时，交易厅专家就作为经纪人代顾客进行买卖，并收取佣金。当经纪人找交易厅专家买卖某种股票，而在交易厅找不到别的买主或卖主，他可以顾客的身份与经纪人达成交易，此时以自营商的身份出现，不能收取佣金，在纽约证券交易所，有 30% ~40% 的股票是在证券经纪人和交易厅专家之间成交的。

⑤折扣经纪人，即为减少个人投资者佣金负担，只替顾客完成交易，不提供其他服务的经纪人。

⑥网络经纪人，即通过互联网向投资者提供交易、咨询等服务的经纪人。网络经纪人是目前最具竞争力的经纪人。美国的嘉信理财（Charles Schwab）是网络经纪人的代表，它在 1993 年还只是一个很不起眼的小公司，但通过发展网上交易，现在已成为全美最大的证券公司，它的交易额是传统老牌券商美林交易额的 4 倍。

注册代表的责任是恰当地为客户服务，首先他需要清楚了解每个客户的财务状况。纽约证券交易所的规则指出，每个成员经纪商必须设法了解、掌握每个客户和每份收下的委托指令的必要情况。其次应清楚了解客户的投资目标。一旦注册代表确定了客户的投资目标，就必须使自己对客户作出的特别投资推荐适合于投资目标。"了解你的客户"规则不仅使注册代表能更好地为客户服务，而且也能保障经纪商的利益。该条文规定，经纪商可根据客户的财务状况自行决定是否给予开立账户，这样就可以对以信用方式进行的财务交易作出审慎的决断。

每位新客户在买卖证券前都必须通过注册代表在经纪商处开立账户。由于在美国信用交易是合法的，因而基本账户有两种：一种是现金账户，不提供信用服务；另一种是保证金账户，提供信用服务。现金账户须全额现金支付，客户既不能透支也不能卖空。客户如果想以保证金或者经纪商提供的信用方式购买证券，或从经纪商处融入股票进行卖空，就需要开立保证金账户，客户实际支付的保证金通常为买卖金额的50%。在开设保证金账户时客户要签订一个协议，规定经纪商有权以保证金账户上的证券作为贷款抵押，还规定经纪商有权将保证金账户上的证券借给其他做卖空交易的客户，这些规定旨在对客户信用交易进行严格管理，并为经纪商提供开展融资融券业务的便利条件。

每位客户除了这两种基本资金账户，还可以开设自由决定账户。这种账户是给予注册代表投资决策权的账户。如果客户缺乏专业知识或没有时间跟踪证券市场的变化，他可以在经纪公司聘用一位专业注册代表，为他管理证券买卖。自由决定账户有两种类型：一种是由投资者即客户来决定投资何种证券，注册代表决定买卖的价格：另一种是完全自由决定账户，在这种账户下，客户授权经纪人，由经纪人全权管理客户的投资，一切有关的投资决策均由经纪人作出。这种账户最大的问题或风险是，如果经纪人缺乏应有的职业道德，他可能会利用客户资金频繁进行交易，以获取高额佣金，而不管这种交易对客户是否有利。为了避免这种问题，有些经纪公司或不设立这种账户，或只允许经验丰富又极为认真负责的经纪人设立这种账户。为了慎重起见，同时还规定这种经纪人在作出买卖指令前，必须征得主管部门和投资者同意。

（3）证券经销商

根据《证券交易法》第3节（a）中的（5）小节定义，经销商是指委托经纪人或通过其他方式为自有账户买卖有价证券的人。从严格的意义上来讲，在证券交易所和OTC市场中，具有会员资格的经销商公司被称为做市商，在证券交易所市场做交易的造市商又被市场称为专家。造市商是美国证券市场上一个非常特殊的群体。通俗地讲，做市商就是证券公司，是那些动用自有资产、专门在二级市场，即股票零售市场上买卖股票的证券公司，是最核心的负责股票买卖的证券从业机构。

美国证券市场经销商和经纪人并不是同一概念，但通常人们又把经销商公司和经纪人公司认为是同一主体，这是因为证券公司本身至少有证券经纪业务与自营业务两大块业务，但在具体的运作中，二者又是独立的机构。

由此可见，美国的有价证券的交易是由经纪人与做市商合力完成的。证券经纪人是专门代理他人从事证券买卖，并可为客户提供证券与资金的机构。证券做市商是使用自有资产、专门在股票零售市场上买卖股票的机构。

二、美国证券经纪人类型

证券经纪人是一个代理买卖股票的庞大系统，以美国华尔街为例，根据不同的划分标准可以分为以下几类，具体见表 2-1。

表 2-1　证券经纪人类型

按为经纪人为客户提供服务	按经纪人职能	按经纪人市场	按经纪人行为特征
全服务型经纪人 折扣型经纪经纪人 深度折扣型经纪人	佣金经纪人 交易所经纪人 零股经纪人 专门经纪人 证券交易商	纽约股票交易所经纪人 美国证券交易所经纪人 纳斯达克全国市场经纪人 纳斯达克小资本市场经纪人 OTCBB 市场经纪人 粉单市场经纪人	经纪人（法人） 注册代表（法人或自然人）

这里从证券经纪人为客户提供的服务类型，来介绍美国证券市场的全服务型经纪人、折扣型经纪人和深度折扣型经纪人。

（一）全服务型的经纪人

全服务型的经纪人指的就是为投资者提供交易通道及系列增值服务的经纪人。通常这类经纪人会雇佣一大批有市场经验的员工和分析师，时刻关注着不同行业和上市公司及准上市公司的经营状况和动向，并且把经过整理和提炼的、具备投资价值的市场信息和分析报告提供给客户做投资决策。

全服务型的经纪人也会雇佣大量持有营业资格的证券经纪人，即注册代表，直接为客户提供服务。例如，经纪人为客户提供一对一和面对面的投资咨询服务，帮助客户建立适合自己资产和财务状况的投资组合和计划；投资者需要服务的时候可以与自己的经纪人进行直接交流。注册代表不但可以直接接受投资者的投资指令，而且也会向投资者提出投资建议，同时也会把各种与客户投资相关的市场信息以各种方式定期或不定期地传达给客户，帮助客户进行投资决策。

全服务型经纪人还可接受客户的全权委托，有权在不需要客户批准的状况下，独自完成客户私有财产的投资和买卖，但是必须遵守严格的信托职业操守，即完全忠实于委托人的利益，并站在委托人的立场上以最合理有效的方式管理客户资产；全服务型经纪人还会向一批有选择的客户提供首次公开发行的股票买卖机会和融资融券交易的机会。

很显然，全服务型经纪人所涉及的服务业务内容十分广泛，最核心的竞争力就是其强劲的市场研发力量和多元化的客户服务内容和能力。

（二）折扣型经纪人

典型的折扣型经纪人通常不再为投资者提供由专门经纪人负责的服务，也不会向投资者提出投资建议，一般只会被动地接受投资者的投资指令。以削减服务项目和市场研发力量为代价，以此来达到为投资者提供更廉价的交易服务手续费的目标。随着市场竞争日趋激烈，一些折扣型经纪人开始在互联网上向投资者提供信息服务，并向有需要的客户提供市场研究报告，但是客户必须为其索取的研究信息付出一定的代价；折扣型经纪人还通过为客户提供一个有效和快捷的计算机交易服务系统来减少人工服务的高成本，以此来换取较低的服务费用。

（三）深度折扣型经纪人

美国证券市场把这些专门为客户提供网上交易的公司称为在线经纪人或是网上证券公司，其商业模式基本上只是一个交易服务提供商，把业务的核心竞争力，集中在只为客户提供交易通道这一最基本的证券交易服务元素上。网上证券公司通常都持有证券经纪人营业执照，一些大的网上证券公司还同时持有经销商执照。与传统经纪人和经销商不同的是，网上证券公司选择把业务搬到互联网上，并且依靠互联网这一先进、有效、廉价优势，把相对单一的市场沟通渠道作为向客户提供证券交易服务业务的核心竞争力。

借助于互联网大众化和廉价的特性，网上证券公司通过向客户提供最简单的服务业务有效地降低了公司的运行成本。这一交易模式能够很快成为市场宠儿，因为它是有史以来第一次成功地把买卖股票的权利交还给了投资者本人，特别是个人投资者。在此之前，美国证券市场的个人投资者必须通过经纪人的帮助才能够完成股票的买卖。如今，投资者通过互联网就可以自行完成交易。

投资者根据市场的规模、信誉、服务内容和质量来选择自己所信赖的证券经纪人进行股票投资活动。

三、证券经纪业务的运作

美国证券市场结构是一个多层次和多交易中心的市场结构。包括纽约股票交易所、美国证券交易所、纳斯达克全国市场、纳斯达克小资本市场、OTCBB 市场、粉单市场。经纪人也可依此划分出多种类型。这种多层次和多交易中心的市场结构形成了多条执行股票交易的通道，经纪人可以选择不同的交易通道把客户交易订单送到单一的交易中心或是不同的交易中心。

当一位经纪人接收到一个客户的交易订单后，不但有权根据订单的大小和其他一些因素选择执行该订单的最佳方法和途径，而且可以通过多种组合执行订单交易，主要方式有以下 5 种：（1）把交易所交易股票的交易订单发往这些交易所的交易厅成交。（2）把在纽约证券交易所交易的股票发往第三市场，由交易纽约证券交易所股票的第三市场造市商为客户订单成交。（3）订单在公司内部执行。证券公司决定使用公司的自有资金或是存量股票为客户订单成交。（4）经纪人把订单发给纳斯达克证券市场的造市商，再由造市商在 OTC 市场上执行股票交易。（5）把订单发往全球无中介电子交易系统（ECN），直接进入证券交易所电脑撮合成效。

面对复杂和烦琐的股票交易处理流程链，美国的证券经纪在接受客户的委托之后，有责任和义务为客户选择执行委托订单的方式、路径和交易中心。通过不同的交易中心或是交易渠道买卖纽约证券交易所、美国证券交易所或是纳斯达克证券市场的股票，并在市场竞争中获得最好的股票价格、最低廉的交易通道费用。经纪人之所以这样做，是因为美国证券市场的多元化结构，形成的多层次市场竞争，不同交易市场之间买卖股票的价格和交易运行的成本不同。

美国证券市场上多交易中心和多交易渠道的存在，以及市场赋予经纪人选择交易中心和交易渠道的权利，对股票交易积极的影响是，多交易中心和多交易渠道相互竞争股票的报价和交易成本，为市场提供了多种选择。消极的影响是多交易中心和多交易渠道的存在，导致交易成本的增加。

四、宽松的开展经纪业务市场环境

美国资本市场基本形成了一个多层次资本市场，既有场内交易市场，也有场外交易市场；既有股票交易市场，又有债券交易市场，特别是金融投资品种丰富，可投资的市场范围遍布全球，且金融混业化的趋势使证券经纪人可以为投资者提供全方位的服务。美国的投资者相对重视规避风险，投资股票注重从上市公司的基本面进行价值判断，因而对上市公司的研究报告具有很大需求，愿意通过支付费用的方式来获取咨询服务。

《1933 年证券交易法》中特别规定全国证券交易所不得制定其成员可收取的佣金、津贴、折扣或其他收费的细目或者固定价。这就为经纪的增值服务以及与此对应的收费提供了市场运作空间。1975 年 5 月，纽约证券交易所废除了固定佣金制度，实行自由佣金制度。在这样的情况下，美国的证券市场又出现了新型的折扣经纪人。这样就为一些投资决策能力强，风险承受能力强的投资者提供了更多的投资机会，更为经纪人和注册代表为不同需求的客户提供更高的服务提供了条件。

第二节　美国的三大证券经纪人模式

一、美林证券 FC 模式（Financial Consultant）

美林证券（Merrill Lynch）是美国著名券商，在近百年的经营中创造了很多经典的运行模式，为业界称道，其中最著名的就是它的证券经纪人制度，也称 FC（Financial Consultant）模式，这是美林人在日常经营中探索出的高效的“全光谱型”的证券经纪人结构体系（见图 2－1）。

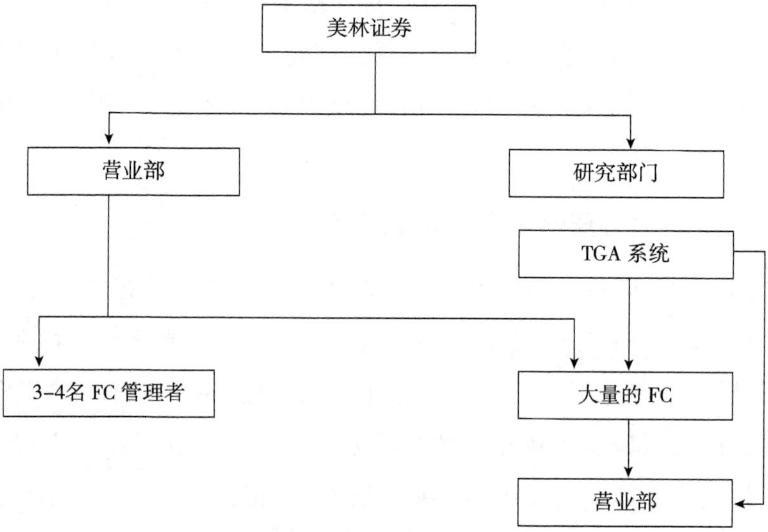

图 2－1　美林经纪业务结构

（一）美林证券经纪人制度的特点

1. “一对一”的开发和服务模式

证券经纪人团队服务的对象，以“高净值客户”（High Net Worth Clients，HNWC）为主，多采用“一对一”的开发和服务模式，经纪人和客户能够面对面交流，有助于客户关系的维护和价值信息的传达。美林证券的客户群体遍布从几千美元投资资产的小客户到资产千万美元以上的高端客户，但美林证券目标客户群明确，主要定位于中高端市场，在成为美国银行的财富管理部门后，服务高端客户仍然是其经营的基本宗旨。

2. 采用年费制为主要收益模式

年费制收益模式即在 FC 与客户的沟通下，按客户资产的 1% ~2% 逐季收取，这样既有利于为公司提供稳定的收入链和现金流，也有助于 FC 为客户提供级别化的投资服务。

3. 实行“综合性选择服务”战略

美林采用“综合性选择服务”战略，即按客户的佣金贡献以及客户风险抵抗能力为不同的客户提供不同的投资服务，集约化的营销模式有助于美林证券采用差别化策略，提高核心竞争力。

4. 营业网点规模大

美林的营业网点一般集中于大商业区中心，规模较大，便于采用高集成化电子交易程序，运行成本低廉；在营业场所内没有现场客户，只是大量的 FC 和少量的几个运营管理员，他们构成了营业部前后台的所有业务人员；营业部 FC 地位平等，无级别化差别，FC 以团队形式出现在营业部，并相互配合，提供价值信息；每个 FC 开发和管理的客户不等，少则一二百，多则七八百，甚至上千，受托资产则从千万美元到上亿美元。

（二）美林证券经纪人职能

1. 客户开发与维护

美林的 FC 就是处于前台的证券经纪人，其主要职能在于“市场营销”，即对投资者的开发和维护，通过“望闻问切”了解投资者的基本情况，如教育背景、职业、收入状况、风险收益的预期和偏好等。同时，对他们进行全方位的服务，从开户、资金转账、信息咨询等基础服务，到定期为投资者提供财务计划书、投资组合建议等。通过 TGA 系统管理着自己开发的投资者，投资者的开户、资金转账、对账单据的寄送，以及金融投资信息的资讯报备全部是由 FC 办理，从而实现“一对一”的服务（见图 2－2）。在签订服务合约后，FC 就将投资者的资产直接交给下一个环节——相对独立的基金经理。美林证券的 FC 在入职前都要经过严格的培训，并要参加全国统一组织的证券资格考试和美林自己组织的 FC 资格考试，考试的主要内容是证券法规和证券从业纪律，这使 FC 在入行之初就严格遵守行业纪律，严禁任何侵犯客户利益的行为，合法、合规的行业理念根深蒂固。

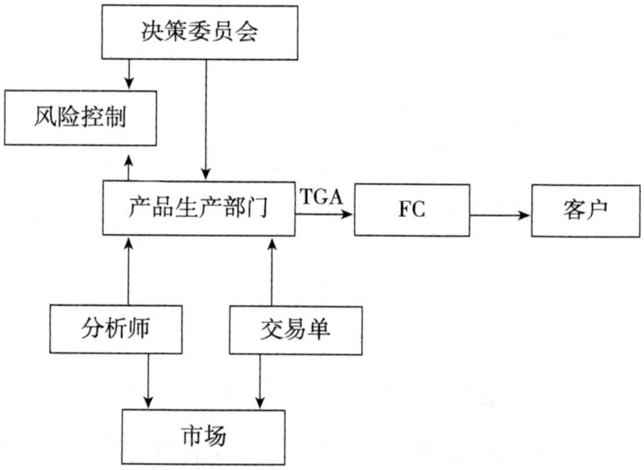

图 2－2　美林证券的产品生产流程

2. 提供全方位的金融理财服务

美林证券的 FC 证券经纪人模式主要是利用其专业化的证券经纪人队伍与其强大的市场研究力量为投资者提供网上网下全方位的金融理财服务，其取胜的关键是高质量的投资咨询服务。1994 年美林投资建设的可依赖的全球顾问（Trusted Global Advisor，TGA，可信赖全球顾问）系统正式启用，这个系统可以为投资者和证券经纪人提供“资讯、定制化研究、财务规划和资产配置服务”等全面的服务。2000 年后美林开始根据不同层级的投资者提供不同的服务，真正实现了差异化的服务需要，强调美林的特点是高佣金和高品质服务，通过分析包括根据资产状况、年龄、职业、地区等不同对投资者进行细分，提供完全不同的定制服务，并强调 FC 的角色定位是为投资者提供投资建议。

3. 为客户打造更具针对性的服务方案

证券经纪人会先深入地了解客户的个性化信息以进行客户群归类，然后在其强大的TGA信息平台系统和丰富全面的金融产品体系支持下，为客户打造更具针对性的服务方案，内容包括交易通道、资讯信息、顾问服务等。例如，向客户提供倾向性《财务计划书》、为客户投资交易各种金融品种（包括股票、债券、共同基金等）提供便利（包括为客户下单、定期寄送对账单、咨询性服务等）、提供及时的金融信息资讯、根据客户的风险偏好提供投资组合等，充分满足中高端客户的金融投资需求。

4. 发挥研究部门和TGA平台功能

在FC和基金经理背后，是美林的核心竞争力：研究部门和TGA信息平台（Trusted Global Adviser），它们是美林经纪业务的强大后台支持（见图2-3）。研究部门负责金融信息的收集整理、行业公司研究、金融产品创新等工作，这些研究成果都被输入到TGA系统，FC可以通过TGA系统查询到所有股票的信用评级。投资者自己也可以通过TGA系统的投资者终端查询权限内的信息。FC为投资者提供的投资组合建议和财务计划书等，也由TGA系统自动生成或由研究部门提供。营业部经理和FC管理人员领取固定工资，其主要职责是监督和检查FC的工作，严格防止各种侵害投资者利益以及其他违规违纪的行为发生。一旦发现违规情况，轻则予以纠正，重则将其开除，甚至移交司法机关处理。营业部严密的监督机制对杜绝FC的违规操作、维护美林的市场形象起到了良好的作用。

从图2-3可以得出，TGA系统在美林证券的经纪人体系中起到十分重要的作用，它既有效地联接FC与产品生产部门，又为研究部门、客户和FC的信息沟通提供交流平台。强大的TGA系统是美林证券经纪人制度成功的基石。

TGA系统的特点主要有：

(1) 可以存放各种研究资料

美林证券总部强大的研究团队的各种研究报告、行业研究员的产品分

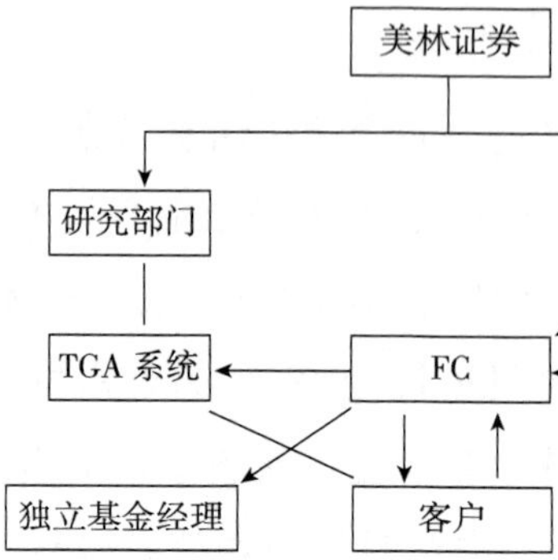

图 2－3　美林证券 TGA 系统和 FC 关系

析、各分行分享的团队理财方案、实时行情和基础理论知识等文件都可以通过 TGA 系统获取。这种统一的分享平台可以使所有经纪人或客户能直接了解到最全面的信息。

（2）TGA 系统的研究结果查询系统提升了 FC 数据获取效率

美林证券的研究团队中除了少数宏观经济研究员外，其余都是各行各业的研究专家。这些专家将市场中的投资标的进行系统分类，每位专家按照自己的行业倾向性选择研究类别，再在这种大类中选择具体的证券标的，如美林证券把几千家上市公司进行分解，每位专家负责某几个公司的跟踪分析，他们将这些公司股票的风险度、价值变化及公司股票在市场中应该买入、持有或卖出作出的判断，以及公司分红派息和成长性情况，分别用不同的字母和数字来表示。

在此体系下，所有的上市公司的信用评价都可用简单的字母和数字组合来表示，如某只股票的信用评级是 A117，则表示该股票是风险度很低、分红情况良好、短线和长线都可以买入的公司。美林的 FC 可以通过 TGA 系统查询到所有股票的信用评级和总部专家的详细分析记录，使 FC 既不用阅读长篇的投资研究报告，也不用凭借个人的主观分析作出结论，即可以在最短的时间内将总部的研究结果传递给客户，并且这种系统内公布的数据代表了美林整体研究结论的观点，具有行业权威性。

(3) TGA 系统为 FC 专业财务报告的生成提供了便利

美林证券为客户提供的财务计划书和投研报告都是由总部相应研究部门制作完成的，但客户与总部研究部门并无直接联系，因此，需要与客户直接沟通的 FC 提供相应资料给总部研究部门，而 TGA 系统在这个过程中将其协助分行与总部进行信息高效传递的作用发挥得淋漓尽致。FC 只需要通过 TGA 系统输入客户的相关资料，客户的财务计划书即可在短时间内由 TGA 系统制作完成，金融信息资料也反馈在 TGA 系统客户的独立单元内，并建立信息平台，通过 TGA 系统传递给 FC。这一体系和运行模式把总部分析师、FC 和客户高效地联系在一起。

二、爱德华·琼斯—IR 模式

爱德华·琼斯是全美金融服务业里最大，盈利最高的零售经纪商。专注于打造适应于社区营销的顾问营销模式，为个人服务是爱德华·琼斯的服务理念。现在有 12000 位证券经纪人在 10800 家营业部为所在社区提供个性化服务，其所有的业务都可以提供面对面的服务。爱德华·琼斯可以为投资者量身订制高质量的长期的投资组合，所提供金融服务包括个人退休账户、退休储蓄计划、教育储蓄计划、遗产规划与信托服务、账户服务与工具、银行服务、股票、共同基金、养老金、固定收益产品、人寿保险、医疗保在线账户访问、票据支付、委托代表投票、个人资产管理等一系统服务。在爱德华·琼斯，证券经纪人被称为金融顾问，他们并不只负责投资者的金融问题，在他们的宣传资料上，将金融顾问比成“私人医生”。

爱德华·琼斯每年招收培训生 14000 余人，在招聘时先由市场分析人员进行充分地调研，在北美地区确定地 5000 个左右的选址区域，根据这些区域来招聘投资代表（IR）。应聘 IR 的人员一般都选择自己居住或熟悉的社区，招聘时主要考察应聘者对所选社区的了解程度，以及应聘者对所选市场是否具备开发的潜力。这样的招聘流程取得了很好的效果，招聘一个 IR 的过程其实就是确定一个潜在市场的过程。

当应聘的IR正式被录用后，将接受系统的培训，新人入职后需要接受长达6个月的培训，再实习12~18个月。爱德华·琼斯致力于向每一位IR提供高水准、职业生涯全程的培训。

爱德华·琼斯非常重视企业文化的建设，IR在业内享有很高的声誉和社会地位，IR拥有经营自己企业的自由，所有的前期投入由公司负责，IR可以自由支配自己的时间和安排自己的工作，而且IR在北美的零售证券业一直享有最高的薪酬，这些都是IR选择爱德华·琼斯的理由。

在爱德华·琼斯的IR收入中，总佣金的36%~37%是经纪人的直接收入，还有3%~4%被作为激励的旅游费用以及其他福利。此外每年三次向每个经纪人支付其分支机构利润的一个百分比作为奖金，这个百分比在0%~5%，具体所占比例主要看总公司的盈利情况，公司每年还固定留出净收入的一定比例分配给所有经纪人。同时，每年经纪人都有机会成为公司合伙人。

三、嘉信证券独立顾问模式

（一）嘉信推出网上交易业务

嘉信证券成立于1971年，其成立的宗旨在于向投资者提供最便宜的交易手段，也是美国证券市场中在线证券经纪商的典型代表。其成立之初以较低的佣金和完全不提供任何投资分析信息作为业务出发点。1975年美国取消统一佣金制后，在多数券商提高了佣金标准的同时，嘉信反其道而行，成为一个典型的折扣经纪商。之后其业务量稳定增长，从1977年到1983年，嘉信的投资者数量大幅增长了30倍，营业收入也由460万美元大幅增长到1.26亿美元。在网络时代来临之初，嘉信证券立即敏锐地找到了互联网与证券交易相结合的巨大机会，1996年，嘉信领先各大券商推出了网上股票交易业务，以低廉得多的佣金价格和一定的信息咨询能力，迅速吸引了大量的投资者。

（二）嘉信证券经纪业务特点

1. 采取的低成本战略和全方位服务战略

嘉信证券之所以取得巨大成功，是因为它采取的低成本战略和全方位服务战略。嘉信一直将网上交易看作与实体营业部、电话交易等多重服务渠道兼容的产品，而不是以网络取代实体营业部，从而成为一个完全的网络经纪商，嘉信最成功的经营策略之一，就是“两条腿走路”的策略，通过其遍布全国360个实体营业部大幅开拓客源，并不时地将既有的投资者转为网上交易投资者，从而大幅降低了营运成本。同时嘉信证券明确投资者价值定位，提供投资者全方位服务网络，积极导入信息科技，成为交易流程优化的领导者和交易网络架构的提供者，并提供涵盖完整的金融商品及服务，包括与策略伙伴合作强化服务项目和内容，以及针对不同的细分投资者群设计个性化差异的产品。同时整合多种下单渠道的单一交易平台，紧密整合投资者互动渠道，主要包括通过整合实体及虚拟渠道与投资者互动来提升投资者服务满意度，以及强调建立投资者之间的“家庭式”关系。

2. 采用与独立顾问合作的形式

嘉信理财定位为低成本交易通道服务供应者提供了通过采用与独立顾问合作的形式实现了既让客户得到咨询服务，把客户留住，又不用直接向客户提供咨询的目的。后来于1995年正式推出了“顾问资源”（Advisor Source）项目，向有咨询需求的投资者提供一张合格、独立、主要依靠收费为生的金融顾问名单以供挑选。而作为回报，名单上的这些顾问会把他们名下的客户资产放在嘉信理财，并须向嘉信交纳一定的费用。

3. 对独立投资顾问实行严格的资质审核

为了保护客户利益，嘉信理财对这些独立投资顾问的资质有一整套严格的“资质审核系统”，其标准包括参加项目顾问管理的客户资产必须达到2500万美元以上，有5年工作经验和大学学位，或者有10年工作经验，或者持有CFA（注册金融分析师）证书。600个独立的顾问每人每个季度向公司支付2000美元，以取得为嘉信公司客户咨询的权利。由于公司每季度获取的利润不够开支管理该项目所需要的费用，因此嘉信公司获得的利益在于与投资经理建立联系，从而把他们的资产投入到嘉信公司来。

4. 为独立顾问提供一整套工具和产品

为吸引更多优秀金融顾问加入“顾问资源”项目，嘉信除了与之共享潜在客户资源，更提供周全服务。嘉信专门设立了“机构部”作为内部与独立顾问的协调、监督桥梁，为独立顾问提供一整套工具和产品，帮助他们快速响应客户需求。如“嘉信连线”（Schwab link）系统中，合作的顾问可以在嘉信的计算机网络上进行交易，并使用嘉信的软件管理客户账户。此系统允许顾问把所有交易记录的保管和编制报告书的责任交给嘉信公司承担，嘉信公司根据交易笔数和客户资产规模收取费用。这种服务非常成功，以致在所有通过主要依靠收费的金融顾问引入的资产中，82%利用“嘉信连线”进行管理。

此外，嘉信还成立公关团队、操作服务团队、沟通团队、产品服务团队等支持独立理财顾问的工作。嘉信证券的证券经纪人所辖投资者佣金提成比例为28%～43%（经纪人可以从管理账户业务产生的收益当中额外多获得4%的分成。在佣金提成比例当中不包括额外红利和其他奖金。）独立顾问的收入来源主要是按投资者资产规模进行一定比例的收费。

第三节　美国证券经纪人制度

美国成熟的证券经纪制度主要从证券经纪人的法律监管体系，证券经纪人的资格审核、集中注册管理、证券经纪人的行为规范和有效管理以及证券经纪制度的风险防范等相关方面作出具体的规定。

一、美国证券市场及证券经纪人法律监管体系

成熟的证券市场对证券经纪人有一套完善的制度，严格的立法管制。

美国在1929年“大萧条”后先后公布了《1933年证券法》《1934年证券交易法》《1933年银行法》《1940年投资公司法》《1940年投资顾问法》等，对证券市场及证券经纪人实施严格的立法管理。美国有关证券经纪人制度的法律法规就达十几个。法律中对证券经纪人的概念作了明确地阐述和规定，而且允许经纪人（法人）和注册代表（自然人）同时存在。

在监管结构上，美国拥有健全的组织和机构，政府监管、行业自律和内部管理三级组织管理体系比较完备。美国的经纪商管理体制分成自下而上三个层次：第一层次是证券机构的内部管理；第二层次是自律管理机构的自律管理；第三层次是政府证券市场管理部门的管理。美国证券市场对经纪商的管理实行双重管理制，即联邦政府管理与各州政府管理；其中联邦政府管理处于最重要的地位。

（一）证券机构的内部管理

基本内容包括：对客户、公司所有业务和包括货币、证券所有账款项目建立报告制度；对所有货币、证券在必要的协调后建立可靠安全的保管制度；对客户使用评估程序和信贷限额管理制度；建立某种证券交易的适当授权和对交易员的限额制度等。

（二）自律管理机构的自律管理

在美国，自律管理机构包括各证券交易所、经注册登记的证券经纪商协会、经注册登记的清算公司、登记过户机构、托管机构、市政证券规则制定委员会（MSRB）等，其中纽约证券交易所是美国最著名的自我监管市场，而全国证券交易商协会（NASD）则是经纪及交易商的自我监管组织。

（三）政府证券管理

依法成立了兼具立法和准司法机构的美国证券交易委员会实施行政管理，这是证券管理的最高机构。具有一定的立法权和司法权，负责监督《证券法》《证券交易法》和《信托条款法》等证券法规的执行情况，以维护投资者的权益，防止证券市场中的过度投机与欺诈行为。

二、美国证券经纪人的资格审核和注册管理

《1933 年证券交易法》规定，证券市场的所有的经纪人和经销商都必须向美国证监会申请注册之后方能获得在证券市场上合法买卖股票的权利，同时还必须成为证券交易所或是全美证券经销商协会的会员，必须接受和遵守所属证券交易所和全美证券经销商协会所制定的各项自律条款。之后才可以从事证券经纪业务的相关工作，如代理客户买卖证券。证券经纪人想要取得美国联邦证券委员会颁发的行业资格执照，需要满足相关的必要条件。

（一）证券经纪人要接受证券公司的培训

要受雇于一家已经注册的证券经纪公司，而这项条件的满足可以通过注册的证券经纪公司直接监督和管理所雇佣的证券经纪人，并对他作出合理的公司内部要求。在美国，国家证券公会和证券经纪公司很大一部分都被授权对其所雇用的证券经纪人进行严格的管理和有效的约束。证券经纪人在证券经纪公司入职后，需要通过填写多项表格，详细说明自己近些年的就业过程、就业过的工作单位、离职时间和原因、无业期间的日常活动、接受正规教育的情况等，填写后证明表格的真实程度，签名并接受实际调查。证券经纪公司在初选结束后，证券经纪人按规定要接受至少四个月的证券专业知识培训。

（二）参加证券交易所主持的资格考试

证券经纪人培训后，参加由国家证券公会和纽约证券交易所主持举办的资格考试。资格考试内容主要包含：证券市场基础知识、证券交易行为规则、证券交易程序、所需手续、客户证券账户管理、证券分析方法、证券投资方法，证券指标和基本图形、联邦政府及证券业对证券交易的全部规章条例等相关知识。考试分数线有一定标准，通过资格考试后，便取得证券经纪人资格，但并不是注册代表，要通过受雇的证券经纪公司以会员的身份向国家证券协会上报证券经纪人的个人参考条件，经过协会批准后才可以成为注册持牌的证券经纪人。此外，纽约证券交易所还规定证券经

纪人要在受雇的证券经纪公司至少工作 60 天，至少为客户服务 120 天以后，才可以申请为注册场内证券经纪人，只有注册成为场内证券经纪人，才可以从事和发展相关证券经纪业务。

（三）证券经纪人要遵守职业道德规范

资格审核仅仅是美国对证券经纪人的要求中的一项，最为严格的要求是证券经纪人的职业道德规范。联邦政府针对证券交易中证券经纪人的行为制定了有体系的规章制度，对证券经纪人进行监督和管理。任何违反联邦法律条例的公司或者证券经纪人个体都将面临具体的处罚。严格的证券市场准入条件、健全的监管体系和法律保障是美国的证券经纪人行为规范的基础，为证券市场的健康发展创造了良好的环境。

三、证券经纪制度的风险防范

为了保证证券市场的公正、公平交易，防范风险，美国证券监管部门都采取了严密的风险防范措施。

（一）通过法律法规限定经纪人业务

通过制定法律、规章、制度、对经纪人业务活动提出限制。通过制定一系列法律法规对证券经纪人可能出现的违反公平、有效、诚实的交易原则的行为加以规定、制约和惩处，以保护广大投资者，特别是中小投资者的利益，不受内幕交易、操纵市场等行为的侵害。

（二）建立各种保障机制和赔偿制度

美国的顾客保护规则分为两部分：第一部分要求证券商拥有或控制所有顾客用超额保证金购买的证券，证券商必须按日计算顾客的超额保证金，确保顾客和证券商遵守规则中关于超额保证金的规则。第二部分要求券商将顾客对证券商的债权超出债务部分存在联邦储备银行的特别账户，让顾客得到专门保护。顾客保护规则旨在防止证券商运用顾客资金，融通其业务。

（三）规定执业时的财务要求

在美国，证券公司的财务责任管理制度是非常具体和严格的，其中资本规则规定证券经纪人的流动性最低标准，目的在于确保券商具备足够的流动性资产来应付证券经纪人潜在的风险责任，能对潜在的市场和信贷风险进行补偿，及时满足顾客需求，增强投资者对券商财务能力的信心。

（四）定期报告制度

美国证券管理部门通过建立证券经纪人的定期报告制度，以及对证券经纪人的财务状况和会计制度的定期与不定期检查，有效地降低了风险，保证了投资者利益。在美国，证券经纪人的定期报告制度主要分成核心报告和早期预警报告二种。证券经纪人必须定期填写核心报告。核心报告包括财务与业务资料，除此之外，证券经纪人还被要求在每个财政年度末填写资产负债表、损益表、财务状况变动表等，经审计后这些材料要送至客户，便于客户审阅监督和选择。早期预警报告是指证券交易委员会和证券经纪人检查机构，对证券经纪人面临的财务与业务问题，提出早期警告，以便证券经纪人及时分析面临的困难，改进管理，提高质量。

第三章　欧洲证券经纪人制度安排

第一节　英国证券经纪人与证券经销商

一、英国证券市场的演变

英国的证券交易所最早出现于1773年，是从伦敦咖啡馆中的非正式交易演变而来，1773年英国政府将分散在几个城市的区域性交易所进一步合并为全国性的证交所，下面分设伯明翰、曼彻斯特、利物浦、格拉斯哥和都柏林等交易行和交易间。

长期以来，英国证券交易所一直保持着许多传统的严格的规章制度，主要是所谓“单一资格”制度（证券中间商和经纪人严格执行不同职能）。1983年前，英国证券市场上商人银行（投资银行）、经纪商及交易商（做市商）三类机构之间有明确业务分工，叫作“单一业务”制度（SINGLE CAPACITY），实际上就是证券发行、交易和经纪三项业务分业经营。商人银行处于价值链的顶端，业务核心是公司融资，包括IPO、配股、公司并购、项目融资等；交易商处在价值链的另一头，通过为自营账户买卖证券维持市场的流动性；经纪商则是连接证券发行人、商人银行、交易商的纽带，代理证券买卖。在“单一业务”制度下，各类证券机构各司其职，经纪商的佣金是固定的，交易商的风险控制也非常简单，因为他们只需要保证自营账户盈利。因为业务单一，改革前英国证券公司规模均较小，以合伙制为主。这些严格的制度对于英国证券市场的早期发展起到了一定的历史作用。

由于英国相对宽松的外资政策，英国证券市场本来就是一个开放的、国际性的市场，英国的证券市场自发展以来，稳居欧洲金融业的霸主，来自隔邻的欧洲各国证券市场的竞争，对英国本身并不致于构成威胁，英国证券市场主要集中于国内的发展。然而到了20世纪70年代，远在大西洋彼岸的美国，针对证券业推行了一连串自由化、国际化的政策，对英国金融业霸主的地位构成威胁。1975年5月1日，美国纽约证券交易所率先废除了实行已达183年之久的固定手续费率制度，随着证券经纪商降低手续费的自由竞争，美国的证券市场取得了长足的进步。美国自由而兴盛的证券市场，吸引了全球投资者，美国证券市场成了全球资金汇聚之地。由于美国市场自由化和国际化，投资者群体庞大，市场流动性好，英国本国的证券也纷纷以发行美国存托凭证的方式到美国挂牌交易，美国强大的威胁使英国证交所的传统保守制度越来越显示出其局限性，英国证券界要求认真反思与改革证交所的呼声日高。

（一）第一次“金融大爆炸”（Big Bang）

1986年10月27日，面对美国证券市场挑战，英国伦敦证券市场顺应证券市场国际化潮流，展开了自由化和国际化的大改革。这场大改革被称为“金融大爆炸”（Big Bang）。此次改革实际上始于3年前，1983年，英国政府和伦敦证券交易所签订了著名的Parkinson－Goodison改革协议，交易所会员同意在3年之内放弃固定佣金制，同时结束自身的垄断地位，接受外国公司成为交易所的会员。该协议给了证券行业3年准备期，于1986年正式实施。协议公布后，人们很快就意识到取消固定佣金制的必然结果是废除单一业务制度，否则经纪公司在佣金竞争的情况下根本无法生存。在废除了单一业务制度以后，一个公司可以同时从事公司融资顾问、股票承销、经纪业务及自营交易。为了应对新形势，英国证券业在3年准备时间内经过了一系列重组和整合，形成了功能比较齐全的投资银行业务部门。

“Big Bang”改革主要内容包括：

1. 模仿美国纽约证交所废除固定手续费率制度

随着证券在全球不同交易市场交叉挂牌，证券交易的手续费水平成为投资者选择交易市场的一个重要因素，伦敦证券市场期望通过降低手续费率，促使券商多元化经营，活跃交易量，使手续费收入增加，进而形成良性循环。

2. 废除证券自营商和经纪商相分离的制度

伦敦证券市场以往要求证券自营商与经纪商分业，亦即采取单一资格（Single Capacity），但是在美国证券商多元化经营成功的例子下，英国将证券商“单一资格”制度废除，改为“双重资格”。为了提升证券商的服务质量，证券投资局（SIB）还特别制定了防火墙以及客户忠实条款等规定。另外，在大改革中，伦敦证券交易所也开放允许外国证券商加入成为会员，以推动证券市场国际化，吸引更多外来资金。

3. 建立计算机化报价及交易系统

为了以强化交易效率并提升服务质量，伦敦证券交易所推出了“证券交易自动报价”（Securities Exchange Automate Quotation，SEAQ）系统。原来的17家证券批发商重新登记为做市商，做市商必须对自己做市的证券持续报价，并且保证报价适用于正常市场规模的交易。做市商的报价通过SEAQ系统的计算机终端予以实时公布，投资者和证券经纪商都可以订购这种电子信息，无论在任何地点都可以即时收看做市商的报价信息。

4. 废除债券自营商的垄断地位

数十年来，英国政府国债市场，由两家自营商及一家经纪商所组成，总资本额是1亿英镑。英国对债券市场管理的做法，与股票市场一样，实行经纪商和自营商相分开的制度，以维持市场和谐避免恶性竞争。但从1986年10月27日起，英格兰银行决定开放债券市场，促其国际化，并废除债券经纪商和自营商相分开的制度，并增加自营商及经纪商家数。英国政府改革债券市场的主要目的，在于强化其在欧洲债券市场的地位，以在全球时区中，与纽约、东京三足鼎立。

5. 设置“证券投资局”（SIB）

以往英国证券市场并无一个专门负责管理的机构，这使政策难以整合并增加了市场的运行成本。根据金融服务法下，成立了“证券投资局”（SIB），证券投资局拥有合法管理证券市场的权限，除了行使本身的职权外，还授权伦敦证券交易所代为行使部分权利。另外，为保障投资者利益，伦敦证券交易所合并了另一家自律机构——国际证券交易管理机构（International Securities Regulatory Organization，ISRO），并以成立赔偿基金及修改规章等方式来保护投资者。

6. 改组伦敦证券交易所以及建立全球24 小时市场联机

以往在伦敦证券交易所组织中，交易所主席、少数核心主管以及个人会员具有绝对的权力，交易所可自行订制规章并决定惩处会员，在 Big Bang 改革中，伦敦证券交易所纳入“证券投资局”下面的管理，证券投资局拥有修改交易所规章的权力，同时外国证券商也可获准加入成为交易所会员。改革后的英国证券市场中，每一个交易市场均须向主管机关注册并登记以取得授权，并且必须成为自律组织（SRO）的一员。1987 年，伦敦证券交易所经过调整，正式成立了英国国际证交所。这使其一跃成为欧洲最大且国际化程度最高的证交所。改组后的国际证交所主要包括英国股票市场、国际股票市场、期权市场等。这些市场形成了一个完善的证券市场体系。

（二）第二次金融大爆炸

金融大爆炸后，由于手续费收入的下降，商业银行向投资银行业务领域的扩张，雇员成本的提高，客户服务要求的提高，券商利润大幅下滑，导致许多英国中小券商倒闭。在“大爆炸”后，分别有 29 家和 27 家机构分别成为股票市场和债券市场的做市商，但到了 1991 年，股票做市商的 7 家和债券做市商中的 9 家都离开了市场。

券商扩张急需资本，但通常只有外资券商才能增资进行扩张。英国的商人银行（券商）和经纪公司资本金不足，技术系统老化，业务单一，无法和国际同行竞争。而美资投资银行，由于国内金融自由化比较早，相对于英国本土券商，拥有非常强大的竞争力。美资银行和其他外资机构购买了英国的自营商、经纪商和商人银行。到1987年2月，伦敦交易所200家会员中的一半被并购。为了保持竞争力，英国经纪商和自营商进行合并，商人银行收购经纪商和自营商，英国商业银行收购证券公司。1992年伦敦国际证券交易所宣布取消个人会员，所有成员均必须为公司会员，改善交易所的运作并确保市场有充足的流动性以便更好适应其国际化特点。

在美国大型投资银行的冲击下，英国证券服务业经历了一场大重组，英国券商在国际投资银行业务竞争中逐步退却。英国投资银行相继被资本雄厚的美国和欧洲大商业银行所兼并。瑞银买下了Warburg，花旗得到了施罗德，大通银行拿下了Robert Fleming，美林兼并了Smith New court。英国20世纪80年代初约有800多家银行，末期约剩500家，其中本土券商几乎全军覆没。

此外，随着英国资本市场的自由化和国际化，英国证券市场上的金融机构经营的自营业务和经纪业务之间的界限日益模糊，内部没有风险控制的“防火墙”，券商的利益冲突加剧，英国在“大爆炸”后还缺乏强有力的监管机构，这导致内部交易案例大幅增加。传统的监管架构已经无法应对国内外新金融市场发展的冲击。特别是，外资金融机构的有关银行、证券、保险等金业务的界限日渐模糊，将银行、证券、保险等业务纳入统一的集团管理。但是，因为英国的金融监管体系非常复杂，当时有包括英格兰银行在内的9家监管机构对银行、证券、保险和住房协会等金融机构进行监管。随着金融业混业经营程度的加深，金融机构的多头金融监管的现象，不仅增加了金融机构运作成本，也影响了证券市场监管效率。传统的金融监管框架已经不适应新的形势，阻碍了金融业效率的进一步提高和创新发展。于是政府提出“金融监管一元化”的构想，要建立一个全权负责的单一金融监管机构，自1997年起，原金融管理的9大部门整合为单一的管理机构，原证券投资局（SIB）在1997年10月改名为金融服务管理局

(Financial Services Authority, FSA),除维持原1986年金融服务法所赋予管理金融体系及投资活动权限,并监督交易所及结算机构之功能并修法以强化其职权外。金融服务管理局的宗旨在保障投资大众权益,促进市场健全运作和维持市场秩序及信心,其主要管理功能在于制定并修订政策,监管市场活动。

另外,基于英国伦敦证券交易所于1999年7月由会员制组织改制为公司制,不再适合担任上市审查机关的角色,公司挂牌上市的审查权亦已于2000年5月1日由伦敦证券交易所移转至金融服务管理局。

英国第二次金融大爆炸这场改革改变了传统的放松管制的理念,确立了英国金融服务局作为全英唯一的金融监管机构,对金融行业和金融机构统一行使监管权,完成了英国监管体制从分业监管向单一监管的过渡。

二、英国证券市场及证券经纪人监管体系

(一)英国证券市场及证券经纪人法律监管体系

在1986年金融大爆之前,英国的证券市场基本上是借助证券交易所的自律与权威来进行管理的。《1986年金融服务与市场法》取代以前的《防止欺诈法》和《公平交易法》,构筑起了英国证券市场管理的基本大法,并授权新设立的证券投资委员会对从事证券与投资的金融机构进行监管。不过,由于没有充分的准备和组织体系来自行承担整个证券监管事务,证券投资委员会随后将监管权授予5个主要的自律组织。1988年国际证券交易所实施财务服务法,将证券交易所的自我管制责任以法定形式加以确定,把保护投资者的各项具体规定加以充实与落实。自此英国在保留传统自律监管的同时,针对单纯自律体制的弊端,引入依法监管的某些作法,形成了以自律管理为基础,立法监管为辅的法律监管体系。

可以看出,在这一时期,英国的证券法体系的明显特点即以自律管理为主,主要依靠伦敦证交所自身严格的规章制度和高水平的专业证券商进行自我监管,形成了完备的证券市场自我管理体系,而在法律管理和政府机构的组织管理上则相对弱化和分散。政府不设专门的证券管理机构。英

国证券市场法律监管体系，以英国证券交易所协会、收购和合并问题专门小组以及证券业理事会为基础。其中，证券交易所协会是由交易所大厅从事营业的证券经纪商和营业商组成，依据制定的规则管理着伦敦和其他6个地方交易所大厅的业务。由于交易所影响大、联系广，因此实际负责整个英国证券业的基本管理。英国证券交易所协会、收购和合并问题专门小组以及证券业理事会制定并实施有关证券活动的规则，由于这些规则的各项规章制度极为严密，真正达到了实质意义上法律的效果。即使在1986年改革以后以金融服务法为核心所造就的新的证券法体系，也没有改变英国证券业自律的特点，只是通过立法和政府监管的补充，使自律体制更加成熟、有效。新的法律监管体制中贸易部、证券和投资局、自律组织三级管理机构通过职能的一部分甚至大部分转让“授权”的方式而被联结成一个不是很严密的整体。其中执行政府监管职能的贸易部国务大臣的监管极其有限，仅涉及证券业管理的外部框架，对其具体业务基本不干预。这样新的证券法体系仍保留了自律组织的大部分独立性，把对证券的绝大部分直接实质性的管理任务交给自律组织，保持着自律组织极大的活动空间与权威。

英国在经历1986年的大改革之后，确实为市场注入一股新意，然而英国整体金融市场在传统多头马车的管理下，政策推行总有诸多包袱存在。1986年金融服务法所建立的多头监管框架，不但缺乏效率，且责任归属亦不明确，相关金融法规的修正进度已严重落后。自1997年起，原金融管理的9大部门整合为单一的管理机构，原证券投资局（SIB）在1997年10月改名为金融服务管理局（Financial Services Authority，FSA），维持原1986年金融服务法所赋予管理金融体系及投资活动权限，还监督交易所及结算机构之功能并修法以强化其职权。配合FSA的成立，英国颁布了《2000年金融服务和市场法》，取代了以前一系列金融法律、法规，统一了监管标准，正式成为管理英国金融市场的法律。作为英国单一监管体制的缘起——《2000年金融服务与市场法》，是英国历史上最重要的一部金融监管法案。正是这部创世纪的法案，规划了新世纪英国金融监管体制的框架和体系，制定了一整套崭新的金融监管“游戏规则”，缔造了当今英国强大的单一监管体系，并为后来金融监管提供了导向指引和发展空间；这部法律使英国成为全球第一个完全实行单一监管和混业监管的国家，在英国金融监管史和世界金融发展史上都具有里程碑意义。

《2000年金融服务与市场法》自取代《1986年金融服务法》后，成为规范英国金融证券市场之主要法规。按照《2000年金融服务与市场法》的规定，在证券市场上为证券投资提供中介服务（如证券经纪）和其他服务（如结算服务）的人（包括机构投资者如投资公司及交易商等在内）必须获得“授权”或者“豁免”才可以从事证券投资业。这就意味着从事投资业务的公司或个人，必须经金融服务管理局批准，或经金融服务管理局认可的自律组织批准。并且任何金融中介机构的市场行为发生改变时，必须向相应的自律组织或授权机构申请获得新的授权才可以进行。

（二）英国证券市场及证券经纪人监管体系

长期以来，英国政府对证券市场直接管理、干预较少，证券交易所、公司收购与兼并委员会、证券业理事会等自律组织是英国证券市场重要的监管力量。由伦敦证券交易所和英国其他6个地方性证券交易所的经纪商和交易商组成的证券交易所协会，对全国范围内的证券市场活动进行监管，是事实上最重要的自律监管机构。伦敦证券交易所采用会员制，参与证券交易所证券交易的人必须是其会员；证券交易所作为自律机构，有权对其会员和上市公司进行处罚，如撤销会员资格、中止现有上市证券的交易、进行罚款和公开谴责等。此外，证券交易所还可以通过严密的监管规则，监视上市公司及其管理人员的变动。自律管理体制可以让证券交易商参与制订与执行证券市场管理规则，这样的市场管理将更有效；证券交易商对现场发生的违法行为，能够作出迅速而有效的反应等。但是自律管理通常把管理的重点放在市场的有效运转和保护证券交易所等自律组织会员的利益上，自律管理者的非超脱性难以保证管理的公正性；没有国家强制力做后盾，自律管理手段较软弱难以实现全国证券市场的协调发展。

1986年金融服务法改变了英国传统的自律管理模式，建立了自律管理

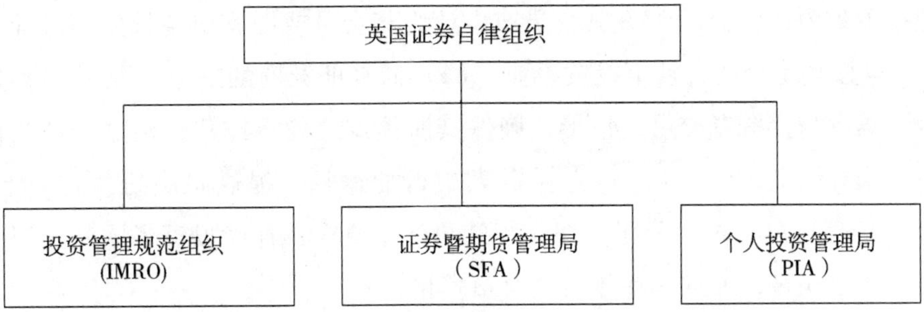

图 3－1　金融大改革（The Big Bang）前证券投资业管理架构

与立法监管相结合，即在法律框架下的自律管理模式。

根据该法，财政部被授予对金融体系全权监督的权威和权力，财政部将法定权力和监管责任授予证券和投资委员会（SIB）。SIB 并不是一个政府部门，而是一个私人机构。不过，SIB 却被赋了管理英国投资业包括证券业的任务。SIB 也有权承认其他自律组织。SIB 管理投资事业以及 SIB 承认其他的自律组织，都是依照成文法令所制定出的标准及规范。可以看出，《1986 年金融服务法》确立的监管体制虽然强调在法定体制内进行自律规范，但实际上法规的制定要受到自律组织的监督，负责实际管理的仍为自律组织。

第二次“金融大爆炸”后负责监督管理证券商的单位为金融服务管理局（FSA），而其性质属于政府依法律授权执行金融监管的自律组织，本身并非政府机关。金融服务管理局成立的目的是要创造一个单一的金融市场监督管理机构，亦即所谓的“金融监理一元化”。金融服务管理局正式成为英国唯一的金融业专责主管机关。凡是从事证券经纪业务及其他投资服务项目，都需要经过其授权才可以从事相关业务，同时也需接受主管机关的管理规范。

在自律规范方面，目前英国国内规范证券商的自律组织必须被金融服务管理局承认，在承认之后，这些自律组织则有权力授权公司从事证券投资业务。依照欧盟投资服务指令的规定，当英国公司受相关自律组织授权从事投资业或证券业务后，将可在欧盟范围内营业。自律组织的职权大略包括下列项目：(1) 调查其会员或申请为其会员或向其申请核发证券业执照，查核其是否适合从事投资事业。(2) 监督证券商的财务状况。(3) 监督证券商与投资者交易之情形，确保其所提供之信息或建议清楚、适当而不会误导投资人。(4) 建立投资人申诉的途径，提供解决纷争之机制。(5) 处理违反法规之公司，如，判处罚款，要求其补偿投资者因其不当建议所受之伤害，或取消违规者之会员资格。

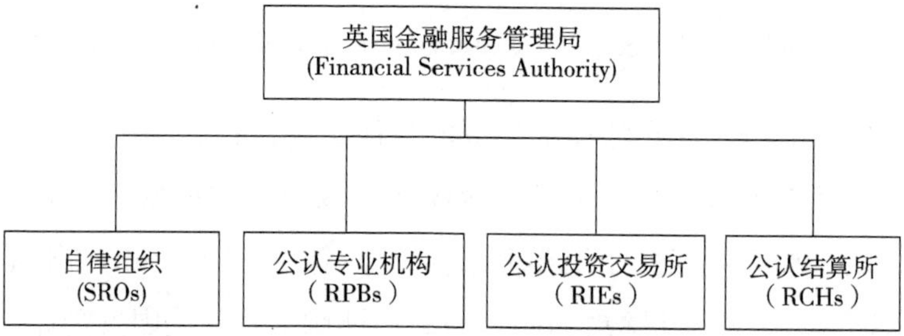

图 3-2　英国证券业管理架构

三、英国证券经纪人的资格审核及管理

(一) 英国证券经纪人的资格审核

在英国欲从事证券业务，必须取得证券执照。执照的核发依照《1986年金融服务法》的规定办理，而负责核发执照的机关，之前为证券期货局。申请核发证券执照，通常须花费大约 4 个月的时间。申请者通常需要律师及会计师的协助。证券期货局为一个自律组织，一个公司若想从事证券业务，必须成为此自律组织会员，取得证券执照。一个公司需要符合相应条件，才能成为证券期货局会员。目前，此项审核权则由 FSA 依照《金融服务及市场法》行使。成为会员之后，证券商必须至少有一个以上的常设监事负责监督该公司及其雇员对相关法令的适用及遵守情况。证券交易所的规则也写明，证券商申请成为会员必须要接受其管理，如果会员未能遵守其相关规定，证券交易所可以限制会员在交易所进行业务的范围或是终止会员资格。

（二）英国证券经纪人的资格审核内容

金融服务管理局在进行审核是否授权时，主要考察申请者的以下方面：

1. 适合性原则

最重要的考虑因素为：

（1）该人（公司）的诚实、正直及声誉情形。

（2）该人（公司）的能力。该人（公司）是否符合金融服务管理局的“训练与能力依据手册”的规范业务要求；是否有相关从业经验或受过相关训练。

（3）该人（公司）的财务健全状况。

2. 证券人员考试

依“训练与能力依据手册”的规定，证券经纪人必须要通过“训练与能力依据手册”附录中的考试才能从事相关经济业务。并且证券商应依上述“训练与能力依据手册”的规定，对所属员工，就其所从事之业务进行并维持一定的训练。

3. 计算机设备

证券商必须拥有足够的计算机设备，以经营相关之证券业务。公司是否拥有足够的设备，将由公司外部监察人及证券期货局来验收。必须要有专人能负责计算机设备之维护、使用与管理。

4. 场所限制

证券期货管理局并无明文规定关于场地的规则。然而，适合妥当性原则可能会在此适用。设立营业据点时，必须选择适当的地点、适合的办公室空间，以配合所要经营之证券业务。

5. 人员限制

一个营业单位至少要有三个人。按照证券期货管理局的规则要求，一个营业据点至少要有两个营业员，除了营业员之外，还须有至少一人负责每月准备向证券期货管理局提出财务报表、管理公司账目、计算公司资本是否符合资本适足性要求、是否符合其他的法令规范。当然，证券商也可委任另一公司专门负责处理上述之工作，但这将会是另一笔花费。

四、证券商营运规范

（一）申请许可

申请成立证券商必须取得证券期货局经营投资业务的许可证照。申请公司必须准备组织结构、主要部门及执掌、营运计划、内部稽核控制制度、会计制度、财务报表、风险控管等资料以供审核，证券期货局通常需要4个月审查。证券投资管理局（SIB）所核发的执照并无限制营业范围，但实际营业范围仍应以营业计划中所载明者为限。如果已获证券期货局核准，而想经营新业务，则必须向证券期货局申请变更营业项目，并提出具有经营新业务能力的证明。证券期货局接受申请后，会再次审核证券商的营运状况及新的作业程序等。

（二）从业人员专业胜任

在英国从事投资业务人员，除豁免注册者外，都必须完成注册方可执业。证券期货局负责审核不同投资事业业务人员的授权注册工作。证券期货局考察从业人员是否专业胜任主要考虑以下因素：具有财务上正直性；不得有民事、刑事罪刑与前科；必须有良好声誉及品格；业务人员能公平、诚实及有效地执行其职务。

（三）员工人数要求

从事证券投资业务公司的最低人数为三人，其中包含二位营业员及一位营业主管。其中至少要有两位是经注册的业务代表。

（四）财务规范

财务方面的要求分为申请时的自有资本，以及后续资本两种要求。其中，有关申请时自有资本的规定如下：申请代理业务者最低资本额必须大于57000美元；其他业务资本额必须大于125000美元。此外，证券期货局要求各公司不管在任何时间，其财务资源必须大于证券期货局规定的财务资源要求。具体包括原始资本要求；市场风险要求（持有有价证券或相关衍生性比率）；交易对象风险要求；超额风险要求；外币汇兑要求等。

（五）客户关系

券商可以通过书面合同，明确表示客户的权利，服务项目等。在为客户提供投资建议时，应审慎表明投资风险及业务员或券商本身之利益。

（六）代客操作

有关代客操作的规定，其中一个目的即在处理，当一个券商同时为自己及客户买卖有价证券时之处理原则。其原则包括公平性，客户订单优先处理原则，订单成交以最有力客户为原则等。

（七）防火墙设置

为了防止将营业及客户资料不当的流通于公司内不同的部门或流通于相同集团下不同之公司。其设置之目的之一，对外要减少券商与客户间利益冲突之情形。

（八）客户申诉系统

为保护投资者的利益，证券商必须建立客户申诉系统，内容应包括下列项目：教育投资者如何申诉的书面文件；所有员工必须清楚申诉之程序；申诉内容必须经适当渠道告知证券期货局；必须由资深人员从事申诉内容的调查。

（九）内部控制

证券商内部控制制度包含以下几个方面：

（1）管理阶层必须能够胜任其工作，并且对于人员的安排，工作的分配能够适才适所。

（2）各阶层的权责划分必须要明确，并经适当监控。

（3）公司必须有一套有效的营运运程以确保在营运过程中能够达到内控的要求，尤其对于市场弊端或金融犯罪（如洗钱）须有能力防治。

（4）对于公司营运及内部组织的运作，如交易凭证及经理人之权责划分等，必须保持完整之记录。

（5）公司每年必须对企业整体有关内部控制情况进行一次总体检查，并将检查的结果呈报证券期货局。

（6）在提供客户投资建议时，必须提供及时且全面性的参考数据，以协助客户做合理的投资决策。应极力避免与客户发生冲突，一旦发生利益冲突，公司应将相关信息公开。

五、监管机构对证券商的监管

（一）证券期货局对证券商的期初与续行查核

证券商申请加入会员的期初稽核，其查核重点为：英国证券期货局基于“预防胜于治疗”的理念，认为与其在证券商发生危机后加以检查及处分，不如于证券商申请设立及加入会员前即给予周全的审核，因此证券期货局强调证券商申请加入会员的审核工作。证券期货局对于会员申请之审核，除了书面审查必要文件外，也要执行数次实地检查，以确保所有新加入的证券商符合会员之资格要求，具体内容如前所述。

（二）证券期货局对证券商的一般监管与查核

1. 证券期货局对证券商的例行检查

证券期货局建立一套证券商分级系统，将券商依风险程度分为一～五级，级数越高表示风险越大，查核之次数相对越多。

2. 证券期货局对异常证券商的检查方式

证券商应定期将财务报表等相关资料送交证券期货局的监视组，监视组将进行书面审查，若发现异常情形，则通知证券期货局的法令执行检查人员，对该证券商进行更进一步检查。证券期货局法令执行检查人员可采下列方式进行：（1）直接进入证券公司检查。证券期货局法令执行检查人员有权直接进入证券公司进行检查，不须事先通知。有权调阅各项相关数据，影印文件或复制计算机数据以作为检查之凭证。有权面谈相关职员，以期更深入地了解受查公司实际之情况。（2）要求证券公司特定职员至证券期货局备询，证券期货局有权指定证券公司某特定职员至该局备询，其职员不得无故拒绝。

（三）对违规证券商的处分

证券期货局对违规的证券商可采取下列处分：申诫；严重申诫；警告；罚金；暂停全部或部分之业务；取消证券公司会员资格；取消业务人员登记资格。

六、花旗集团伦敦中心经纪业务情况

（一）经纪服务

花旗（伦敦）的股票经纪业务只接受资产规模1亿美元以上的机构客户，现有保险公司、共同基金等机构客户的数量超过2500个，管理的资产超过2500亿美元。在中东地区，由于个人资金充裕，花旗（伦敦）的选择标准也有所变化，由业务部门与合规部门共同确定客户类别。

花旗（伦敦）盈利模式的核心是销售研究产品。公司拥有一支强大的研究队伍，通过高质量的研究产品吸引机构客户。研究人员一般注重公司的行业和估值，形成投资建议和研究报告后，会立即送达客户和各地销售人员。客户收到研究报告和投资建议后，会与花旗相关分析员沟通，决定是否调整投资组合。一旦客户接受投资建议并决定进行交易，其交易执行人员将与花旗（伦敦）的交易员联系，就直接下单还是通过交易员下单进行沟通。花旗非常重视销售人员与客户的联系和沟通，经常进行检查服务质量，并与竞争对手比较服务质量优势。

（二）客户开户流程管理

花旗集团零售经纪业务主要在欧洲之外的地区。根据客户类别，花旗有不同的开户流程。对于零售客户，必须“面对面”办理开户，由客户向公司提供护照等身份证明文件。同时，公司销售人员会了解投资者的投资经验和风险偏好。开户程序由销售人员完成，之后转到公司中台部门进行验证、处理。客户不需要到营业网点进行现场开户。

（三）佣金费用

英国金融服务监管局对证券经纪商佣金收入的支出和使用作出了严格

规定，证券经纪商的佣金收入只能用于经营和研究支出。由于客户最终承担证券经纪商交易服务的成本，证券经纪商（资金管理者）应当向最终客户披露佣金在研究和经营上的支出数量和比例。佣金比率是在逐个与客户协商的基础上确定的，没有统一的标准，不同的市场有不同的比率，随着竞争加剧，佣金率不断下降，而衍生产品相关服务收入不断增加。具体情况见图3－3。

最近的监管发展趋势是，证券经纪商与客户达成佣金分配协定（CSAs），并且CSAs正很快演变为公认的商业模式。CSAs使基金管理者更好地安排经营支出，增强了对来自第三方的高质量研究产品的支付能力。经纪商要对提供给每一个客户的经纪服务进行自查，认识到正在提供的服务对客户是否有价值，存在哪些缺陷，并及时调整服务方式。佣金分配协定管理反映出英国金融服务监管局从保护最终客户的利益出发，加强了对证券经纪业务的监管。

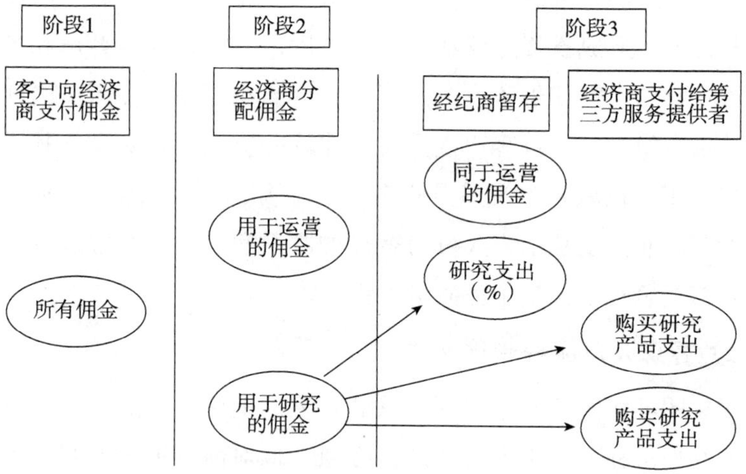

图3－3　花旗银行（伦敦）经纪业务佣金分配结构

（四）经纪业务战略转变与创新

花旗（伦敦）股票经纪业务的发展和创新体现在以下几个方面：一是不断扩张至新市场，扩大新客户基础，如中东地区市场份额不断提高，并密切关注印度、俄罗斯等新兴市场的发展；二是提高对高收益、高附加值的产品和服务的投资，为机构投资者提供更广泛的衍生品服务；三是通过交易技术的发展，丰富投资者的交易执行方式；四是实现严格的客户账户集中和分类管理。

第二节　德国证券经纪人与证券经销商

一、德国证券市场构架

（一）证券交易所

德国证券市场是由德国各地的证券交易所组成，证券交易市场的监督机构为联邦金融监管局。德国现有 8 个证券交易所，其中法兰克福证券交易所为最主要的全国市场，其余皆为区域性交易所。每个交易所包括相互分割的准入市场（公开市场）、初级市场、一般市场和高级市场（见表 3－1、表 3－2）。

表 3－1　德国交易所市场结构

	按欧盟标准监管的市场	由交易所自己监管的市场
市场板块	高级市场	初级市场
	一般市场	准入市场（公开市场）

表 3－2　德国 4 个不同市场板块透明度标准

高级市场	季度报告、英文报告、公司日程安排、一年一次的分析师会议。欧盟监管市场
一般市场	年度或半年度报告、董事交易和临时报告、遇公司控制权变更时股东股份报告。欧盟监管市场
初级市场（公开市场）	依本国会计准则形式年度或半年度报告、相应企业申报、在线公布公司日程、在线公布公司介绍。德意志交易所监管的非官方市场
准入市场	为最低欧盟法律要求，即限制内部交易规则、限制滥用市场规则、招股说明书。德意志交易所监管的非管方市场

准入市场和初级市场其法律框架是按照德意志交易所规范的非官方市

场标准而制定的。初级市场由德意志交易所认可的代理机构负责公司的股票交易，并监督公司遵守信息披露的基本要求，适合所有希望通过便捷、低成本、低要求上市的公司。在一般市场上市的公司，需满足欧盟对上市公司信息披露标准的最低要求。一般市场上市标准是公司在受欧盟政策监管的同时，为公司提供低成本的灵活便利条件。希望在高级市场上市的公司，必须先满足一般市场对上市公司的要求，并遵守国际信息披露惯例和要求。

（二）证券市场交易人

德国市场交易参与人分为以下三类：第一类是银行；第二类是官方经纪人；第三类是自由经纪人。

1. 银行

在德国，银行是金融中间人。银行被允许从事投资中间人活动。只有他们才能代替客户买卖证券。客户仅能通过银行在交易所的代表下单。银行接受自己的客户买卖一定数额的某种有价证券的申请书，并通过现代化的通信方式将申请传递给银行在证券交易所的代表。银行代表则在交易所的交易厅将申请书分送给经纪人，而经纪人的任务是确定每一种有价证券当时是适当的行市。同时银行是官方经纪商必须的中介者，因官方经纪商不直接与投资人交易，仅撮合银行间的交易。银行代表可以用自己的账户交易，将客户的买卖单与自己或与其他银行撮合，再将余额报给官方经纪商。

2. 官方经纪人

官方经纪人是市场交易者的居间人。与金融信贷机构不同，他们不为私人投资者代理证券的买卖。官方经纪人经交易所执行机构和经纪人协会提名，由交易所所在地州政府或该州交易所监管机构聘任或免职。他们必须具备必要的专业知识，拥有一定的财产。官方经纪人的职责主要有两项：第一项职责是，他们充当证券交易者之间的居间人，使供与求结合到一起，使买盘和卖盘配对成交。为有效地发挥他们的居间功能，每个官方经纪人都被分配到一定数目的证券，负责对其进行买卖盘的配对。第二项职责是，官方经纪人负责确定正规市场的证券行市价格。为避免利益冲突，法律规定，严格禁止官方经纪人在集中交易市场中对其分摊负责的证券进行基于自身利益的买卖，但法律另有规定者则不在此限。

3. 自由经纪人

是非官方的经纪商，允许在交易厅活动，其功能为撮合银行间在管理市场或在非官方管理市场的交易，以及固定价格。自由经纪人从其作用方面来看，与官方经纪人一样，也是市场交易者的居间人。与官方经纪人不同的是，他们不需作忠于职守的宣誓，他们不参与正规市场证券行市价格的确定，但他们可参与所有市场的买卖盘居间配对工作，即可参与正规市场、管制市场和自由市场的居间对盘工作。受交易所执行机构的委托，他们还负责定期发布管制市场和自由市场的行市价格。有的银行在交易所内没有自己的场内交易员，也有的银行没有足够多的场内交易人员，自由经纪人往往为这些银行在场内做居间人，并充当交易员的角色。

二、德国证券市场法律监管体系

根据立法及市场的演变情况，德国证券监管体制的发展进程可分为三个阶段。

（一）德国证券监管体制的发展进程

1. 依赖自律管理的阶段（20 世纪 90 年代中期之前）

考虑到德国金融制度实行混业经营的传统，1961 年通过的《联邦德国银行法》可算是较早的一部涉及证券监管的正式立法。该法授权建立联邦银行监督局，隶属于国家财政部，负责监管从事包括证券投资在内的存款、信贷、保险经营等业务的金融机构。但受制于联邦与州之间的权力划分原则，联邦银行监督局并没有获得在各州执法的权限，它只能借助德意志联邦银行（中央银行）在各州的机构和网点，由此一来，联邦银行也承担了部分监管职能。二者的主要分工是：银行监督局代表联邦政府，负责制定和颁布有关金融机构监管的规章制度，而联邦银行则负责对金融机构的各种报告进行分析，进行日常的监管活动。因此，这一时期的监管更多的是对证券商的监管，更大范围的证券发行和交易行为，则不在监管之内。

2. 政府专门监管体系得以确立的阶段（20 世纪 90 年代中期至 2002 年）

虽然自律管理的体制在较长历史时期中发挥了积极作用，但由于银行在德国金融市场中占据支配地位，加之交易所对上市企业缺乏实质性的监管权，德国证券市场的监管一直受到国内外的批评，他们给予投资者、证券经营机构和证券发行人等提供的保护与市场的发展程度是不相称的。因此，为了促进本国的金融证券市场发展、增强其国际竞争力，德国于 1994 年 6 月 26 日颁布了《第二部金融市场促进法》，其核心部分为《证券交易法》和修改《证券交易所法》的规定。这是德国证券法律史中具有里程碑意义的行动，由此引发了一系列的制度变革。其中，最核心的莫过于调整联邦与州之间在证券领域的权力划分并赋予联邦在州界域内的执法权。由此，联邦层面第一个专门负责证券市场监管职责的机构，即联邦证券监管局得以设立，三级监管体制逐步构建起来，在此过程中，市场管理也开始由自律管理模式向政府监管模式转变。

3. 联邦层面金融市场的一元化监管阶段（2002 年至今）

到 21 世纪初，德国包括证券在内的金融监管体制，在联邦的层面上形成一个“三驾马车”的局面，即由隶属于财政部的三个各自独立的监管机构，联邦银行监督局、联邦保险监督局和联邦证券监管局，分别负责传统银行业务、保险业务和证券投资领域的监管职责。可见，虽然德国一向被视为混业经营的制度典范，但在监管体制上却还不能归入综合监管的范畴，而是形成了分业监管的体制。也正因如此，随着时间的推移，混业经营越发对分业监管的体制提出了挑战。截至 2002 年 5 月 1 日，立法最终做出了回应。根据关于建立联邦金融监管局的法令，德国超级监管机构——德意志联邦金融监管局（Bafin）成立了，包括联邦证券监管局在内的原有三大主管机构，全部并入联邦金融监管局。不过，联邦层面金融监管机构的体制调整，并没有在根本上影响到证券领域纵向的三级监管体制。

（二）德国现行三级证券监管体制

1. 证券交易所

证券交易所处于证券监管体制的最前端，是一线监管者。根据《证券交易所法》第 4 条的规定，交易所设立交易监控所，该机构在证券市场监管体系中处于关键的位置，它对证券交易和结算等活动进行直接的日常监察，维持市场秩序，保证行情缔造和价格形成的合法性。证券交易监察所对市场参与者拥有调查权。如工作需要，监察人员可以要求当事人陈述案情。可以向当事人索取有关资料；在正常的工作时间内可以进入交易大厅进行调查和取证；既可以进入银行和其他信贷机构等当事人的营业场所，也可进入当事人的私人住所进行调查。

证券交易所监控所具有双重性，它既是交易所的独立机构，又是州政府证券监管机构的辅助部门，后者可对它下达指令。负责人的任免必须报州政府证券监管机构批准。证券交易监察所必须向州政府证券监管机构定期报告工作。为确保其独立性，法律规定，交易所理事会和执行机构仅在取得州政府证券监管机构同意的条件下，方可干预交易监察所负责人和监察人员的有关工作。

2. 州政府证券监管机构

州政府证券监管机构是州政府对交易所进行监管的机关。不过，各州的证券监管机构不尽相同。黑森州的证券监管机构是黑森州经济、贸易、技术和欧洲事务部。德国新的《交易所法》第 2 条规定，州政府证券监管机构可以向交易所派驻政府特派员。政府特派员是人格化的政府机构，代表州政府证券监管机关对交易所层面的各项业务交往以及法律执行情况进行监督。他有权参加交易所内各职能机构的会议，有权阻止交易所各职能机构滥用职权的行为。政府特派员仅向委派他的政府机关报告工作。

目前，州政府交易所监管机关的职权伴随立法的多次修改而得到扩张，从最早的法律监督权扩大到交易监督权和市场监督权；它不仅对交易所的各项业务活动进行监督，而且对依据《交易所法》和有关法规设立的证券经营机构进行监督；它不仅要对证券法律法规的执行进行监督，而且对证券交易、结算和其他业务活动进行监督。

3. 联邦金融监管局

联邦金融监管局（ Bafin），是联邦直属的受联邦财政部监督，履行对金融市场的国家监管职能的部门。BaFin 是目前德国唯一的金融监理机构，过去德国境内的金融机构是采取银行、保险与证券业等分业监督的方式，自 2002 年 5 月起，金融监管进行整合，由当年新成立的 BaFin 同时负责监督银行业、保险业以及证券期货业。BaFin 内设有三个专业管理部门分别监管银行、保险、证券业务及多个交叉业务管理部门，并负责处理跨领域之问题。具体见图 3－4。

三、证券经纪商管理

（一）证券商类型

德国全能银行体系是世界金融业未来发展的大趋势，德国的证券经纪人制度也是欧洲的代表性体制，它的特点是证券经纪人级别分类明显，经纪人行为监管严格，经纪人业务效率高。在德国证券市场上参与交易的证券经纪人主要有以下几种：官方经纪人、大厅经纪人、银行和券商经纪人、自由经纪人、专家经纪人。各经纪人各司其职，相互协调配合，运行稳定。

1. 官方经纪人

官方经纪人是德国证券市场经纪人的核心。官方经纪人是由州政府招聘并通过宣誓任职的。他们的主要作用是确定证券交易所上市证券的交易价格。确定价格的原则是最大成交量原则，即该价格是由官方经纪人通过比较买卖指令确定的、能使交易量最大的价格。官方经纪人在上市证券的交易中实际上充当拍卖人的角色。他们通常不建立自己的头寸，但必要时

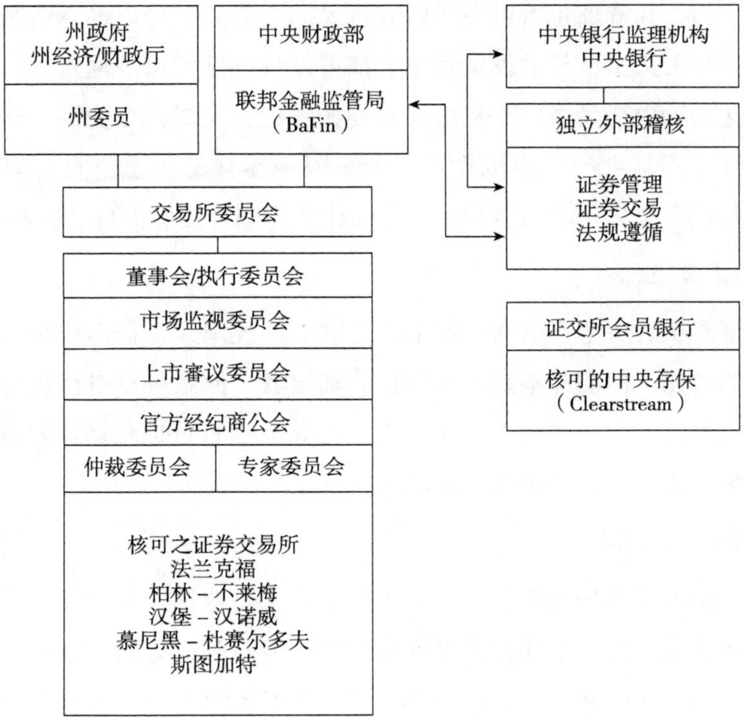

图3－4　德国联邦管理局监管结构

允许保留头寸。官方经纪人在证券市场上充当拍卖者的角色，他的参与有助于活跃资本市场，促进最大的成交量。在理论上说，官方经纪人是政府以证券经纪人的角色参与证券市场，在保证资本市场平稳运行的同时监督和管理市场参与者的行为，把脉宏观经济的发展。

2. 大厅交易员

大厅交易员主要接受证券交易所场内交易员的委托，从事证券的交易中介。在实践中，大厅交易员是各券商进驻在交易所大厅的交易席位，在接受场内交易员的指令后进行委托交易，并将成交信息通过交易席位反馈给客户。

3. 银行和券商经纪人

银行和券商经纪人是德国全能银行的“全能性”在证券行业的体现，

在德国，银行和券商也可以在场内有自己的交易员，可以经营各种证券业务，凡是需要买卖证券的投资者随时都可以将自己的指令通过银行或证券公司转达给场内交易员，交易员再去委托经纪人完成指令交易。但是银行交易的证券不是上市证券的全部，而只限于在交易所上市且有官价的证券。银行代客交易证券以客户利益最大化为原则且要保护自己的利益。

4. 自由经纪人

是证券交易所董事会通过但未经过宣誓的经纪人，自由经纪人是官方经纪人的补充，他们并不是证券价格的确定者，但是可以自行进行证券交易，自由经纪人存在的意义就在于活跃资本市场的同时监督官方经纪人的交易行为，防止官方经纪人对市场的垄断。

5. 专家经纪人

是德国证券市场的特色，在市场中占有重要地位。专家经纪人在日常交易中接受经纪商的委托，从事证券交易，但同时，他们又有维护市场稳定和交易所秩序的义务，在必要的时候，专家经纪人可以通过自身交易稳定市场。专家经纪人一般都是国家证券监管机构的成员。

（二）证券经纪人准入

德国金融监管局对于德国金融行业的从业人员没有强制性的准入要求，因此也没有设立全国统一考试，各投资银行等相关机构均按照各岗位的要求对本公司拟录用人员自行进行测评审查。本书以德意志交易所集团股份有限公司（DBAG）交易员考试为例介绍该集团的证券经纪人准入标准。

DBAG 要求在德国证券交易所交易的银行或机构必须拥有至少一名相应系统的交易员通过指定的考试，或证明其具有足以胜任交易员工作的职业能力。

DBAG 的考试制度主要包括以下内容：

1. 考试分类

DBAG 的考试主要有以下三种：XETRA 系统交易员考试，EUREX 系统交易员考试，EUREX 清算员考试。三类考试除内容不同外，对考生的要求、考试形式等基本相同。

2. 考试内容

考试分为完整考试和部分考试两种，有一定工作经验且满足免试条款中相应条件者，可选择参加部分考试或免试。完整考试内容包括：交易所法，交易所组织，交易，参与电子交易的前提，衍生产品交易基础，股票市场模型，指定主办人，规则匹配，安全管理，清算与结算等；部分考试内容：交易所法，交易所组织，风险管理，股票市场模型，信用证市场模型，定单及交易确认等。

3. 免考条款

如果考生具备下列条件之一，可以免试取得交易员资格：在过去三年中在交易所中担任过至少 12 个月的交易员；在过去三年中至少有 12 个月取得了英国金融服务局（FSA）的准入许可；在申请 EUREX 考试 12 个月前通过了以下一项考试或完成了一项课程：全国商品期货考试（NCFE），CFA、DVFA、国际固定收益与衍生产品证书（IFID），ISMA 组织的通用证书项目（GCP）；在过去五年中有至少三年担任交易员的经历。

第四章　其他国家和地区证券经纪人制度安排

第一节　新加坡证券经纪人制度

一、新加坡证券业管理

（一）新加坡证券交易所

新加坡证券交易所（SES）由一个按交易所章程选举出来的董事会管理，它被称作“证券交易所委员会”。1986 年 11 月成立了新的 9 人委员会。委员会设主席 1 人，由一个专职的非经纪人担任，其中 4 人是从经纪人会员中选出，另外 4 人则来自非经纪商的行业。证券交易所的章程和规则制约每个会员的行为并管理证券交易。

新加坡证券交易所是一家有限公司。每个会员公司在交易所拥有一份股份，这份股份使其有权使用包括交易大厅在内的交易所内的各种设施。每个会员公司都由经批准从事经纪业务的会员管理，这种从事经纪业务的会员及其代理人都必须向交易所呈交银行出具的担保，并预留 200 万新加坡元作为基金，以防会员公司违约时保护公众的利益，每个会员公司应接受证券交易所视察部门的特种审计，这是《公司法》规定的年度审计以外的一种审计。经纪人会员入会，首先要提出申请，然后由交易所委员会审查批准。

1986 年新加坡重新制定了《证券行业法》，新的《证券行业法》要求证券交易所保持不少于500万新加坡元的信任基金，并在交易所每年的净收入中提取10%充作信任基金。信任基金旨在保护投资者利益免受会员公司违约的损害。

新加坡证券交易所的经营目标有10项：（1）调整和控制新加坡的证券经纪业；（2）保护交易所经纪人的利益；（3）记录各会员公司的交易活动；（4）提供证券的价格行情；（5）向投资者提供服务；（6）与证券业委员会和金融管理当局密切配合；（7）执行交易所的规章制度；（8）汇编、出版有关的报告和记录；（9）具体制定有关证券上市的要求，阐明和执行有关企业之间的合并、收购和接管活动的规则；（10）制定有关市场监督政策。

（二）新加坡证券行业委员会

和新加坡证券交易所一起肩负管理证券交易和证券市场的另一主要机构——新加坡证券行业委员会，是由新加坡财政部根据1973年《证券行业法》的规定设立的。这个委员会既是《证券行业法》的执行机构，又是一个法定的咨询机构。该委员会通过发布有关方针准则由证券交易所成员和上市公司遵守的方式实施对证券市场的控制，同时还负责实施《接管和合并法》。国家在管理证券市场方面，主要是通过证券行业委员会发挥作用，至于证券行业委员会和新加坡证交所有限公司之间，则是非正式基础上的合作关系。

（三）新加坡金融管理局

新加坡金融管理局（MAS）是为新加坡之中央银行，成立于1971年，综观其职能组合了银行至财金等诸多金融机能。1970年通过的“新加坡金融管理局法案（MAS法案）”，赋予MAS有权管理所有新加坡的金融、银行体系与财金方面有关的事务。1977年4月1日，保险行业被并入新加坡金融管理局的管辖范围。1984年9月21日，证券行业也交由新加坡金融管理局监管。

新加坡适用于证券市场和证券交易的现行法律制度实际上是英国普通

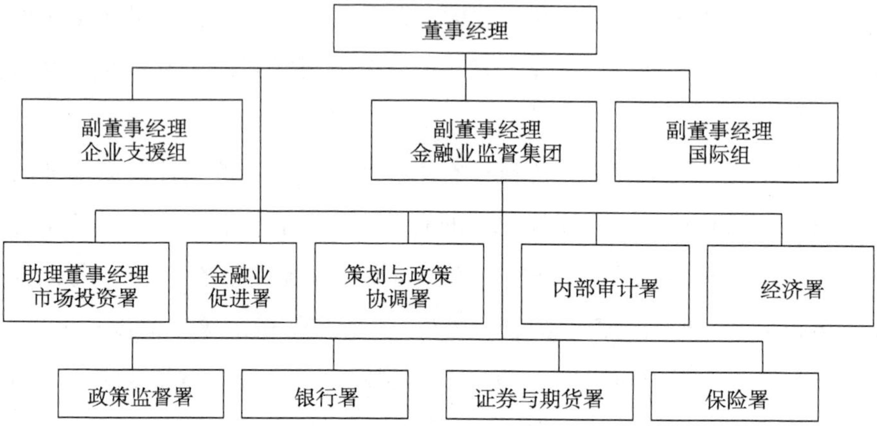

图4－1　新加坡金融管理局结构

法，此外还以地方法规、非法令性公文、证券交易所的章程和实施细则以及证券行业委员会所发布的命令作为补充。

二、新加坡证券经纪人注册制度

（一）新加坡证券经纪人类型

按照新加坡证券法的规定，新加坡证券经纪人分为四种，分别是：（1）经纪商：指从事证券交易业务的公司，不管其是否从事其他业务；（2）经纪代表：指直接受雇于或服务于经纪商的、从事证券交易业务的人员和经营证券交易公司的董事或官员，不管其收入是以工资、津贴还是佣金的方式支付，经纪商代表不包括从事日常业务的会计、出纳等职员；（3）投资顾问：指从事有关证券咨询业务的个人；发布关于证券分析、报告的个人；根据与客户的合同或契约，以投资为目的、代表客户对证券进行管理的个人；（4）投资代表：指投资顾问直接雇佣和管理的个人（从事日常业务的会计、出纳等职员除外），他们执行投资顾问的职能。公司董事或官员凡代表公司执行投资顾问职能的，也在投资代表范围之列。

在以上四种证券经纪人中，经纪代表在整个证券市场中发挥最主要的作用，其业务领域涉及证券交易的各项活动，有的经纪代表还为客户管理投资。证券市场的交易活动主要是通过经纪代表来实行的。

（二）新加坡证券业务许可证制度

新加坡证券经营业分为证券交易商、交易商代表、投资顾问、投资顾问代表四类。从事任何一类的证券经营，都必须向新加坡金融管理局提出申请，经批准后分别颁发经营许可证。新加坡证券法第二十四条规定：如无证券交易商许可证，任何人不得经营证券交易商业务；第二十五条规定：如无证券交易商代表许可证，任何人不得经营证券交易商代表业务。第二十六条规定：如无投资顾问许可证，任何不得经营投资顾问业务。第二十七条规定：如无投资顾问代表许可证，任何人不得经营投资顾问代表业务。

经营许可证或经营许可证更换的申请需要按规定的格式和方式向金融管理局提出，如果证券交易商的金融等状况符合金融管理局制定的各项标准，且符合由金融管理局批准的证券交易所的制度要求，则金融管理局向其发放许可证。而证券交易商许可证只对公司实体发放。没有许可证的，不得从事证券经营业务。许可证申请者在提交申请时需向金融管理当局交纳 10 万新加坡元的定金，或由财政部长决定的高于 10 万新加坡元的定金。许可证自发放之日起一年有效，如申请更换许可证，需在原许可证到期一个月前提出。

当持证人未履行纳税义务；持证人停止许可证规定的业务；持证人宣布破产；持证人未有效、忠实和公正地履行职责；持证人参与欺骗等违法活动被处 3 个月以上监禁时，金融管理局有权撤销个人的许可证。在下述情况下，金融管理局有权撤销公司的许可证：公司被解散；公司未依法纳税；公司的财产被法院或债权人指定的接收人接管；公司停止许可证规定的业务；公司的董事、雇员未有效、忠实、公正地履行职责；公司违反或拒绝服从许可证规定的有关条件或限制。

（三）新加坡经纪人注册制度

在新加坡，由金融管理局直接负责管理证券经纪人的资格授予，主要从以下几个方面对申请人的资格进行审查：

1. 可接受性

申请人必须年满 21 岁，品行端正，业务水平较高。金融管理局将通过对申请人所服务的交易所会员、雇主、前雇主，接受教育的机构以及其他有关机构的调查和对申请人的观察来了解申请人的业务水平和道德水准。

2. 经历

申请人必须在所申请登记的公司接受至少一个月的证券业“真实在岗”训练，但若申请人以前在证券行业有过代理人或雇员经历或者在与证券业密切相关的行业工作过，则训练期可以缩短或取消。

3. 考试

申请人必须通过交易所组织的资格考试，考试内容主要包括有关的证券法规、规章制度、财务分析与证券投资分析等。经考核审查符合条件的，发给“经纪代表资格登记表”进行登记。

为了强化对经纪人资格的管理，金融管理局规定了经纪人的监督和撤销事项，即使在授予证券经纪人资格之后，如发现有严重违法违规行为，证券经纪人资格管理部门或其授权部门有权暂时吊销或撤销其经纪人资格。这些行为包括：此人没有履行纳税义务；此人在新加坡或其他地区已被判定为破产；新加坡金融管理局有理由相信此人未能有效、诚实、公正地履行其义务；此人由于涉嫌欺诈或不诚实而违反法律被监禁 3 个月以上等。这种集中与自律相结合的管理有效地保证了资格授予的严肃性，有利于申请人在获得任职资格后诚实、公正地履行职责。除了金融管理局对经纪人资格严加管理外，还有证券经纪人的自律组织证交所纪律委员会对经纪人的行为进行监督。若纪律委员会发现某个经纪人违反了有关证券法律法规或者应对某种类似行为负责，即使法律法规未对这种行为作出明确规定，但纪律委员会认为这种行为不符合公平与公正原则或者对证交所或投资公众的利益有所损害时，有权给予当事人暂时停止交易甚至从证券经纪登记中除名的处罚。

三、新加坡证券经纪人管理

新加坡政府主要通过新加坡证券行业委员会（SIC）、新加坡金融管理局（MAS）以及新加坡证券交易所（SFS）这三个部门对证券经纪人进行管理。以上三个部门在管理证券经纪人时有明确的分工，但也存在非正式的合作关系。

为了规范证券经纪人的行为，新加坡证券行业委员会制定了《证券经纪人操守准则》，其目的在于通过对证券经纪人的一系列执业行为，以及与客户之间的关系进行规范，从而保护投资者的利益。新加坡《证券丝纪人操守准则》分为十条，每一条均就证券经纪人的不同执业行为及与客户间关系、利益的处理作出了规定，该准则确立了证券经纪人，包括经纪商、经纪代表、营业代表及会员的执业道德标准。该准则主要规定如下：

1. 以本人（Principal）的名义从事业务

在经纪代表以本人的名义进行交易时，经纪代表必须预先通知与之交易的客户：经纪代表是以本人的名义而不是以委托代理人身份进行交易，在此之后才能以这一名义进行交易。若经纪代表未能遵守以上规定，与之进行交易的购买者/卖出者可在收到交易合同 30 日之内取消这笔交易。与这一交易有关的通知单、代客买卖清单及其它文件必须清楚地载明该经纪代表或会员是以本人的名义进行交易的。在以本人名义从业时，经纪代表没有义务向客户披露交易的损失及利益。

2. 以代理人（Agent）的名义从事业务

经纪代表必须执行客户的指示，并且须以履行证券经纪人适当义务所必备的技巧、谨慎及勤奋从事业务；无论何时，经纪代表均应根据良好信誉原则及客户的最大利益原则来进行交易，并必须向客户充分披露所有的重要情况与利益关系；在以代理人的身份从业时，经纪代表有义务向客户披露他在交易中所获得的佣金及所有其它利润及利益。此外，在某项交易中当经纪代表的个人利益与他对客户所承担的义务发生冲突时，经纪代表不得参与该项交易，例外情况是当客户已充分了解所有有关情况后，明确同意代理人处于可能发生冲突的地位。

3. 经纪代表不得单纯以获取佣金为目的而鼓励客户买入或卖出证券

在与客户签订的协议书中，经纪代表不得以任何形式给予客户某种保证；接受任何客户账户中的一部分利润，或者与客户订立任何关于某客户账户上利润及损失的分享或分担的规定；使客户相信他开立股票账户或以该账户从事股票交易的结果不会导致亏损。

4. 客户指示优先

在任何情况下，客户的买卖指示（一手或数手证券）或由经纪代表代客户进行的交易，如果还未成交，均需比经纪代表自身账户所做出的，或下述的某个特定的个人或机构账户做出的相同方向、相同证券的买卖指令获得优先处理。特定的个人或机构是指：经纪代表所登记的证交所会员；某个证交所会员的经理或股东；某个证交所会员的雇员、经纪代表及投资顾问；上述经理、股东、雇员、经纪代表、投资顾问的直系亲属；上述经理、股东、雇员、经纪投资顾问所拥有的公司或者信托投资基金。

为了保证证券市场的交易公正、公平地进行，防范金融风险，新加坡证券监管部门采取了两方面的措施。一方面，设立基金以保护投资者利益，补偿投资者因证券经纪人的过错而遭受的损失，包括证券交易所信托基金、新加坡证券交易自动报价系统赔偿基金。另一方面，通过《证券业条例》等法律、规章、制度对证券经纪人可能出现的违反公平、有效、诚实的交易原则的行为加以规定、制约和惩处，以保护广大投资者，特别是中小投资者的利益不受内幕交易、操纵市场等非法交易行为的侵害。

第二节　中国台湾证券经纪人制度

一、中国台湾证券市场

中国台湾的证券市场是20世纪50年代中国台湾“当局”在继承日据

时代的证券市场的基础上，按照旧中国的模式对其加以改造发展起来的，最初主要以店头市场的形式为主。当时政府因征收地主土地而发行的土地实物债券，以及台泥、台纸、农林、工矿等四家公营事业公司的股票，连同台湾省政府发行的政府公债，逐渐在市面流通，中国台湾证券市场流通的证券数量猛增，店头买卖随之兴起。1954 年 11 月，中国台湾“当局”公布了《中国台湾省证券管理办法》，指定中国台湾省财政厅负责管理证券店头市场，开始将证券买卖纳入管理，允许设立证券商。1956 年成立了“台北市证券商同业公会”，会员有 32 家，其中证券经纪商（又称甲种经纪人）27 家，证券自营商（又称乙种经纪人）5 家。为了改变中国台湾证券市场的混乱局面，1960 年 9 月，中国台湾“当局”正式成立作为证券市场监管主管机关的“证券管理委员会”。1960 年 6 月，公布《证券商管理办法》，1962 年 2 月，开始关闭店头市场，禁止在集中交易市场以外进行证券交易。同时，在台北市成立证券集中交易场所——中国台湾证券交易所，并正式对外营业，这标志着中国台湾证券市场进入了一个新的发展阶段。

1968 年，中国台湾公布《证券交易法》，为台湾证券市场奠定了较为全面的法律基础。70 年代，中国台湾公布了《援信机构办理证券融资融券业务暂行办法》。进入 80 年代，中国台湾允许银行、专业证券金融公司集中办理证券信用交易，并公布了《证券金融事业管理规则》，使中国台湾证券市场从此建立了信用交易制度。1982 年 8 月，中国台湾“当局”公布了《证券商营业处所买卖有价证券管理办法》，并于同年 10 月再次允许开办店头市场。1983 年，成立了第一家证券投资信托公司，开始发行共同基金。1984 年批准成立“证券投资顾问公司”，开展证券投资服务业务。1988 年修订《证券交易法》，以推进证券市场化和国际化的目标。进入 90 年代，中国台湾继续修订有关证券法规，以适应国际金融发展的自由化、多元化、信息化的趋势，不断改进和完善中国台湾证券市场的体制。

证券市场经过 50 年的发展，截至 2011 年，中国台湾地区共有上市公司 765 家，上市总市值 23.1 兆亿新台币；上柜公司 585 家，中国台湾证券市场规模、台湾证券市场业务状况和主要产品与服务发展情况见表 4－1、

表4－2、表4－3内容。

表4－1　台湾证券市场规模数据

年份	上市家数（家）	上柜家数（家）	上市市值（兆亿）	上柜市值（兆亿）	证券商家数（家）	投资开户人数（万）
2006	663	511	19.4	1.9	101	792
2007	698	547	21.5	1.9	97	816
2008	718	539	11.7	0.8	95	836
2009	741	546	21	1.9	91	853
2010	758	564	23.8	2	90	868
2011	765	585	23.1	2	89	879

表4－2　台湾证券市场业务状况

年份	债券市场承销总量（公司债＋金融债）（亿新台币）	权证市场发行金额（亿新台币）	股票承销金额（亿新台币）	复委托总成交金额（亿新台币）
2006	3474	279	1412	5910
2007	1887	921	1534	10484
2008	4209	1109	517	6207
2009	2665	1370	1041	5948
2010	3946	1632	1396	8241
2011	2568	1350	751	4576

表4－3　台湾证券市场主要产品与服务发展情况

股票经纪	1961年
融资融券	1980年
自办融资融券	1990年
债券	1982年
自营及承销	1988年
复委托	1991年
期货	1997年
权证	1997年
选择权	2001年
兴柜股票	2002年

续表

结构型产品	2003 年
财富管理	2005 年
证券借贷	2008 年
财富管理兼营信托	2009 年

二、中国台湾证券商

中国台湾证券市场的组织结构包括证券管理委员会、中国台湾证券交易所、证券商、证券商同业公会、证券服务业、股票市场和债券市场。中国台湾的证券商是证券市场上依法经营有价证券的承销、自行买卖及居间中介业务的股份有限公司。证券商须经证券管理委员会发给许可执照，并须加入同业公会否则不得开业。证券商包括证券承销商、证券自营商和证券经纪商。1988 年前，证券商实行分业制度，自营商和经纪商不得兼营。1988 年经纪和自营的分业限制被打破。证券承销商承销新证券的发行，采取包销和代销两种方式。证券自营商以自己名义在证券交易所内或店头市场自行买卖证券或中介买卖的证券商，可以为公司股份的认股人或公司债的应募者服务。由于中国台湾股市投机盛行，自营商大多是由股市大户投资创建的，加上自营商与股市大户互相勾结，给自营商投机操作以大量的可乘之机。证券经纪商指经营有价证券的经纪或中介业务、收取佣金的证券商。证券经纪商本身不得自行买卖证券。1988 年后打破了自营、经纪的限制，证券商可以同时进行自营、经纪、承销三项业务，同时经营上述三项业务的证券商称为综合证券商。

中国台湾实行严格的券商审批制度，1988 年，中国台湾放开证券商设立，以资本金规模作为审核券商及其分公司的主要标准。由此，新的证券商如雨后春笋，1990 年最高时达 381 家。2007 年底，“中国台湾证券商业同业公会”共有会员总公司 151 家，分公司（相当于内地的营业部）1046 家，其中综合证券公司 38 家，经纪证券公司 47 家，兼营部分证券业务的其它金融机构 60 家，还有 11 家证券公司从事部分证券业务。

受日本分业管理制度影响，中国台湾将证券相关业务细分，由不同的公司分别经营，如投信、投顾承做资产管理和全权委托业务，期货商从事集中市场衍生商品的经纪和自营业务。因此，除能从事所有业务的金融控股公司外，中国台湾证券公司的组织架构和内地类似，证券公司本部从事承销、经纪、自营外，下设投信和期货公司从事相关业务。

从中国台湾券商的经营环境来看，外资已经大量进入中国台湾金融市场，金融控股公司迅速发展，此外由于中国台湾股民可以在不同的证券公司均可开户，可开多个户，使得中国台湾券商的生存环境可以说是极其恶劣。中国台湾股票交易的佣金上限为0.1425%，但一般40%退给客户，证券公司拿60%。面对狭小的市场规模，激烈竞争的市场环境，证券经营机构自身也在不断谋求发展，提升竞争力，在独立券商中已有32家券商开始卖基金，8家券商转投资开卖保险，此外还通过强化IT交易平台与研究能力，不断进行业务创新，向着承销、财务顾问等多元化方向发展。台湾收入结构见表4－4。

表4－4 中国台湾券商收入结构的变化

项目	2003年10大券商收入结构	2010年10大券商收入结构	说明
资本利得	33%	16.90%	自营加投行收入
净利差	18.50%	21.70%	融资融券
手续费收入	47.70%	59.70%	经纪佣金
其他	0.70%	1.70%	

三、中国台湾证券经纪人管理

（一）法律规定

1968年台湾“当局”公布实施《证券交易法》，规定证券承销商、证券自营商和证券经纪商这三种证券机构的建立必须获得“证券管理委员会”的许可。该法奠定了中国台湾证券管理和证券发行与交易的法律基础。

1985年，中国台湾当局颁布了《中国台湾证券商负责人与业务人员管理细则》，其中的证券商务人员实际上履行着经纪人义务。分为三种：高级业务员、业务员、助理业务员，并详细规定了任职资格，如高级业务员须为财政部证券委员会的委员。

测验或认可合格之证券投资分析人员资格者。证券商务人员应为专任，但金融机构兼营者的雇员除外。台湾证管会规定，证券商助理业务员不得执行或兼为高级业务员和业务员的业务，证券商业务员不得执行或兼为高级业务员的业务。

（二）资格管理

中国台湾主要通过“财政部证券管理委员会”及中国台湾证券交易所对证券经纪人进行资格管理。以证券管理委员会为核心，证交所辅助证管会办理证券经纪商的注册、登记等事项。

证管会进行的高级业务员及业务员资格测验，一般由考试小组负责。考试小组由证管会、证交所、证券商同业公会、证券市场发展基金会等各派一名代表，并选若干精于证券理论与实务的专家组成。

（三）行为规范

经纪人行为规范散见于《证券商管理规则》《证券交易法》《证交所实施细则》等。主要包括受托契约、诚信义务、券款保护以及利益冲突等四方面的内容。

四、台湾公司人才培育与绩效管理实务（元大证券的实践）

（一）培训体系

元大证券作为中国台湾证券市场的最大券商，领导人才主要依靠自己培养，其内部有一套行之有效的管理机制和人才培养机制，可以说管理机制与人才培养机制已成为元大证券的核心竞争力之一，这也是其能够通过收购兼并实现其业务成长的重要保障。

元大证券培训资源配置结构为，普通员工占20%，基层干部占30%，中层干部占40%，高级主管占10%。对于中层干部，其中40%是管理知识培训，60%是专业知识培训。对于基层干部，60%是管理知识培训，40%是专业知识培训。具体情况见表4－5。

表 4－5　元大证券培训体系

<table>
<tr><th colspan="2" rowspan="2">身份类别</th><th rowspan="2">职级类教育训练</th><th colspan="4">职能类教育训练</th><th rowspan="2">课题类别训练</th><th rowspan="2">自我发展计划</th></tr>
<tr><th>业务行销</th><th>行政服务</th><th>研究发展</th><th>财会风管</th></tr>
<tr><td rowspan="5">经营层</td><td>副总以上</td><td colspan="5">登峰论坛（经营策略/竞争优势/国际化管理/专业洞悉力）</td><td>企业文化再造</td><td>EMBA</td></tr>
<tr><td rowspan="2">协理</td><td rowspan="3">高层领导才能精进</td><td rowspan="12">专业职能</td><td rowspan="12">专业职能</td><td rowspan="12">专业职能</td><td rowspan="12">专业职能</td><td>变革与知识管理</td><td rowspan="2">商务英语</td></tr>
<tr><td>绩效与品质管理</td></tr>
<tr><td rowspan="3">经理人经理</td><td>风险与危机管理</td><td>第二外国语</td></tr>
<tr><td rowspan="3">中层主管管理培训</td><td>产业与市场开发</td><td>第二专长发展</td></tr>
<tr><td rowspan="4">管理层</td><td>新金融产品与技术</td><td rowspan="2">电脑文书技能</td></tr>
<tr><td>副理</td><td>电子商务与网络</td></tr>
<tr><td>襄理</td><td rowspan="3">基层干部管理培训</td><td>组织与沟通协调</td><td>生涯规划</td></tr>
<tr><td>科长</td><td>企业内部将是训练</td><td>人脉学习</td></tr>
<tr><td rowspan="4">执行层</td><td rowspan="4">一般员工</td><td>人才培育与发展</td><td>专业协会</td></tr>
<tr><td rowspan="3">证券期货人员职前在职训练</td><td>压力与时间管理</td><td>读书会</td></tr>
<tr><td>员工健康管理</td><td></td></tr>
<tr><td>生活理财及法律常识</td><td></td></tr>
<tr><td rowspan="3">新进人员</td><td rowspan="3">新进员工</td><td rowspan="3">新进人员基本训练</td><td colspan="4" rowspan="3">任职单位衔接教育</td><td>自我激励与潜能开发</td><td></td></tr>
<tr><td>团队动力</td><td></td></tr>
<tr><td>乐在工作</td><td></td></tr>
</table>

（二）新员工培训

新员工培训期为 18 个月，其中 3 个月下放基层，18 个月培训结束后一般只有 1/3 的人能留下了。有时公司选人为客户经理第二代，客户经理也可以继承制，由下一代接班老客户经理，但即使儿子接班，也要经过培训流程。新员工培训内容包括业务介绍、职业教导、衔接教育、实务磨炼、良师益友、投顾早会、业副授课、考前辅导、职前训练、职务见习、个别督导、公司专案、产品教育、座谈研讨、技术分析、法定训练、业务分组、自我进修、投资讲座、业务竞赛、业务行销、业务管理、自我成长等。

（三）业务人员的培训

业务人员在其工作前8年期间都有不同的培训，培训内容见表4－6。

表4－6 中国台湾地区证券经纪人培训情况

培训年限	培训内容
0－2年	新人培训，职业规划是成为业务专员，培训内容包括领航计划、衔接教育、实务训练。
2－4年	成为业务高手、产品专家，职业规划是成为业务高专和业务襄理，培训内容包括技术分析、金融产品、业务推广、整合行销。
4－6年	全方位理财顾问，职业规划是成为业务副理、业务经理。培训内容包括理财顾问、法人经营。
6－8年	培训经营管理、业务管理知识，职业规划是成为业务部副经理、经理人，培训内容包括领导统驭、市场拓展、团队绩效、经营策略。

（四）中层干部培育模式

中层干部课程内容主要包括管理职能、专业职能及人际沟通方面的课程。

（1）管理职能培训内容包括：中级主管角色与职责、部门策略规划与方针管理、目标设定与绩效管理、组织管理与资源分配、部属领导与激励、专案管理、事件管理、冲突管理。

（2）专业职能培训内容包括：问题分析与解决能力、工作计划与执行力、金融产业与市场趋势、公司产品与服务、本职业务专业知识、内外部客户关系管理、金融法规与一般法律、语文及电脑操作技能。

（3）人际沟通培训内容包括：部属培育与教导技巧、命令下达与任务追踪、人际沟通与表达技巧、情绪与压力管理、咨询面谈与引导技巧、跨部门沟通、会议管理技巧。

（五）高级主管培育模式

高级主管人才特色体现为特定领域专家，既定思考与决策模式，注重结果与绩效导向，必须在短时间内同时做多项决策，管理幅度大、资源充沛、人脉广，喜欢主导与掌控学习过程。学习需求包括多元思考问题方式，竞争者策略与想法，精简学术理论与应用模式，立即有效解决现实问题之方案，快速变迁下应变能力，单元化、弹性化、互动性设计。

培训内容主要包括三方面，一是EMBA及短期进修、主题论坛、单元组合配套课程、系统化领导才能实务、参观访问与人脉学习。二是观念与知识分享，经验交流与案例分析、激发创意构想与提案，规划、执行、评估、改进，效益检讨与成果回顾，智慧积累与学习交流。三是人才培育结合组织策略，形成三边策略伙伴关系，提升人才投资回报率，积累核心能力与智库。高层主管每个月请各行各业专家讲课2小时，讲课内容比较广泛，包括红酒及运动课程。

（六）元大证券的绩效管理特点

绩效管理包括三个周期，分别为：年初设定目标（公司目标、部门目标、个人目标），包括公司战略、主要任务、工作目标（KPI）、达成共识的讨论。年中跟踪改善，包括目标跟踪，寻求给予指导及反馈，定期履核。年底检讨考核，包括年底考评，强调持续进步。

绩效考核内容包括：（1）KPI指标；（2）固定项目，包括工作绩效、专业技能、工作态度、解决问题、团队合作、自我成长、风险控管、组织认同。

考核结果为：A占10%，B占80%，C与D占10%（连续2个C进入D)，绩效考核结果要与员工面谈。营业部考核由第三方作出，人力资源部定制度，总裁办业务督导考核营业部总经理。绩效考核与人力资源决策联接，包括绩效奖金、晋升提薪、接班人计划、教育训练、轮调、人才发展、辅导劝退等。绩效分配原则是先分前台，再分后台，如果前台奖金分配后，网点是亏钱，后台就比较惨。

对于客户经理管理方面，客户资源如果达不到目标，可强行分配。客户经理的客户资源可以继承，但机构法人客户不能继承，管理层不能继承客户资源。元大证券营业部老总不能做客户经理，只是管理者，但原来营业部老总则是最大的客户经理。客户经理服务客户不好可以换客户经理。台湾证券公司平均底薪为5000~6000元人民币，客户经理底薪为3000~

3500元人民币，最高提成30%。营业部老总在一个营业部工作年限不超过6年，6年以上要轮调，元大将141个网点分成4个等级，分别为A、B、C、D，A类市场率最高，业绩达标的营业部老总可在同类营业部中轮调，业绩优秀可轮调高一级营业部，营业部副理的轮调逻辑也一样。一个营业网点老总上面有2个督导，分别为财务督导和业务督导。网点老总属于资方，不属于劳方，绩效不理想可随时辞退。

第三节　中国香港证券经纪人制度

一、中国香港证券市场

（一）中国香港证券市场发展历程

香港证券市场的历史，可追溯到1866年，但直至1891年香港经纪协会设立，中国香港才成立了第一个正式的股票市场。20世纪70年代以前，香港成立了香港会，做小范围的股票上市和交易活动。70年代开始，股票市场才成为中国香港商业集资的重要方式，一方面是因为中国香港1965年的银行业危机，迫使政府开始对银行业进行调查和立法以及加强监管，企业从银行集资成本较高，纷纷转向股票市场；另一方面，中国香港政府奉行自由市场政策，使证券市场迅速发展，1969年至1972年中国香港设立了远东交易所、金银证券交易所、九龙证券交易所，加上原来的中国香港证券交易所，形成了四间交易所鼎足而立的局面。在1972年至1973年短短的两年间，香港有119家公司上市，1973年底上市公司数量达到296家。70年代末期，香港经济有了很大的发展，四个市场发展不均衡，同时由于1974年的股灾，使政府意识到需要对证券市场进行监管。1976年中国香港证券监理专员最早提出合并“四会”的初步设想；1980年6月各交易所会员大会同意合并四家交易所，成立统一的“香港联合交易所有限公司”；1981年和1985年立法局先后通过《1980年证券交易所合并条例》

和《1985年证券交易所合并条例（修改）》。直到1986年3月27日收市，“四会”才同时宣布正式停业，合并组成统一的香港联合交易所有限公司；1986年4月2日，联交所正式开业。

1986年，香港市场开始了其崭新的现代化和国际化发展阶段。中央对香港前途的保障，增强了投资者对香港经济的信心，公司盈利和房地产价格回升，香港市场从此进入一个新的发展时期：交易品种多元化，市场参与者日益国际化，交易手段不断完善，证券市场进入了长期繁荣的牛市。中国香港成为亚太地区最重要的金融中心之一，2000年以来的中国香港证券市场，正在成长为一个全球化的证券市场。

2000年4月香港联交所和香港期交所合并成立香港证券与期货交易所，实行公司制并在港上市。十几年来香港证券市场的规模不断扩大，金融产品不断增多，交易手段也日益电子化。目前共有500多家证券行在香港从事各种证券业务，市场竞争十分激烈。时至今日，中国香港证券市场的总市值已达到63000多亿港元，每日交易额逾100亿元，这些数字显示了香港证券市场在过去数十年的骄人增长。

（二）中国香港证券市场参与者及中介人

1. 香港证券市场参与者

香港证券市场投资者分为交易所参与者和经纪人两部分，经纪人可分为机构投资者的经纪人和个人投资者（或称散户）的经纪人两类；而交易所参与者按交易目的可分为做市商和自营交易商，香港证券市场的投资者结构和分类见图4－2所示。

交易所参与者即香港证券交易所（联交所）参与者，是中央结算系统结算参与者且具有联交所交易权，可以在中央结算系统直接进行买卖结算和交割的持牌法团。

经纪人是指可以在中央结算系统进行买卖和交易结算，并替非结算参与者的证券交易进行结算的参与者。以下提及的经纪人交易是指经纪人接受其客户委托进行的交易。

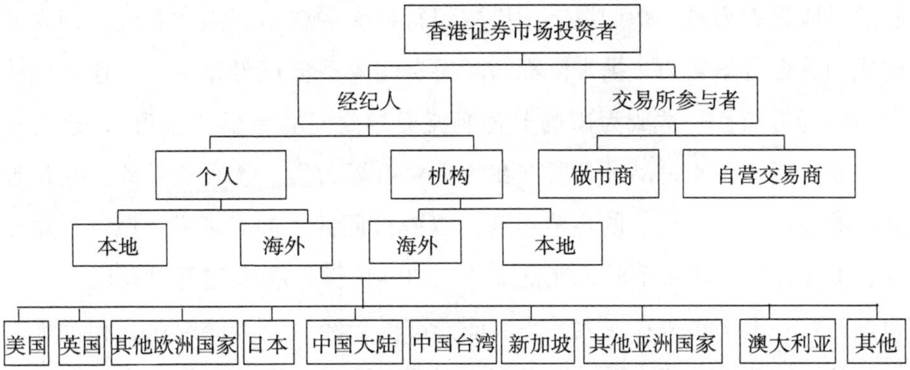

图 4－2　中国香港证券交易投资者分类联交所

个人投资者是指为私人账户进行买卖交易的投资者，包括海外个人投资者和香港本地散户。机构投资者是指个人投资者以外的所有投资者，也包括本地机构投资者和海外机构投资者。

2. 中介人

中介人是指向委托人及投资者提供产品及服务的各类机构，主要包括证券商、期货交易商、杠杆式外汇交易商、财务顾问、资产及基金经理、投资银行、机构融资顾问、证券保证金融资人、股份登记机构、认可财务机构、金融顾问及策划人、保险经纪及代理、信托人及保管人等。香港交易所资料显示，截至 2011 年 1 月 1 日，中国香港证券市场上的券商已达到 480 多家。

香港券商按地区来源可划分为：①港资券商。前百富勤证券、新鸿基证券、南华证券、君益证券、时富证券、海裕证券和道亨证券等是这类券商的代表，它们数量众多，实力不俗，在联交所拥有的交易席位也多。其中还包括多达 200 多家的个人经纪商。②中资券商。大多是随红筹股或 H 股公司而逐步加入香港证券市场的。随着中国资本在香港经济和证券市场中日趋活跃，以中银国际证券、国信香港证券等为代表的中资券商，在香港证券市场业务呈快速上升的态势。③美资券商。以美林证券、高盛证券、摩根士丹利和 JP 摩根等券商为代表，是近十多年来在香港证券市场崛起的一股强大力量。他们挟美国投资银行强大的资本、人才和经营理念等构成的综合竞争实力，携带巨额国际游资闯入香港证券市场，迅速占领较大的市场份额，一举成为市场上替换英资券商而登台的“主角”，成为香港证券市场各种交易品种无所不在的主要市场力量。④英资券商。这是香港证券市场传统意义上的主流券商，以渣打证券、汇丰证券、ING 霸菱证券、怡富证券、华宝证券、兆富证券、和升证券、摩根建富以及巴克莱等为首，是一批多年来在亚太及香港证券市场上经营证券经纪业务和投资银行业务的综合性券商。⑤日资券商。以野村证券、山一证券、大和证券等为代表。

（三）中国香港证券市场的监管体系

1. 香港证券市场的监管架构

（1）香港证券及期货事务监察委员会

中国香港证券市场监管体系经过了几次变动。在经历了 1987 年 10 月的股灾后，1988—1989 年，经过对原有监管体系的重要变革，现行的证监会（SFC）体系被确定下来。香港证券及期货市场的主要监管者是证券及期货事务监察委员会（证监会）。证监会是 1989 年根据《证券及期货事务监察委员会条例》（《证监会条例》）成立的独立的法定监管机关。根据《证监会条例》，证监会以独立于政府行政机构之外的法人团体形式设立，财政上与政府相分离，而与证券交易所相同，其财政取自市场交易税。但从广义上讲，其仍是政府的一部分。证监会行使某些职责及制定市场规则时，须征询财政司的意见。证监会主席及理事由香港总督委任（1997 年以前）。证监会确认联交所和期交所对其会员承担前线监管机构的职责。香港联交所和期货交易所被要求必须建立负责及有效的自我监管制度。

（2）香港交易所

香港交易所属《证券及期货条例》所指的认可控制人。香港交易所拥有并营运香港唯一的股票交易所及期货交易所以及相关的结算所（三家结算所分别为香港中央结算有限公司（香港结算）、香港期货结算有限公司

（期货结算公司）及香港联合交易所期权结算所有限公司（联交所期权结算所）

目前，香港证券市场的监管政策立足于自我监管原则。证监会与联交所之间实行有效分工；联交所负责一线的监管工作，范围包括审批上市申请、监管上市公司、维持市场有序运作以及对会员的监管；香港证监会负责执行监管市场的证券法例，致力于保护投资者，并在必要时监管联交所的运作。根据 1989 年《证监会条例》第 10 条，香港还成立了“咨询委员会”，其成员大多来自证券、期货及投资管理业，以及有关行业的专业人士，每 3 个月至少召开一次会议，负责就与市场有关的政策事宜向证监会提供意见，扮演证监会与市场间联系桥梁的角色。

中国香港还依据 1989 年《证监会条例》设立了“证券及期货事务上诉委员会”。其职责主要是聆讯对证监会所作有关拒绝上市申请、施加条件、没收、暂时吊销或撤销注册等决定的上诉。该委员会可维持、更改或推翻证监会原来的决定，其裁决为最终决定，不可上诉。

2. 香港证券市场的法律监管体系

香港证券市场的监管法规有三个层次：一是由立法局制定的证券监管条例，具体包括证券条例、证券及期货事务监察委员会条例、证券交易合并条例 、保障投资者条例 、公司条例 、证券（内部交易）条例 、证券（公开权益）条例、证券（结算所）条例等十个条例；二是由证监会制定的守则 ，主要包括公司收购及合并守则 、单位信托及互惠基金守则、证监会注册人操守准则等；三是联交所和结算公司制定的规则 ，具体包括香港联交所组织大纲及章程 、联交所规则及有关附件、券上市规则 ，结算公司规则及运作程序等。这一整法规条例基本上满足了公开、公正、公平的证券市场正常运作的需要。

二、中国香港证券经纪人制度

在 1974 年《证券条例》颁布以前，香港证券经纪基本上是自由开业的，没有明确规范的证券经纪管理法规，当时的“香港政府”对此也没有严格的监管。1974 年颁布的《证券条例》第六章专门规范了证券经纪的行为。此后，证券经纪的监管一直是港府监察工作的一项重要内容。1987 年 10 月的股灾后，香港成立了证券业检讨委员会，对香港股市监管方面存在的漏洞进行研究。后来该委员会关于证券管理的建议成为《证券及期货事务监察委员会条例》的法定条款，构成条例的第四部分。

香港经纪的管理是政府立法管理与自律管理相结合的形式，前者由证监会负责，后者由香港联合交易所及香港证券业经纪协会负责。证券经纪都要获得证监会的注册认可（豁免者除外），会员经纪还要符合香港联合交易所的有关规定。

（一）证券经纪的分类

根据香港的《证券条例》，香港证券经纪人可分为证券经纪商、证券经纪商代表、证券投资顾问和证券投资顾问代表等四种。证券经纪商是开办证券公司或独资经营的证券经纪商号或证券合伙商号，从事证券买卖业务，直接收取酬金；证券经纪商代表则是作为证券经纪商的代表服务于证券经纪商的证券公司、独资商号或证券合伙商号。证券经纪商主要指股票经纪，证券经纪商代表是股票经纪的出市代表、客户主任或驳脚经纪。证券投资顾问是指开办的证券投资顾问公司或独资经营的证券投资顾问商号、合伙经营的证券投资顾问商号，从事证券投资咨询顾问业务，直接收取酬金；证券投资顾问的代表服务于证券投资顾问公司，主要指基金经理、商人银行或单位信托基金的雇员或代理人。

（二）证券经纪人资格的确定

香港证券经纪人必须获得证监会的认可后，方能从事证券经纪业务。除部分豁免注册者外，证券经纪人必须在证监会注册。《证券条例》第四部分阐明了香港证券经纪人注册的有关规定。香港联合交易所的会员经纪人及其代表，除符合证监会所要求的条件外，还要满足联合交易所制定的更为严格的规定。

香港联合交易所会员可分为个人会员和公司会员。无论个人或公司会员均须根据《证券条例》获准注册为证券经纪商后，方可申请为会员，会员也可为与会员或非会员组成证券合伙商号。

2003 年 4 月 1 日《证券及期货条例》实施后，实行新的发牌制度。在新的发牌制度下，每位持牌人只需申领一个牌照，便可以从事不同类别的受规管活动（证券保证金融资活动除外）。现有的 12 类牌照归为 9 类受规管活动。受规管活动包括：证券交易、合约交易、杆式外汇交易、证券提供意见、就期货合约提供意见、就机构融资提供意见、提供自动化交易服务、提供证券保证金融资、提供资产管理。

牌照类别分为以下几种：

1. 持牌代表

任何代表持牌法团从事受规管活动的个人都必须在向证监会提交申请并获批准后，方可担任该法团的持牌代表。一名持牌代表可以隶属多于一家持牌法团。任何持牌代表若不再隶属于某家持牌法团，必须在 180 日内向证监会申请将其隶属关系转至另一家持牌法团。否则，其牌照将在上述期限终止时被撤销。

2. 持牌代表负责人

任何负责监督持牌法团从事一项或一项以上受规管活动的持牌代表，应申请作为该持牌法团的负责人。任何核准负责人若不在负有监督受规管活动的职能，应立即通知证监会，其作为负责人的核准将会被正式撤销。不过，该持牌代表仍可继续就有关受规管活动担任该持牌法团的代表。

3. 临时牌照代表

任何牌照申请尚待批准的人可以申领临时牌照，以便在此期间代表持牌法团从事有关的受规管活动。对于处理中的牌照申请，证监会可以向有关申请人发出临时牌照，但申请人仍要符合《适当人选的准则》的规定，包括关于胜任能力的要求。证监会可以在任何时候基于对投资者利益的考虑而撤销临时牌照。申请中的牌照一经发出或被拒绝，有关的临时牌照即视作已经撤销。

4. 短期牌照代表

任何海外个人，如在香港以外的地方与受规管活动性质相同的业务，均可申请短期牌照，以便在香港经营相同业务（第 3 、7 、8 及 9 类受规管活动除外）。每个短期牌照的有效期不超过 3 个月。如申请人曾获发短期牌照，则有关牌照在任何 24 个月内的有效期总共不得超过 6 个月。申请人需证明其已经取得具有类似监管职能的海外监管机构的授权，以进行其打算在香港代表持牌主事人进行的受规管活动。申请人在进行受规管活动时，不得持有任何客户资产。

适当人选评估的主要考虑因素主要有：该人士的财政状况或偿付能力；该人士的学历或其他资历或经验，而在这方面的考虑会顾及该人将会执行的职能的性质；该人士是否有能力称职地、诚实而公正地进行有关的受规管活动；该人士的信誉、品格、可靠程度及在财政方面的稳健性。

评估个人胜任能力的准则包括：申请进行受规管活动的个人必须显示其具备有关的胜任能力，并且使证监会信纳：对于拟从事的行业的监管架构，包括法例、规例及有关的守 则有充足认识；了解个人持牌人需具备的职业道德操守；对于其所买卖或提供意见的产品及所提供服务的市场有所认识及理解。

（三）经纪佣金及费用

香港联合交易所对于经纪佣金做了具体规定：（1）会员或证券合伙商号向买方或卖方收取佣金不得少于交易额的 0. 25%，而经纪佣金的最低额为 50 港元。（2）会员或证券合伙商号不得为逃避或规避最低经纪佣金的规定而向任何人提供任何形式的回扣。（3）会员或证券合伙商号可就处理股票登记收费，每个买卖单位收取手续费 2 港元。

（四）经纪人守则

随着香港联合交易所逐步发展成为国际主要证券市场，联交所公布了其专业操守规则与条例，以确保为会员、本地及海外投资者及其它参与者提供一个公平和有秩序的市场，主要有以下内容：

（1）诚实与公平。无论任何时候均以诚实公平地维护客户最佳利益的态度行事，确保经营有助于维持一个公平和有秩序的市场。

（2）勤勉尽责。就以适当之技能，审慎及勤勉尽责。

（3）能力。采取一切必要措施，确保本身及其雇员均为合适人选并且具备足够的财政和劳动资源。

（4）有关客户资料。应采取一切合理步骤，向每位客户索取所需财务及其它资料。如果会员与客户的交易涉及提供投资建议，则会员应采取一切合理措施，向每位客户索取状况、投资经营目标等方面所需资料，确保有关投资在合理情况下适合该客户采纳。

（5）为客户提供资料。充分披露客户及代表客户进行交易的所有资料，彻底避免作出任何误导或隐藏的陈述。

（6）客户优先处理。避免视客户的权益次于本身的权益，并必须确保无论任何时候，客户将获得公平对待。

（7）利益冲突。采取一切合理措施避免发生利益冲突。如利益冲突情况不能以合理方法避免，则应采取一切措施，确保客户均获得公平对待。

（8）客户资产。确保及时及妥善记录并处理客户的资产，并确保客户的资产获得充分保障。

三、香港证券经纪人制度特点

香港的历史发展决定了它的证券经纪人制度具有鲜明的西方特色并包含中国因素，在大陆经济的长期影响和自身不断地演进中形成了与香港金融体系相配合的证券经纪人制度。它的特点主要有：

（1）证券经纪人的日常执业需要有托管券商，但经纪人与券商是独立性较强的委托代理关系，经纪人没有底薪，独立性强，按经纪业绩抽取佣金。

（2）证券经纪人需在证券监管局申请证券经纪人执业牌照，有牌照的经纪人才能正常接受客户的委托指令并收取佣金，这样就把证券经纪人放到证券监管局和券商的双重监管范围内，避免经纪人单方面行为对市场的影响。

（3）证券经纪人需在客户委托的权限范围内代理客户完成交易并做好相应的记录，委托内容可以是代理证券买卖等业务，越权代理要承担相应法律责任。

（4）证券经纪人言论具有相对独立性，可以在公开场合以公司经纪人名义发表投资报告或经纪人真实的研究观点。

（5）证券经纪人可以向客户提供融资服务，但是证券经纪人要承担相应的风险，客户在违约的情况下，经纪人或经纪人团队要自行偿付。

香港的证券经纪人制度是与其基本经济体制相符合的，经纪人的高独立性既能够降低券商运行成本，同时也能通过刺激证券经纪人的效率提高业绩收入。

第五章　我国证券经纪人制度发展历程

第一节　我国经纪人历史起源

经纪人按我国《辞海》的解释是给买卖双方介绍交易，获取佣金的中间商人。《现代汉语词典》的解释是为为买卖双方撮合从中作梗取得佣金的人，在交易所中指代他人进行买卖而取得佣金的人，在英语中，经纪人被称作 Borker 或 Middleman，都有为买卖双方充当中介人的意思。1995 年 10 月 26 日，国家工商行政管理局分布《经纪人管理办法》指出："本办法所称经纪人，是指依照本办法的规定，在经济活动中，以收取佣金为目的，为促成他人交易面从事居间，行纪或者代理等经纪业务的公民，法人和其他经济组织。"

中国是一个历史悠久的国家，"经纪"在历史上叫法不一。西汉时期，"经纪"是条理、秩序、纲常、法度的意义。三国之后，"经纪"有了管理的含义，宋代以后"经纪"一词增加了经营买卖的意思，而"经纪"作为买卖双方的中介的含义到了清代才出现。经纪活动在我国历史悠久，在两千多年前就已出现了。

西汉时出现了"驹侩"一词，是指以拉拢买卖从中获利为职业的人，驵侩在市场上撮合买卖马匹的人成交，收取一定的报酬，这是早期的经纪人。随着经济的发展，驵侩们从做马匹生意开始再延伸到牛羊或数目较大的丝绸、茶叶等，以及田地、住宅。对于普通百姓来说，数目不多的农产品或其他商品交易不需要中介人介绍，但货物贵重或数目较大时，因为价格高不好把握，另外买卖一方要寻找合适的另一方并不容易，就需要一个熟悉市场价格又能为交易双方牵线搭桥、撮合价格的中介人。但在汉朝到唐朝，商品交换活动并不发达，农民生产出的剩余产品或家庭手工品交易规模不大，加上封建王朝的重农抑商政策，经纪人的数量不多，也不受重视，有些交易是请一些做事公正，受人尊重的长者或有一定社会地位的人出面，牵线搭桥，主持交易，解决纠纷，他们并不是专业的经纪人。

早期的经纪人在做中介时，有一定的规则，如《晋令》记载，经纪人工作时要明确写上自己的工作内容及特长，一只脚穿白鞋，另一只脚穿黑鞋，表明既代表买方，又代表卖方，持中间立场，必须保持公平交易，说明当时的统治者已开始对经纪人进行管理。

到唐代，经纪人被称为“牙人、牙侩，牙郎”，女性称为“牙婆、牙嫂、牙媪”。唐代国力强盛，“贞观之治”以后，经济日趋繁荣，但商人偷逃赋税的现象较多，一些熟悉市场行情的牙人被官府用于监督商人，如货物交易须牙人验查登记。牙人服务于官府，被称作“官牙”。随着经济的发展，货物交换行为不断增加，有了早期的经纪人机构，即“邸店”和“车坊”。邸店兼客栈，邸店主人充当牙人，替南来北往的商客购买档案库出售货物，介绍买主或卖主，提供洽谈交易的场所，从中分取利润。到唐中期，邸店大量出现，特别是交通便利，人员流动大的大中城市，如长安和洛阳，开设邸店，这种邸店具有商店、旅馆、仓库、交易所等多种功能。

进入宋代以后，为官府服务的官牙增多，官府招集牙人管理市场，监督官人向官府交纳税赋，官府也要管理牙人，必须向官府领取“身牌”后，才能进入市场参与交易。历史上第一个承认经纪人进入市场交易的是宋太祖赵匡胤，他颁发了“牙人护身牌”，加强对经纪人的管理。这是我国第一个牙人管理法规，官府通过这个法规牢牢地控制了牙人，并通过他们去控制市场中的商业活动，从而达到统治者保证经济利益的目的。佩戴了身牌的牙人，利用与官府联系密切，信息灵通的优势，倒买倒卖商品，牟取暴利，这些使经纪人的名声一落千丈。

到了元代，由于大规模战争，给经济造成严重破坏，再加上蒙古族统治者垄断了国内外商业，把占人口绝大多数的汉人和南人列为于蒙古人、色目人之后 的三四等民族，禁止他们自由经商，从而使经纪业无从发展。元代有经营进出口业务的代理人“舶牙”，但规模不大，一直到明朝建国之初经纪人的活动仍受明显限制。

随着明朝商品经济的发展，社会分工更加细化，商品交易的种类增多，交易范围也扩大，这些使小商品生产者在进行商品活动时对市场行情了解不足，对价格与货物真伪不好把握，从而大大影响了交易。经济形势的变化需要经纪人，到了明朝永乐年间出现了大量的经纪人。除了邸店，明朝还出现了“牙行”，这是更为专业的经纪人机构，他们以经营牲畜、农产品和丝绸、布匹等手工业为主，也有居间包揽水运雇船的，称“埠头”。经营牙行者必须有一定数量的资产，经官府批准并发给执业凭证和账簿。政府规定了对牙行人员惩戒的条例，规定牙人中介活动要领取“牙贴”(营业执照)，缴纳“牙税”。随着商品交易量不断增加，牙人的从业人数日益增多，广州设有三十六行，基本上垄断广州港的对外贸易。牙行有官办、民办，官牙中有不少官府中的人员凭借其权力来经营。私牙是以熟悉市场行情的商人组成，以其商业业务来获利。牙行的产生及经营活动为商品经济进一步发展提供了积极的作用。

明清时期，统治者仍沿用明代的管理制度，牙行的社会地位得到认可。凡外商来华贸易，必须通过牙行，牙行认证后才能与中国商人洽谈生意。康熙帝设立“十三行”专营外贸，联合组成中外商人经营进出口贸易的公行。清代的牙行逐渐向控交易所的方向靠拢。1840 年鸦片战争前，出现了“买办”一词，专指为居住广东商馆的外商服务的中国公行的采买人或管事人。鸦片战争后，外国商人利用开辟的五个通商口岸，废除公行制度，选当地中国商人代理买卖，这些被雇佣者，既是外商的雇员，也是独立的商人，得到外国势力的庇护，不受中国法律的约束，又可以代洋行买卖货物，经营房地产。这是中国近代史上一种特殊的经纪人。

进入民国以后，在中国历史上第一次出现了债卷经纪人，这才是真正意义上的证券经纪人。随着经营股票和债卷买卖的出现，各种性质的交易所纷纷出现，民国政府先后发布了一系列政策法令，并采取了相应的经济措施，引导支持民间资本投资实业，办矿、开银行。一些大中城市，如北平、上海、青岛都成立了交易所，出现了股票、债券交易经纪人和期货经纪人，政府对经纪人的活动做了专门规定。

新中国成立之后，解放初，我国限制经纪业务的发展，到1958年，基本取缔经纪人活动，仅在农村的集市贸易当中，允许公民个人为促成农副产品交易而进行居间活动，但交易的场所和种类极少，一般的活动都属于资本主义的行为。一直到十一届三中全会前，经纪人及其业务都被当作资本主义特有的经济现象，被政府限制和取缔。1980年以后，商业经纪活动开始复苏，但仅仅是不公开的“地下”居间活动。1985年后，经纪人才以公开、合法的身份从事经纪活动。1992年以来，经纪人处在逐步发展阶段，北京、上海等地率先推出独立经纪人概念，如文化经纪人，体育经纪人，房产经纪人等。1978年改革开放以后，经纪活动逐渐复苏。1992年邓小平同志南方谈话后，党的十四大提出建立社会主义市场经济体制，国家对经纪人采取支持、管理、引导的方针，使经纪活动逐步进入正轨，经纪人又重新活跃起来。

第二节　我国证券经纪人制度发展现状

一、我国资本市场情况

中国的股票市场起源于1984年，开始于1992年的中国股票市场，是改革开放的产物。以1990年设立的上海和深圳两个交易所为时间起点计算，就上市公司数量和每年成交额而言，中国股票市场用20多年的时间走完了发达国家几百年才走完的历程，资本市场取得了长足发展，并成为全球市场之一。

在市场规模方面，我国资本市场市值和成交金额快速增长。我国境内上市公司从 2000 年末的 1088 家增加到 2016 年 6 月末的 2887 家，总市值从 2001 年末的 43522.20 亿元增长至 2016 年 6 月末的 532 304.20 亿元。A 股普通股从 2000 年到 2016 年年均复合增长率为 28.30%。债券的年均复合增长率也在 8.43%。期货合约到 2016 年 6 月有 51 种。在多层次资本市场体系上逐步构建了由主板、中小企业板、创业板、全国性股权交易市场和区域性股票交易市场组成的多层次资本市场。但就中国资本市场运行机制而言，还与发达国家的距离相差很大，这与我国股票市场的起步是在中央提出建立市场经济新体制的背景下有关系，也与在股票市场发展中没有建立起以经纪人制度为中心的股票市场体制密切相关。

二、我国证券经纪人的发展阶段

（一）股票掮客的出现（20 世纪 80 年代到 90 年代）

与发达市场经济国家相比，我国的证券经纪人制度建设尚处于起步阶段。在我国证券市场发展初期，由于市场规模小，投资者人数少，交易十分清淡，加上投资交易过程主要由投资者直接参与，证券经纪人缺乏生存的土壤与条件。在 20 世纪 90 年代初期，上海、深圳交易所成立之后，深沪两市只有 13 只股票。由于“市场”规模小，再加上供给严重不足，当时市场的特征是“抢股票就等于抢钱”，如此“市道”既缺乏对经纪人的需求，也没有经纪人的生存空间，市场规模太小，佣金太低，自然难以维持证券经纪人队伍的生存与发展。

20 世纪 80 年代，改革开放政策一出台，企业得到百年不遇的发展机会，但资金紧缺是一个普遍存在的严重问题，为了缓解资金紧张局面，企业开始搞股份制，即通过发行股份募集资金，由中国人民银行各地分行予以认可，企业自行推销股票，就能筹集资金，信托投资公司承销。随着股票的发行，必然产生转让的需求。1984 年底，随着飞乐音响股票持有者提出转让要求。越来越多的投资者提出转让或是要求持有股票的要求，成交主要是买卖双方自行找到对方，按照双方的意愿成交。但由于缺乏固定场所，信息不对称，缺乏股票知识等因素，股票转让成交的成本非常高。

交易成本居高不下导致股票掮客的产生，这些中介人利用信息优势，资金优势，社会资源优势，在股票交易市场中捕捉获得机会，或者用自有资金倒买倒卖，或者代亲朋好友买卖，从中赚取差价或佣金。股票掮客是改革开放以来最早的股票经纪人，他们的出现客观上推动了股票私下交易的发展。1986 年，政府出面由中国人民银行上海分行批准中国工商银行上海分行信托投资公司成立了第一个证券营业部——静安寺营业部。1987 年，中国人民银行上海分行出台了《证券柜台交易管理暂行办法》，由此柜台交易市场出现。到 1990 年底，上海已有 16 个证券交易柜台和 40 多个证券交易代办点。深圳有 10 个股票交易柜台，两地共有 12 只股票在柜台公开交易，交易量达 18.52 亿元。由此可以看出，这一时期，相关的金融机构在一定程度上充当经纪人的角色，而自然人被严禁从事股票交易中介活动。柜台交易市场形成后，尽管自然人作为经纪人被禁止，但政府在柜台交易制度设计和安排上存在明显不足，柜台交易价格与场外交易价格存在或高或低的差距，所以自然人做中介的私下股票交易一直没有终止。到 1990 年，随着发股公司的送配股方案的实施，投资者发现投资股票有巨大的回报，股票柜台交易出现了异常火爆的场面。1990 年深圳柜台交易的成交总额达到 2.2 亿元，这其中不少是通过股票中介人私下完成交易的。面对股票的飞速长势，政府认为由自然人自主选择而形成的市场是非法的，不正常的，应予以坚决取缔和打击。1990 年 5 月，深圳市出台了取缔场外交易的通告；8 月，中国人民银行上海分行规定凡是私下交易的股票，证券机构不得办理过户手续。至此，以自然人作为中介完成场外股票交易的经纪活动被完全禁止，仅有政府控制下的场外市场存在，金融机构承担着部分经纪人职能。

（二）场外市场证券经纪人职能显现（1990—1998 年）

1990 年和 1992 年，上海证券交易所和深圳证券交易所分别开业。随着股票市场的展开，场外市场有更明显的发展，一些地区出现了比较大的自然形成的民间场外股票交易市场，如成都的红苗子市场，以及由中央部门或地方政府批准设立的场外交易市场STAQ系统、NETs系统和证券交易中心。市场竞争催生出一批以个人或小团体为单位的证券经纪人，他们依附于证券公司，承担两类职责：一是负责开发客户资源，并依据其开发客户的交易量按一定比例提取佣金；二是为客户提供证券代理、咨询、分析、投资等服务，并收取客户的报酬或与客户分成收益。证券公司曾采取提供透支、返还手续费、攀比硬件等不规范的竞争手段争取或留住客户，造成极大的混乱。政府认为场外市场交易不规范，存在投机行为，扰乱股票市场秩序，存在很大的金融风险，应该大力发展由证券交易所主导的场内股票交易市场。1998年3月，政府出台了《证监会关于清理整顿场外非法股票交易方案》，在文件中要求彻底清理和纠正各类证券交易中心和报价系统非法进行的股票等上市交易活动，严禁各地产权交易机构变相进行股票上市交易。除了证券机构代理办理证券交易所的股票交易活动，由自然人组成的经纪人基本消失；全国有26家从事股权类证券交易的证券交易中心和产权交易所全部关闭。从此以证券交易所为唯一的全国单一层次的场内交易市场确立，以证券公司为主的证券经纪人的职能显现出来。

改革开放以来，部分经济相对发达地区，特别是沿海城市开始出现了经纪人。1986年，重庆市率先对经纪人进行了规范和管理。1991年，随着期货、证券交易所的发展，经纪人得到了较快发展；1992年部分省市相继出现了经纪人事务所、经纪人公司，开办了经纪人培训班，珠海市推出了全国第一例《经纪人管理办法》；此后，各地陆续明确了经纪人的法律地位，对经纪人进行监督管理，引导经纪人的发展。

1995年，在证券经纪人营业部相对集中的深圳特区，由于证券经纪业竞争的日趋激烈，许多券商开始重视客户的开发与服务，开始出现集客户开发与服务于一体的客户经理制。这一制度的实施可以说是中国证券业经纪人制度的萌芽。客户经理在当时主要有以下工作内容：以客户经理为中心实施客户开发与日常管理；以客户经理为基本考核单位，客户经理的报酬直接与其名下客户的保证金余额和创造的佣金收入挂钩，并按一定比例提成。

（三）经纪人仅为投资者提供股票交易通道（1999—2009年）

全国单一层次的证券交易市场形成的初期，投资者完成交易的方式主要是委托证券公司，以限价的形式买卖股票，之后证券交易所以先进的电子通讯技术为条件，利用电子自动撮合系统，由客户以自己刷卡敲单方式完成交易。这样证券公司经纪业务的最大特征就是为投资者提供交易“通道”，所提供的服务仅为交易场所以及交易通道，其他服务或职能几乎没有。到2001年4月，证监会对股票发行市场进行了重要调整，由额度制代替通道制，到2003年又用保荐人制代替额度制，主要目的是弱化中央或地方政府利用行政手段干预股票发行，强化证券公司在股票发行中的责任，但由此引发了证券公司在承销股票时的恶性竞争，进一步弱化了证券公司作为经纪人代理投资者买卖股票的作用。2002年4月，中国证监会联合国家计委、国家税务总局出台了《关于调整证券交易佣金收取标准的通知》，规定自2002年5月起，提出证券公司向客户收取的佣金不得高于证券交易金额的0.3%，也不得低于代收的证券交易监管费和证券交易所手续费。这就是说，在代理投资者买卖股票时，证券公司为客户提供增值服务时是不能向其收取高于0.3%费用的，即不可通过提高佣金来补偿提供增值服务成本。这就意味着证券公司作为唯一的为投资者代理股票买卖的中介职能，仅仅是为投资者提供股票交易通道，其他功能几乎完全消失。

2000年以来，由于证券营业网点设立的放开，网点数量不断增加，券商之间的竞争加剧。另一方面，浮动佣金制度的出台使证券经纪业务的利润大幅度下降。这都促使各地券商为抵销较高的成本开支而不断扩大交易量，其中最有效的手段便是通过证券经纪人来开发新客户，甚至在证券营业部员工中推行经纪人制度，这又使得证券经纪人制度面临一个快速发展时期。

2001年，全国证券经纪人事业发展很快，全国共有各类经纪人16.24万户，从业持证经纪人21.36万人，经纪业务量达470元，与1995年相比，总人数增长了3倍。经纪人广泛活跃在消费品、生产资料、金融、证券期货、房地产、体育等市场，以熟练的专业知识和社会化服务，在沟通供需，活跃流通传播信息，引导生产，促进科技成果转化，促进社会资源合理配置等方面发挥日益重要的促进作用。

2003 年以来，证券业进行风险处置和合规化管理之后，经纪人制度重新为券业重视。特别是在深圳，一些券商探索出了不同的经纪人管理模式，并对其经纪业务产生良好的助益。

到 2005 年已多达 130 多家券商，随之而来的是证券经纪业务面临越来越激烈的竞争。尤其是券商经纪业务的佣金收入由固定佣金制向浮动佣金制转变后，券商的利润也越来越微薄。在此情况下，许多券商为了争取新的客户资源，纷纷借鉴国外券商的成功经验，结合自己的实际推行经纪人制度。专业化的经纪人队伍有助于弥补新形势下券商市场营销的不足，使其由原先面对众多需求各异的客户转为面对高素质的证券经纪人。这对于券商整合公司人力、客户、技术及业务流程，进而成功实施 CRM 战略至关重要。正因为此，不少券商都在探索经纪人制度的实施模式。其中比较出名的有大鹏证券的 FC 管理模式、富友证券的完全外挂模式。当时的富友证券在国内最早开始使用经纪人从事证券营销业务，其后大鹏证券也有过“财富咨询师”的探索。由于相关券商本身存有严重的风险隐患，因此，尽管这些实践对推动行业的发展起过积极作用，但是随着富友证券和大鹏证券的陨落，这条探索之路没能走得更远。

2005 年下半年起，随着股权分置改革的推进，证券市场逐步复苏。2006 年，随着股权分置改革的基本完成和券商综合治理的完成，市场进入了一个全新的时代，股市持续向好，交易非常活跃。同时，随着新品种和新产品的推出，市场交易也更加活跃，而即将推出的融资融券、股指期货、利率期货、外汇期货、国债期货、备兑权证等衍生金融产品，更将极大地提高券商经纪业务的市场深度和广度，同时也对经纪业务提出了全新的专业服务要求。这本应该是一个整合经纪队伍、建立证券经纪人制度的良好契机，但由于种种原因最终没有更大的起色。

2006 年中国证券业协会提出了《证券经纪人管理办法》的初稿，借鉴性地开展经纪业国际发展经验研究，提出了我国证券公司推进经纪业务创新的相关对策，探索性地开展证券营业部经营模式转型和风险控制的研究。

2007 年，我国证券经纪人制度正处于不断探索中。证券经纪人的工作内容、职责范围、权利和义务以及管理模式等都缺乏明确的法律界定，聘用合同充满争议、证券经纪人素质参差不齐等诸多问题困扰着证券行业的发展，为市场带来极大的隐忧。市场各方都在思考这个问题的解决方式，并进行了一些积极的探索。其中，吉林证监局联合吉林证券业协会，在吉林辖区内全面启动了证券经纪人规范管理工作，建立证券经纪人执业登记注册制度，要求辖区各证券经营机构自 2007 年 8 月 1 日起将辖区证券经纪人纳入证券公司员工管理中。

（四）2008—2013 年证券经纪人制度法规建设起步

1. 2008 年颁布了《证券公司监督管理条例》

随着证券市场的持续发展和证券行业竞争的加剧，一些证券公司为改“坐商”为“行商”，扩大其证券经纪业务的市场覆盖面，积极探索发展证券经纪人队伍。证券经纪人队伍的发展，对扩大投资者群体、增强证券公司服务能力、促进证券市场发展发挥了积极作用，但由于实践中部分证券公司管理不到位、证券经纪人总体素质有待提高等原因，也出现了少数证券经纪人为招徕客户而无序竞争、接受客户全权委托、诱导客户频繁交易等扰乱市场秩序、损害投资者合法权益的问题。针对这些问题，监管部门已经采取措施，督促证券公司予以规范。

为兴利除弊，规范证券公司和证券经纪人的行为，保护投资者合法权益，2008 年 4 月颁布的《证券公司监督管理条例》（以下简称为《条例》），对证券公司委托公司以外的人员作为证券经纪人，代理其进行客户招徕、客户服务等活动做了原则规定。如证券经纪人应当具有证券从业资格；证券公司应当与证券经纪人签订委托合同，向其颁布证券经纪人证书，明确对证券经纪人的授权范围，并对证券经纪人的执业行为进行监督；证券经纪人应当遵守证券公司从业人员的管理规定等。落实《条例》，需要证监会出台有关规定，明确证券经纪人的执业行为规范以及证券公司对证券经纪人的管理职责。

2. 2009 年发布《证券经纪人管理暂行规定》

证监会自 2008 年 5 月开始组织力量对证券经纪业务营销活动的现状与存在的问题、国内银行和保险行业的营销管理模式以及部分发达证券市场营销监管制度进行研究。在此基础上，草拟了《证券经纪人管理暂行规定》（草案），并于 2008 年 9 月 1 日至 15 日公开征求了社会意见。此后，证监会又多次对证券经纪业务营销和证券经纪人管理问题进行深入调研，并在充分考虑各方意见，反复研究斟酌的基础上，对其内容进行修改与完善。2009 年 4 月 13 日，中国证券监督委员会发布《证券经纪人管理暂行规定》，开启证券公司经纪业务新模式。

三、《证券经纪人管理暂行规定》颁布

（一）《证券经纪人管理暂行规定》主要内容

1. 关于证券经纪人与证券公司之间的法律关系

按照《证券公司监督管理条例》和《证券经纪人管理暂行规定》，证券经纪人是指接受证券公司的委托，代理其从事客户招徕和客户服务等活动的证券公司以外的自然人。这里至少包含了三层含义：一是证券经纪人是自然人，而不是机构或者团体；二是证券经纪人是证券公司的代理人，而不是证券公司的员工或者居间人；三是证券经纪人只是代理证券公司从事客户招徕和客户服务等活动，与客户发生法律关系的是证券公司，而不是证券经纪人。

基于证券公司与证券经纪人之间的委托代理关系，证券经纪人在证券公司授权范围内的行为，由证券公司依法承担相应的法律责任；超出授权范围的行为，证券经纪人应当依法承担相应的法律责任。证券公司委托公司以外的自然人从事客户招徕和客户服务等活动，只能采取证券经纪人的形式，不能采取居间人等其他形式。

2. 关于证券经纪人的资格条件

按照《证券经纪人管理暂行规定》，证券经纪人应当具有证券从业资格，并具备与一般证券从业人员相同的执业条件。主要是具有良好的职业道德，近3年未受过刑事处罚、不存在因违法行为或者违纪行为被开除的情形等。按照规定，证券经纪人须通过证券公司在中国证券业协会进行执业注册登记，取得由证券公司颁发的证券经纪人证书后，专门代理证券公司从事客户招徕和客户服务等活动。证券经纪人需要具有四个条件：（1）必须具有证券从业资格；（2）必须通过证券公司在中国证券业协会进行执业注册登记；（3）取得由证券公司颁发的证券经纪人证书；（4）要求证券经纪人只能专职从事此项业务，而不能以任何形式做兼职。

3. 关于证券经纪人的执业行为规范

按照规定，证券经纪人根据证券公司的授权，可以从事包括向客户介绍证券公司和证券市场的基本情况、向客户介绍证券投资的基本知识及相关业务流程、向客户介绍与证券交易有关的法律法规、向客户传递由证券公司统一提供的研究报告及与证券投资有关的信息、向客户传递由证券公司统一提供的证券类金融产品宣传推介材料及有关信息等在内的部分或全部活动。

对于证券经纪人执业活动范围的规定，是根据《证券法》《证券公司监督管理条例》等法律法规，综合考虑现阶段证券经纪人的实际情况、证券经纪人的执业活动特征以及证券市场的现实需要等多方面因素而作出的。

4. 关于证券经纪人禁止性行为规定

此外，《证券经纪人管理暂行规定》还对证券经纪人的禁止性行为作出了明确要求，包括替客户办理账户开立、注销、转移，证券认购、交易或者资金存取、划转、查询等事宜；提供、传播虚假或者误导客户的信息，或者诱使客户进行不必要的证券买卖；与客户约定分享投资收益，对客户证券买卖的收益或者赔偿证券买卖的损失作用承诺；采取贬低竞争对手、进入竞争对手营业场所劝导客户等不正当手段招徕客户；泄露客户的商业秘密或者个人隐私；为客户之间的融资提供中介、担保或者其他便利；为客户提供非法的服务场所或者交易设敦，或者通过互联网络、新闻媒体从事客户招徕和客户服务等活动；委托他人代理其从事客户招徕和客户服务等活动；损害客户合法权益或者扰乱市场秩序的其他行为。

按照规定，证券经纪人只能接受一家证券公司的委托，证券经纪人的执业地域范围应与其他服务的证券公司的管理能力及证券营业部的客户管理水平和客户服务的合理区域相适应。之所以规定证券公司只能接受一家证券公司的委托，是因为证券经纪人是证券公司的代理人，如接受多家证券公司的委托，势必在执业活动中产生利益冲突。证券经纪人执业的地域范围，理论上应与其所服务的证券营业部的业务辐射范围相一致；而证券营业部的业务辐射范围，受现行签约、开户等规则和监管安排的约束，也受其技术水平和服务能力的制约，事实上是有限的。

5. 关于证券公司的管理责任

证券公司的管理责任主要有五个方面。（1）要求证券公司组织对证券经纪人的培训，通过培训增强其合规意识、职业道德观念，提高其业务素质；（2）要求证券公司建立健全信息查询、客户回访、异常交易监控、责任追究、绩效考核、档案管理等制度，实现证券经纪人执业及管理过程的留痕，及时发现、处理、记录、报告证券经纪人的不当行为；（3）要求证券公司建立有关技术系统，支持证券经纪人规范执业，并有效监控其行为；（4）要求证券公司建立客户投诉和纠纷处理机制，妥善处理客户投诉和与客户之间的纠纷，持续做好客户投诉和纠纷处理工作；（5）要求证券公司建立证券经纪人管理年度报告制度，定期向证监局报告有关信息。这样规定，是规范证券经纪人执业行为的关键，是证券公司要切实承担起对证券经纪人的管理责任，并采取有效措施，对证券经纪人的行为实施监督和管理。

6. 关于证券经纪人合法权益的保护

对保护证券经纪人合法权益有三个方面。（1）明确证券公司与证券经纪人签订委托合同，应当遵循平等、自愿、诚实信用的原则，公平地确定双方的权利和义务，并将证券经纪人的报酬计算与支付方式载入委托合同，在委托合同有效期内不能随意调整；（2）规定证券公司应当建立科学合理的证券经纪人绩效考核制度；（3）规定证券公司每年向监管部门报送的证券经纪人管理年度报告，必须包括证券经纪人委托合同执行情况、证券经纪人报酬支付和合法权益保障情况等内容。此外，监管部门要求证券公司在建立证券经纪人制度时，要为证券经纪人的职业发展预留空间。

总体上讲，在证券公司与证券经纪人之间，证券经纪人处于相对弱势的地位。强调证券公司要保护证券经纪人的合法权益尤为必要。

（二）《证券经纪人管理暂行规定》存在的问题

1. 经纪人受证券公司的委托，与投资者有无关系

在《证券经纪人管理暂行规定》中，证券经纪人和证券公司之间是一种代理关系。也就是说，证券经纪人与证券公司之间的关系是两个独立的法律主体的业务合作关系。要求证券经纪人只是接受券商的委托，代其开展客户招徕和客户服务等活动并从券商处取得报酬，其服务的对象是券商而不是证券投资者。而这与证券经纪人本身的职能是不相符的。证券经纪人的价值在于为客户提供超越开户简单服务的投资咨询服务，而不是简单的客户招徕与服务。

2. 证券经纪人该专注于简单的开户营销还是专业的投资咨询

《证券经纪人管理暂行规定》提到证券经纪人可以从事的行为主要包括开户流程及相关证券法规的介绍，向客户传递由券商统一提供的研究报告、证券类金融产品推介材料等。但如果客户向经纪人咨询关于股票的具体投资资讯时，经纪人按照规定是不能为其做关于某只股票的详细的信息，只能向客户介绍由证券公司统一提供的资讯。如果证券经纪人只能做开户营销，就无法为通过为客户提供高质量的信息咨询服务而取得客户的信任，而证券经纪人应该是能为投资者提供个性化的高素质的专业人士，为客户提供牛市多赚钱、熊市少亏钱的服务。因此，必须让经纪人有提供

个性化投资咨询的能力，这才有助于整个经纪人行业的竞争力，否则还处于低级价格战时代。证券行业如果得到大发展，必须超越低级价格战状态，上升到为客户提供优质证券投资咨询的阶段。

(三)《证券经纪人管理暂行规定》实施的效果

推行经纪人制度后，证券公司对经纪人的管理变得复杂，且风险加大。地方证监局认为在经纪人制度实行以前，只监管属地券商机构即可，而现在还要去管理规范经纪人，既复杂又有风险。部分证券公司实行证券经纪人制度，另有一些券商也倾向于放弃证券经纪人制度，甚至一些已经获批该项牌照的券商在内部也并非意见统一。随着股票行情的回暖，经纪业务没有受到什么影响，所以由《证券经纪人管理暂行规定》推荐的证券经纪人制度建设，并没有出现如证监会期望的效果。

《证券经纪人管理暂行规定》发布后证券经纪人有以下两方面的变化。一是经纪人地位转变。在证券经纪人新规出台后，经纪人的权利已经获得法律保障。之前国内证券公司的证券营销大多采用保险公司的营销模式。新规出台后，证券公司和经纪人的委托代理关系意味着两者变成了平等的合作伙伴关系，享有相等的权利和义务。二是可转为经纪人。规定出来后证券公司有80%的客户经理有意转为经纪人。从长远来看，有资格、有资历、有服务能力的营销人员，一定会选择作证券经纪人，因为有了议价能力。但仍有很多人愿意留在客户经理这个位置上，虽然证券公司对客户经理的考核标准相对经纪人比较严格，但公司给客户经理缴纳基本社会保障费用，而证券经纪人却没有，主要依靠佣金提成，感觉没有保障。

四、证券公司客户经理现状

(一) 客户经理——证券公司内部孕育而生的经纪人

1. 客户经理起源

我国证券市场是从营业部柜台起步的，当时的客户经理基本上是一些个体户商人，充当证券发行机构与投资者之间、投资者与投资之间的中介人的角色。他们必须能够发现愿意通过他们进行证券买卖的投资者，向他们提供证券买卖的信息，为他们进行证券买卖操作。在证券经纪公司中，尽管为客户提供信息、进行证券买卖的工作是由公司许多人协作完成，但负责与客户打资产的人仍然起着重要的作用。因为证券公司的所有经纪服务内容，是通过这些人来提供给客户的，证券公司也依赖于这些人来开发新的客户，因此客户经纪是由证券公司内部孕育而生的证券经纪人。

在证券业中，客户经理制是指证券公司与经纪人签订经纪合同，合同中规定客户经理的执业范围和内容，佣金提成比例、薪酬安排以及晋升机制等，客户经理一般以团队的形式编入营销部，接受营业部的日常管理，完成考核任务，收取报酬。双方外部合作性质显著，客户经理序列独立于营业部其他员工。这种制度安排因证券公司运行体制不一而有较大的不同，如在客户经理级别上，有的证券公司把客户经理分为三档，即客户经理、高级客户经理和资深客户经理；有的证券公司分为五档，即见习客户经理、初级客户经理 A、初级客户经理 B、高级客户经理和营销总监。在合作关系上，有的证券公司把客户经理编为公司正式员工，以团队形式归营销部管理；而有的证券公司与经纪人是纯外部委托合作关系，经纪人日常行为不受营业部管理，只要完成营业部的既定任务即可。

2. 客户经理分类

客户经理分为销售型、服务型和全面型三类，销售型客户经理，仅负责客户开发，而不负责客户服务工作。通常可以根据客户交易量或资金量提取奖金。服务型客户经理，负责为客户提供服务，但不需要进行客户开发，通常领取固定工资。全面型客户经理，不仅要去开发客户，而且要负责为客户提供服务，通常是以客户的佣金收入分成为主要收入来源。这几种类型的客户经理各有特点。销售型客户经理对专业知识要求不高，但由于可以资金提成，可以获得比较高的收入。其缺点是与客户缺乏联系，对客户缺乏控制能力，难以发展属于自己的客户。如果不能连续开发客户，收入就会减少。服务客户不需要开发客户，收入比较稳定，但由于缺乏开发新客户的能力，自主性收入空间有限。全面型客户经理不仅能够开发新客户，而且能够通过的自己的服务得到忠诚度很高的客户，这使他们自身的价值能够得到最大的体现，取得最大的事业发展机会。

3. 证券客户经理工作任务

证券客户经理的岗位职责就是开发客户，拓展渠道，维护客户，传递信息，收集信息，完成任务。其主要工作任务是进驻银行等各类渠道网点，开发网点的存量客户，同时协助网点开发新客户；维护好销售渠道关系，及时、有效地回应渠道的咨询和反馈，建立良好的渠道合作关系，协助开发各类渠道；维护好客户关系，为客户提供基础资讯、个性服务，传递公司观点，及时、有效地回应客户的投资咨询和业务反馈；组织营销活动，执行渠道营销拓展计划，塑造公司品牌；推广、销售公司有关理财产品、基金等其他金融产品，完成销售任务目标；收集市场信息和客户建议，参加公司组织的各类培训，尽快掌握专业知识和营销技巧；对日常营销工作和客户服务工作做好记录，制订工作计划，完成公司的考核任务。

4. 现行客户经理制的基本内容

各证券公司对客户经理的具体规定不一，我国现行客户经理制的基本内容如下。

（1）客户经理的薪酬安排以底薪加佣金提成构成。底薪因级别不同而有所差异，实收佣金的 20% ~40% 不等。底薪一般都较低，而佣金比例则因客户经理的级别、阶段性业绩和为证券公司带来的收益不同而有较大的差距。

（2）证券公司对客户经理的考核集中于业绩。在现行的客户经理制中，证券公司的强趋利性会使其以经纪业绩作为评价客户经理优秀与否的主因，证券公司会根据行情和业绩的变化而不时调整客户经理的考核内容和佣金比率。证券公司对经纪人的考核忽视其执业道德等软性因素的考核，经纪人绩效与证券市场行情密切相关，经纪人收入波动性较大。

（3）客户经理职责单一，主要是为证券公司开发和维护客户。我国现行客户经理制中，客户经理实际是为证券公司开发客户的业务员或营销员，在为客户提供深度咨询或投资理财方面基本没有。

（4）客户经理一般以团队的形式出现在营业部，相互协作中为公司开发客户，并接受营业部营销部的日常管理，客户经理一般以营销代表的身份派驻与营业部合作的银行网点或商业合作点，行商特征明显。这违背了证券经纪人行业的基本职业规则，导致客户经理的高离职率和高流动性，长期来看不利于证券公司的整体业绩和信誉的提升。

（5）客户经理行为由多方监管。目前客户经理制对客户经理行为的监管主要由中国证监会和辖区证监局、证券业协会和证券公司。证券公司注重客户经理为公司带来的客户创造的净佣金，而对客户经理的其他要求不严，客户经理行为独立性强，风险敞口扩大。虽然中国证监会和辖区证监局、证券业协会和证券公司各方都制定了监管制度或措施，但监管的执行力不不足，对客户经理行为约束性弱，监管风险较大。

（二）客户经理与经纪人的区别和优劣势比较

1. 客户经理与经纪人的区别

目前绝大多数的证券公司把与经纪业务营销相关的人员统称客户经理。实际上是有区别的，一部分是客户经理，另一部分是证券经纪人。证券经纪人和证券公司客户经理的工作性质差不多，都是开发客户。

客户经理是证券公司内部营销人员，这类人员与证券公司之间是雇佣关系，是证券公司的正式员工，从事客户的开发与维护，参加公司的所有会议与活动，有定期的培训系统进行培训，有一定的晋升空间，可以享受公司的所有福利待遇；经纪人是证券公司的外部营销人员，这类证券经纪人与证券公司之间是一种委托代理关系而非雇佣关系，开发并维护客户，任务量繁重。经纪人相对于客户经理更加自由灵活，学历一般不作硬性要求。对证券公司来说，客户经理与经纪人的管理模式存在较大差别，客户经理作为正式员工，券商相对容易掌控个人行为；而证券经纪人作为代理人，券商对其管理难度更高。以客户经理为管理模式的券商以国信证券为代表，而绝大多数老牌大型券商因为拥有稳定和成熟的经纪人群体，目前仍然以证券经纪人模式为主。

（1）在劳动关系方面，经纪人不是证券公司的正式员工，与证券公司不签定劳动合同。从券商的角度看，合同的不同有着更深层的意义。证券经纪人不是证券公司的正式员工，对证券公司的忠诚度较差。

（2）在待遇方面，经纪人不算是证券公司的员工，可以做兼职，直接拿佣金提成，拉来客户交易佣金才能有提成的，其他的基本工资和福利都没有。经纪人可以拿较多的提成，不会受到公司考核，不享受公司福利。而客户经理则是和证券公司签订劳动合同的正式员工，客户经理在某种程度上比经纪人的境遇要好很多，有底薪与三险来维持最基本的生活，还可以被当作是证券的正式员工，但是客户经理提成很少，且公司考核压力巨大，福利等就要看公司制度。

（3）在执业证书方面，所要求的证书都为证券从业资格证，不同的是经纪人拿证券经纪人资格，而客户经理拿一般业务资格。

2. 客户经理与经纪人的优劣势

（1）客户经理优劣势

客户经理，优势在于证券公司与其签订劳动合同，有底薪，提成比较低，公司负责买社保，有开户奖励，并且是证券公司承认的正式员工。弊端就在于所谓的正式员工实际上是公司里面的弱势群体，表面看来很稳定的，其实是最不稳定的，而且是淘汰率最高的群体。因为客户经理制度是有硬指标的，比如说每个月有五个开户任务，客户资产要达到 30 万之类，并且规定一定时间内完成不了就离职。还有些证券公司规定在三个月内客户经理完成几百万的资产才能转正式员工，一旦后期连续完成不了任务，就有被炒鱿鱼的危险。对于一个真正有实力的客户经理来说，资产积累的越来越多，为公司创造的佣金越来越多，而拿到的收入却没有大幅度的提高，这时候所谓的正式员工，对公司的归属感就非常差。

（2）经纪人的优劣势

证券经纪人，优势在于零成本，和证券公司是合作关系，没有底薪，没有社保，没有开户任务，高提成，和证券公司签订的合同是委托代理合同。弊端就在于目前没有明确的规章制度来保障经纪人的权益，但是随着经纪人牌照的陆续颁发，相信证监会会出台一系列政策的，当证券经纪人的权益受到侵犯的时候，有专门的机关可以让他们来投诉，并且得到解决。证券经纪人提倡的是稳定积累，为证券公司创造的佣金越多，证券公司越高兴，当然有一些证券公司也会因为眼红你拿钱拿得多，在目前制度没有完善的时候，就把你的客户资源全霸占了，这种可能性是有的，而且以前发生过不少这种事情。证券经纪人作为弱势群体，根本找不到可以投诉的地方。不过依照目前的情况来看，能做证券经纪人的大多数是跟证券公司关系比较好的人，并且他们有实力为客户把握市场行情，所以还是相对比较稳定的。

（三）客户经理存在的问题

1. 客户经理群体素质有待提高

当前的客户经理群体人才良莠不齐，学历背景分布不均，很多人对行业知识了解的并不是很充分，与客户的交流沟通也是停留在比较粗浅的层面，这在一定程度上束缚了客户给予客户经理的在服务需求上的满足感。很多客户并不清楚自己的客户经理是谁，或者认为客户经理可有可无，对自己的实际帮助并不大，这一方面是客户经理忽略了对自己已有客户的沟通与帮助，这就忽视了对既定客户的持续开发，将自己的服务陷进了一个误区；另一方面是由于客户经理本身的专业水准有待提高，如果自己对相关的证券市场知识不熟悉，对如何和客户进行适宜的营销服务不精通，自然是无法向客户提供高质量的服务。

2. 客户经理薪酬体系不够完善

绩效管理是一个包括考核标准确定、方案设计、绩效过程管理、绩效考核实施、绩效评价、反馈面谈、考评结果应用和不良绩效处理等一系列内容的系统管理，但目前的绩效管理尚未建立起良好的沟通反馈机制，对考评结果使用和不良绩效的处理也没有建立起规范的管理，绩效管理的作用未真正发挥。另外，在具体操作过程中，短期化倾向明显，忽略了客户经理的长期绩效表现，而是过多地制定了短期目标。客户经理在实际工作中压力过大，急功近利，忽视了对有长期增值价值的潜在优良客户的培养，导致客户经理的流失严重。

3. 客户经理权责体系界定不明

很多客户经理在工作中，并不是很清楚自己的职责权限，造成了越位或空档的局面，而导致这个局面的原因，一方面可以归结为相关的法律制度还不是很完善，客户经理缺乏一个健全的法律体系的保障与制约；另一方面，是与权责体系相配套的薪酬体系等还不完善，客户经理在某些地方既无章可循，又有短期化功利化的倾向，难免权责不清。而最后造成的不仅是客户经理本身的服务质量低下，对其本身的权益的保障与义务的约束也是一大挑战。

（四）客户经理职业发展趋势

从各券商对客户经理的定级中看出，高端的客户经理逐步转化为区域销售总监等管理职位。很多客户经理从最低级做起，经过不懈努力最终晋升为资深客户经理，甚至是区域销售总监。把客户经理转化为高级投资顾问，投资者将被细分，服务差距拉大，客户经理的差距也将拉大。未来的高端客户经理将转型为投资咨询顾问，从营销变为咨询；而低端的客户经理将继续以营销为主。

五、证券公司投资顾问业务现状

（一）投资顾问业务的基本情况

1. 投资顾问起源

投资顾问起源于早期的证券投资咨询活动，20 世纪 90 年代，我国证券市场刚刚成立，证券资讯相对匮乏，证券研究人员很少。股评家凭借自圆其说的本领，发表股评文章，参与公益股评节目，开办讲座和培训班，获取稿费、车马费和授课费，同时证券公司利用这种形式拉一部分客户。这是证券投资顾问业务的最初形式。后来股评家在证券营业部有了工作室，代理客户买卖股票，获取分成是主要业务形式。最初不少证券公司直接将投资顾问定义为产品营销人员，投资顾问的主要工作任务就是通过给客户推荐股票，拉拢客户开户。

2. 投资顾问的含义

投资顾问制是国内证券公司在总结客户经理制运行效果基础上设计的另一套经纪人体制，投资顾问不仅为客户提供开户服务，更重要的是通过与客户会谈和沟通，掌握客户的信息，分析客户的基本状况，掌握客户的理财目标和需求，为客户提供理财建议；对客户进行全面的资金情况测评，分析客户的资金状况，找出目前的资金缺口，制定合理的资金分配方案，并根据个人不同的成长阶段、风险偏好，为客户推荐投资方向。

3. 投资顾问业务现状

为了缓解证券公司经纪业务面临的“佣金大战”问题，2011 年 1 月 1 日正式实施的《证券投资顾问业务暂行规定》和《发布证券研究报告暂行规定》，两个文件明确将传统的证券投资咨询业务区分为证券投资顾问业务和发布研究报告这两种基本的服务形式，并分别对证券公司和证券投资咨询公司开展证券投资咨询业务的风险控制制度建设、利益冲突防范、流程规范、执业原则和禁止性行为等提出了相应的要求。其中明确投资顾问协议应当包括“收费标准和支付方式”，“证券公司、证券投资咨询机构应当按照公平、合理、自愿的原则，与客户约定证券投资顾问服务费用的安排、可以服务期限，可以按客户资产规模收取服务费用，也可以采用差别佣金等其他方式收取服务费用”。这意味着原来只能通过收取佣金实现价值的证券投资顾问业务，获得了独立收费渠道。

中国证券业协会专项调查统计表明，到 2012 年，已有 83 家证券公司开展投资顾问业务，其中 55 家设立了从事及管理投资顾问业务的独立部门。2015 年全年投资咨询业务实现净收入 44.78%，同比增加 100.72%。目前投资顾问业务创新不断，人员规模显著扩大。2015 年证券业协会调查数据显示，2015 年已经有 90 家证券公司设有投资顾问业务，其中有 63 家设立了专门从事投资顾问业务的独立部门。14 家成立了一级部门从事投资顾问业务，49 家从属于经纪业务总部、零售业务部、销售交易部、互联网金融部等的部门下开展业务。从事投资顾问业务部主要定位于成本中心，以服务为导向。2015 年已有 70 家公司的投资顾问业务创造收入。其中 9 家自 2015 年开始创造收入。业务收入主要来源于差别佣金和投资顾问收费。有 30 家公司的投资顾问收费在投资顾问业务的收入占比有显著提升；投资顾问业务产品类型丰富，根据投资者风险偏好，设立稳健型、平衡型、进取型产品。根据投资标的，设立权益类、收益类、杠杆类、组合类产品。根据服务对象，设立标准化产品和个性化产品。投资顾问业务持续运用微信、网络服务平台等互联网技术加强客户服务，丰富资讯类产品线，服务内容不断拓宽，包括从股票到 ETF、债券、分级基金、融资融券、个股期权等多种产品。

（二）投资顾问业务模式与特点

证券公司的投资顾问部门（或营业部）的业务模式主要有两大类。

1. 模式

（1）标准化产品与服务体系

这种业务模式普遍由投研能力较强的公司总部牵头，研发出标准化产品与服务体系，面向客户以账户资产价值为标准，提供不同层次的增值服务，供分支机构进行推广。这是一种以账户资产为门槛的免费模式，目的是通过投资顾问帮助客户资产实现保值增值，提高客户对证券公司的忠诚度。在此基础上，增加客户对证券公司的佣金贡献度。

（2）定制个性化的投资建议类产品及服务

这是一种针对性更强的投资顾问业务模式，建立在对小群体或单个投资者需求充分调研的基础上，定制满足其个性化需求的投资顾问产品及服务。这类服务一般定位于高净值客户，并建立差别佣金的收费标准。一般资讯套餐服务佣金率为 1.5‰，投资顾问一对一服务为 2.0‰～2.5‰，级别的佣金率为 3‰。其中，投资建议服务内容包括具体投资品种选择或是投资组合构建，也可以是完整全面的理财规划建议等。

2. 投资顾问特点

（1）投资顾问基本熟悉金融产品，熟悉各种投资工具和产品，如保险、证券、不动产甚至邮票、黄金等，以及对相关法规的掌握、运用。投资顾问稳定、独立的团队形式存在能够更好地为客户服务，提高业绩水平。

（2）投资顾问都是以小组为单位开展业务。投资顾问小组成员包括营业部阶段性业绩较好且具有一定地投资分析能力的客户经理、公司客服和营销主力。营业部临时将其组织在一起为中高端客户提供专业化投资顾问服务，通过提高客户佣金水平实现业绩增长。

（3）投资顾问以服务中高端客户为主，多采用“多对多”的服务方式，并为不同的客户制定差别化的服务内容，因而投资顾问小组的行为具有较强的个性化，有利于客户对投资标的和价值信息的把握。投资顾问只有具备相当的专业知识和敏锐的洞察力，且将自己所学所知不断更新，才能为客户提供有价值的资讯。

（4）投资顾问小组成员的实际身份也是客户经理，一般属于证券公司的正式员工，但绩效考核与证券公司的一般员工不同，更偏重于所服务客户的投资情况。投资顾问小组具有临时性、灵活性、相对独立性和高协作性。投资顾问小组行为相对独立，不受营销部的管理，直接对营销总监负责。投资顾问业务的专业性决定了各成员必须相互协作才能完成，共同为公司业绩增长作出贡献。

（5）投资顾问制度是证券公司采用的一种过渡性体系，是证券公司由客户经理制这种简单的服务方式转变为理财顾问式的专业的服务方式的必然阶段。投资顾问的待遇与证券行情变化有密切关系，因此投资顾问流动性大，对证券公司缺乏归属感。

（三）投资顾问与证券经纪人的区别

1. 投资顾问以为客户提供投资咨询为主

目前有不少证券公司，直接将投资顾问定义为产品营销人员，这一定位并没有体现出投资顾问这一角色在提供多元化增值服务上与证券经纪人的深层次区别。证券经纪人是指接受证券公司的委托，代理其从事客户招徕和客户服务等活动的证券公司以外的自然人，可从事的活动包括“向客户传递由证券公司统一提供的研究报告及与证券投资有关的信息”等。证券公司投资顾问按照约定，向客户提供涉及证券及证券相关产品的投资建议服务，辅助客户作出投资决策，辅助客户做出投资决策。因此，除了信息的生产传递、产品的介绍，投资顾问还担负着了解客户特征、理解客户需求的任务。这对投资顾问人员的综合专业能力提出了更高的要求。在从业人员资质上，向客户提供证券投资顾问服务的人员，应当具有证券投资咨询执业资格，并在中国证券业协会注册登记为证券投资顾问。因此，部分原来的客户经理、证券经纪人不能成为证券投资顾问人员，只能进行单纯的证券经纪人业务，这进一步明确了证券经纪人、客户经理与投资顾问的区别。

2. 证券投资顾问是证券经纪人业务的延续与深化

证券投资顾问业务本身就属于证券经纪业务的一部分。证券经纪业务与证券投资顾问业务具有不同的要素和功能。我国经纪业务的基本要素是市场席位进入、账户管理、结算清算，包括接受开户、接收下单、传递交易、验资验股、参与撮合等系列过程，以及客户资金和证券的存管、清算、交收等事项，其功能是帮助客户完成交易并保障证券交易通畅。证券投资顾问业务的基本要素是提供证券投资建议、收取服务报酬，其功能是辅助投资者进行投资决策，帮助客户实现资产增值。证券经纪人最基本的职能就是在证券交易中专门接收客户委托，帮助客户买卖证券并从中收取佣金，为客户提供证券信息咨询服务、专业证券分析、投资组合设计、证券买卖代理等服务。证券经纪、投资顾问是券商向投资者提供的两种基本证券服务，两者联系紧密，实践中可以一揽子提供。因此，在一定程度上，证券投资顾问是证券经纪人业务的延续与深化。

3. 证券投资顾问与证券经纪人法律定位不同

证券经纪人不能同时做经纪人业务和投资顾问业务。证券经纪人不是证券公司的员工；而证券投资顾问是证券公司、证券投资咨询机构的员工中，取得证券投资咨询执业资格、向客户提供证券投资顾问服务的人员。证券投资顾问要了解客户需求，评估客户风险承受能力，提供有针对性的顾问建议服务。因此，这就要求证券经纪人要想拓展服务范围，提供证券投资顾问服务，必须加入一家具备证券投资咨询业务资格的证券公司或者证券投资咨询机构，成为证券公司或者证券投资咨询机构的正式员工，并通过所在机构取得证券投资咨询执业资格。但在这点上，做投资顾问业务的证券经纪人的身份又与《证券经纪人管理暂行规定》相矛盾。

4. 发布证券研究报告与证券经纪业务的关系

证券研究报告由证券公司研究人员研发，其主要功能是向专业机构客户提供证券估值和投资评级等投资分析意见，是证券公司维护客户、帮助客户实现账户增值的重要手段，属于证券公司的业务。如国际投行对机构客户的服务主要采取三种渠道维护机构投资者，即“研究报告 + 机构客户销售 + 交易通道”的模式。研究报告由国际投行的投资分析师基于独立的立场撰写制作，发送给客户；机构客户销售人员属于投资顾问人员，负责与机构客户交流或者转述已发布研究报告的观点。研究报告同时发送给公司的其他投资顾问团队，由投资顾问团队转化为具体的投资建议，提供给公司经纪客户中约定提供投资顾问服务的客户。而发布证券研究报告与证券经纪业务在立法或者规则上相互独立。

（四）投资顾问业务存在的问题

自该制度推出以来，行业注册的投顾人员数量获得了快速增长，从2010年底的5024人增长至2015年1月底的32212人，增长了5.41倍。但是相对整个证券市场的从业人数而言占比仍较低，截至2015年底，全国投资顾问人数占证券行业从业人数的比例仅为11.09%。证券公司基本上都建立了自己的投顾体系，但由于资源整合程度不够，投顾实力不够，所以投资顾问业务开展的效果并不十分明显。

1. 资源整合程度不够

主要表现在很多证券公司总部有投顾制度，分公司有投顾，营业部也有投顾，但各自为一个体系，没有形成很好的资源整合；此外在营业部里，投顾团队和营销团队出现不同的服务体系，甚至还出现了投顾和营销人员争夺客户的问题，导致产生不信任感。出现这些现象有制度、管理、市场的原因，但体现的最终结果是投顾不能为客户提供优质服务，营销团队或证券经纪人不能利用投顾促进客户开发，整体营业部的业绩产出不够，利润得不到保证。

2. 投顾团队不能满足市场需求

表现在券商在投资顾问业务方面上还没有摸索出有效的模式，因此往往造成总部和营业部的脱节，总部财富管理中心参照国外的经验，按照自己的思路设计的投顾制度，在营业部往往不能得到有效执行，而营业部需要的投顾方面的支持也不能得到有效地满足。

3. 专业化水平也明显不够

此外市场对投资顾问要求很高，要求投资顾问是理性的，要在证券行业或市场理性分析与客户的非理性之间取得一个平衡点，而实践中投资顾问达不到这样的水平。相对国外不少成熟市场而言，国内投顾人员无论是资历，还是专业化水平都存在较大的差距。其次是投资顾问实力不够，体现在对于市场的判断出现比较大的失误，即对于大势的研判不够准确，对于个股的推荐出现重大的失误。而且在推介股票后不跟踪，对客户的亏损放任不管，让客户失去信心与忠诚。

4. 服务内容同质化、形式单一化

目前投顾业务的服务内容基本趋同，多以推荐股票为主，辅以标准化资讯产品。传统经纪业务主要围绕股票投资展开，因此在投资顾问业务探索初期，从业人员本身也多倾向于关注股票，对投资顾问业务的内涵缺乏深刻认识，从而局限了投资顾问业务开展的范畴。客观上目前投资者理财观念缺乏，对资产配置、财富管理、多元化投资等理念并不敏感，关注焦点集中于股票投资，因此对投资咨询业务的需求也相对单一。市场环境方面，虽然目前监管层本着“放松管制”的原则，大力推动产品创新，在产品募集设立、产品发行机构准入、投资者参与门槛等各方面都大幅度放宽了管制，但无论是在产品数量上还是在产品类型上，国内市场都与国外成熟市场存在较大差距。

（五）投资顾问发展前景

1. 为高净值客户服务

受益于中国经济快速发展以及国民收入水平不断提高，居民投资理念日益成熟，对于投资理财的需求逐步提升。根据招商银行与贝恩公司联合发布的《2015 年中国私人财富报告》，2014 年中国个人持有的可投资资产总体规模达到 112 万亿元人民币，2012 至 2014 年年均复合增长率达到 16%；2014 年，可投资资产 1 千万元人民币以上的中国高净值人士数量超过 100 万人，人均持有可投资资产约 3 千万元人民币，共持有可投资资产 32 万亿元人民币。任何一种商业模式不能够给双方创造价值都是不可持续的，所以未来真正有价值的用户是中国的中产阶级，他们有一定的资金规模同时也有一定的专业基础，对于这类人群来说，真正有水平的投资顾问都将为其服务。

2. 提供全方位的专业金融信息服务

传统的证券经纪人或证券公司的客户经理，为客户提供的服务局限于股票市场。随着中国资本市场的投资工具种类不断丰富，投资者的投资范围不断扩大，投资者可以利用多种投资组合降低投资风险。证券投资顾问的服务逐渐融入外汇、期货、债券、期权、融资融券、股指期货等金融产品，开始介入投资顾问服务以及宏观经济信息服务，形成更为专业的金融信息服务体系，为投资者提供数据整理、决策分析和行情交易等全方位的综合服务。

第六章　我国经纪业务与证券经纪人制度实践

第一节　证券公司经纪业务概述

一、证券经纪业务

一般而论，证券公司可以经营证券经纪，证券投资咨询，与证券交易、证券投资活动有关的财务顾问，证券承销与保荐，证券自营，证券资产管理和其他证券业务。而目前国内证券公司主要业务有证券经纪业务、证券承销与保荐业务和证券自营业务。其中对证券经纪业务的管理与监管制度就是证券经纪人制度。证券经纪业务，是指证券公司通过其设立的证券营业部，接受客户委托，按照客户要求，代理客户买卖证券的业务。

证券经纪业务是随着集中交易制度的实行而产生和发展起来的。证券交易方式的特殊性、交易规则的严密性和操作程序的复杂性，决定了一般的投资者不能直接进入证券交易所买卖证券，而只能由经过批准并具备一定条件的证券经纪商进入交易所进行交易。

在证券经纪业务中，证券经纪商与投资者的经纪关系表现为，客户是授权人、委托人，证券经纪商是代理人、受托人。由证券经纪商以代理人的身份，接受客户委托，代理客户从事证券交易，通过向客户提供服务以收取佣金作为报酬。证券经纪商与投资者签订证券买卖代理协议，同时为投资者开立证券交易结算资金账户，经过这两个环节才能建立经纪关系。

在这一过程中证券经纪商并不承担交易中的价格风险。

二、证券经纪业务特点

（一）业务对象的广泛性

所有上市交易的股票和债券都是证券经纪业务的对象。因此，证券经纪业务的对象具有广泛性。同时，由于证券经纪业务的具体对象是特定价格的证券，而证券价格受宏观经济运行状况，上市公司经营业绩，市场供求情况，社会政治变化，投资者心理因素，主管部门的政策及调控措施等多种因素影响，经常涨跌变化。同一种证券在不同时点会有不同的价格，因此，证券经纪业务的对象还具有价格变动性的特点。

（二）证券经纪商的中介性

证券经纪业务是一种代理活动，证券经纪商不以自己的资金进行证券买卖，也不承担交易中证券价格涨跌的风险，而是充当证券买方和卖方的代理人，发挥着沟通买卖双方和按一定的要求和规则迅速、准确地执行指令并代办手续，同时尽量使买卖双方按自己意愿成交的媒介作用，因此具有中介性的特点。

（三）客户指令的权威性

在证券经纪业务中，客户是委托人，证券经纪商是受托人。证券经纪商要严格按照委托人的要求办理委托事务。这是证券经纪商对委托人的首要义务。委托人的指令具有权威性，证券经纪商必须要各地按照委托人制定的证券，数量，价格和有效时间买卖证券，不能自作主张，擅自改变委托人的意愿。即使情况发生了变化，为了维护委托人的权益不得不变更委托指令，也必须事先征得委托人的同意。如果证券经纪商无故违反委托人的指示，在处理委托事务中使委托人遭受损失，证券经纪商应承担赔偿责任。

（四）客户资料的保密性

在证券经纪业务中，委托人的资料关系到其投资决策的实施和投资盈利的实现，关系到委托人的切身利益，证券经纪商有义务为客户保密，如股东账户和资金账户的账号和密码；客户委托的有关事项，如买卖哪种证券，买卖证券的时间和价格等；客户股东账户中的库存证券种类和数量，资金账户中的资金额等。如因证券经纪商泄露客户资料而造成客户损失，证券经纪商应承担赔偿责任。

三、证券经纪业务的核心

证券经纪业务就是证券公司接受客户委托，按照客户要求，代理客户买卖证券的过程，证券经纪业务的对象又具有广泛性与很强的价格变动性，因此从为投资者提供更好的服务方面来说，证券经纪业务的核心就是证券营销。

（一）证券营销

证券营销是指证券经营机构通过提供多样化的产品和高质量的专业证券服务，为投资者创造价值从而吸引新客户并留住老客户的管理过程。包括证券公司开展的经纪业务、承销业务和资产管理业务，这是证券营销的广义内涵。狭义的证券营销，是指证券公司证券经纪业务和证券营业部以经纪人为主的营销活动。

（二）证券营销的核心

目前证券公司能为投资者提供的服务，既包括有形产品又包括无形服务，有形产品以有形的设备或交易通道为基础，包括现场热自助交易设备、电话委托、网上交易等；后者包括投资产品以及证券投资咨询服务、委托理财服务等。

无形服务是证券营销的核心内容。无形服务价值大小与证券公司的研究成果以及分析师、理财顾问、客户经理等提供投资建议人员的分析水平相关，体现在投资咨询服务的质量，给客户提供的研究成果以及分析师、理财顾问、客户经理等提供投资建议，甚至体现在服务人员处理同投资者关系的技巧、工作态度、知识水平、衣着修饰等方面。

在电子信息化程度越来越高的情况下，有形产品的价值越来越小，而无形产品越来越成为证券公司的主导产品。证券公司提供的产品大多是无形产品。证券产品的效用是产品所提供的预期收益及其风险对客户需求的满足程度，这又取决于购买证券产品所获得的现实结果与预期需求目标之间相吻合的程度。投资者满足取决于证券公司提供的通道服务或咨询服务的效能与其期望值进行的比较。在证券营销中，证券公司通过提供专业化的服务满足投资者的投资需求和投资欲望，投资者为此会付出一定的费用。因此，证券营销的核心就是为投资者提供专业化的无形服务。

目前，证券公司提供的无形服务逐渐产品化，所谓产品化是指在专业的投资理念指导下，充分利用现有的各种金融投资品种，形成具有不同的投资收益和投资风险关系的金融投资组合。应该看到金融投资组合产品是动态的产品，或称之为动态的投资盈利模式。就大多数的客户群体而言，是不具备此种投资能力的。经纪人最主要的任务就是把“产品”介绍给适宜的客户，并且根据其动态变化指导客户调整投资组合。该环节的重要性就在于它是可以产生附加服务价值的，也是经纪业务新的利润增长点。

（三）证券服务营销的要素

证券营销的要素是证券公司、证券投资者和证券营销的对象。其中证券营销的对象，从证券市场的角度来说，主要是股票、债券、基金。从证券公司的角度来说，主要是证券机构的服务产品，既包括有形产品又包括无形服务，前者以有形的设备或交易通道为基础，包括交易手段、交易设备，如现场电脑、委托电话等。后者包括投资产品以及证券投资咨询服务、委托理财等服务。从证券营销的角度来讲，证券公司营销的对象就是能够为投资者提供的各类无形服务。

（四）证券营销的特点

证券公司提供的服务大多是无形的，客户在获得证券公司提供的服务之前，对其服务是难以用视觉、听觉和嗅觉感知的。由于服务的生产与消费的同时性，决定了服务这一类的产品是无法保存的。客户服务不可能像商品那样保存起来，也不可能待价而沽。证券公司服务的供应与消费是同时进行的。由于证券公司的服务不能储存、搬运，必须在一定时间和场合下进行，且随着供给和需求状况的不同而不同。

证券营销所涉及的产品主要就是证券投资方面的服务，而证券投资是一项高风险的活动。要想获得理想的收益，不仅需要具备专业知识，而且还要有稳定的心理素质，两者缺一不可。这也是一般投资者所不具备的。

证券市场受到多方面因素的影响，证券投资也面临着巨大的风险，这就需要投资者具备较强的风险承受能力。证券投资只适合那些有稳定收入、具备投资理念，并有一定的风险承受能力的人。

四、我国传统经纪业务模式

我国证券公司的发展历程基本上遵循了先有营业部后有公司的模式，因此作为经纪业务微观经营细胞的营业部，基本上都是一种“大而全”或者“小而全”的模式，一个营业部拥有自己的财务、电脑、人事、后勤保障等部门。传统的经纪业务模式主要是以交易通道为核心的店铺运营模式，业务流程十分简单，具体如图 6 – 1 所示。

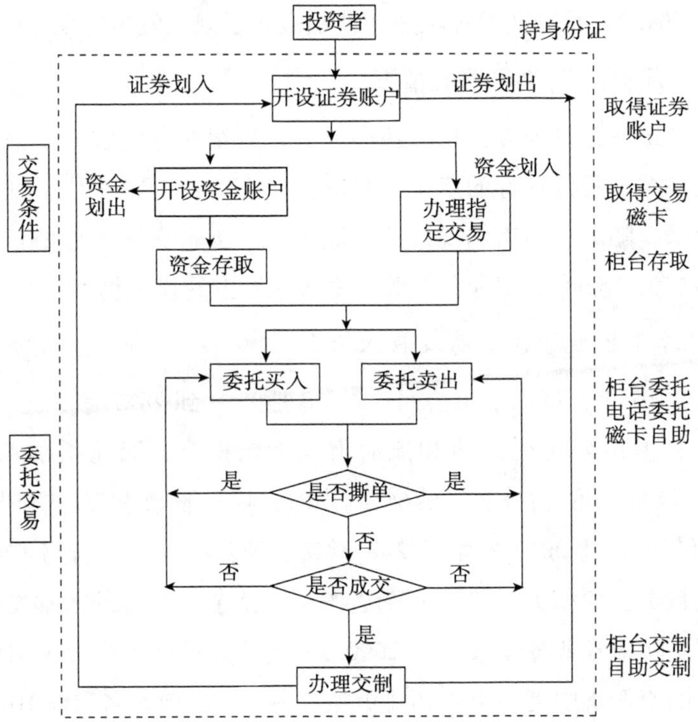

图 6 – 1　证券经纪业务流程

五、证券经纪业务现状

（一）证券经纪业务发展阶段

从我国证券经纪业务营销发展状态来看，大致经历了以下几个发展阶段：

2002 年 5 月以前，我国的证券经纪业务实行固定佣金制度，整个证券业也明显表现出卖方市场的特征，多数证券公司普遍采用被动的“坐商模式”。

到 2006 年 5 月，实行了浮动佣金制，证券公司开始重视经纪业务的营销，降低佣金，拓展营销，创新营销手段，采取了一系列的措施。但也造成了行业无序竞争，留下了一定的风险隐患。

从 2006 年开始，证监会相继发布了《关于落实（证券法）规范证券经营机构证券经纪机构证券经纪业务有关行为的通知》《关于证券公司依法合规经营，进一步加强投资者教育有关工作的通知》《证券公司监督管理条例》，标志着我国证券经纪业务营销进入了规范发展时期。

（二）证券经纪业务发展情况

证券经纪业务是证券公司的核心业务，经纪业务的收入是证券公司的主要收入来源。我国证券的集中交易起步于 20 世纪 90 年代，发展十分迅速。近年来，随着证券市场规模的不断扩大，市场交易成倍增长，投资者规模不断扩大，证券经纪业务在收入来源中所占的比重仍然是非常大的。

1. 证券市场规模、交易及收入增大

截至 2015 年，境内上市公司（A、B 股）达到 2827 家，比 2014 年增加 214 家，上市公司总市值和流通市场大幅提升，同比增加 42.63% 和 32.41%，流通市值占比约 78.66%。2015 年，股票和基金交易共实现 270.86 万亿元，比 2014 年增长 242.38%。证券公司经纪业务与证券市场交易活跃状况密切相关。2015 年随着股票与基金交易量的大幅增长，证券公司代理买卖证券业务净收入达 2690.96 亿元，同比增长 156.41%。证券经纪业务的市场集中度与上年相比更加集中，排名前 5 名和前 10 的证券公司股票及基金交易量的市场份额分别为 27.95% 和 48.06%，比 2014 年提升 3.02 和 4.56 个百分点。

2015 年，证券行业整体盈利情况出现大幅增长，这受益于市场股票与交易大幅增长，代理买卖证券业务净收入占比显著上升。

根据中国证券业协会统计，2015 年 125 家公司实现营业收入比 2014 年增长 120.97%，环比增速提高 58 个百分点。净利润比上年上升了 153.50%。具体到经纪业务收入方面，行业代理买卖证券业务净收入为 2690.96 亿元，比 2014 年增长 156.41%。收入结构与 2014 年相比，代理买卖证券业务净收入占营业收入的比重从 40.32% 上升到 46.79%，具体情况见表 6－1、表 6－2。

2. 经纪业务盈利增加

表 6－1　2014—2015 年证券行业主要经营数据对比

	2014 年	占比（%）	2015 年	占比（%）
营业收入（亿元）	2602.84		5751.55	
代理买卖证券业务净收入（亿元）	1049.48	40.32	2690.96	46.79
证券承销与保荐业务净收入（亿元）	240.19	9.23	393.52	6.84
财务顾问业务收入（亿元）	69.19	2.66	137.93	2.40
投资咨询业务净收入（亿元）	22.31	0.86	44.78	0.78
资产管理业务净收入（亿元）	124.35	4.78	274.88	4.78
证券投资收益（含公允坐变动）	710.28	27.29	1413.54	24.58
融资融券业务利息收入（亿元）	446.24	17.14	1175.03	20.43
净利润（亿元）	965.54		2447.63	
证券公司盈利家数（家）	119.00	99.00	124.00	22.20

资料来源：中国证券业协会。

表 6－2　2014—2015 年证券行业方要财务指标对比

	2014 年	2015 年	增减值	增减幅度（%）
证券公司数量（家）	120	125	5.00	4.17
总资产（万亿元）	4.09	6.42	2.33	56.97
净资产（亿元）	9205.19	14515.42	5310.23	57.69
净资本（亿元）	6791.6	12523.03	5731.43	84.39

续表

	2014 年	2015 年	增减值	增减幅度（%）
客户交易结算资金余额（万亿元）	1.20	2.06	0.86	71.67

资料来源：中国证券业协会。

（三）证券经纪业务发展趋势

当前证券经纪业务发展趋势表现在以下几个方面：

1. 证券经纪业务竞争加剧，佣金市场化，证券交易网络化

这方面表现在证券公司数量的增加，由卖方市场向买方市场转化。从“佣金战”来看，为了得到的好的排名，几乎所有的证券公司都加入了佣金战，带来的最大的恶果是佣金水平的持续快速下降，事实上投资者与证券营业部的格局发生了很大变化。随着互联网技术的快速发展，交易的终端转移到投资者手里，投资者基本上不去营业部做交易，利用网络在各类终端做交易，平时与经纪人的沟通很少，随着金融创新品种不断推出，投资者投资股市的难度也在不断增加。在这样的背景下，证券公司提供的通道服务就显得不是很重要，迫使很多证券公司为抢占有限的市场份额而大打价格战，降低佣金和返还佣金就成为部分营业部的竞争手段。过去几年证券公司扩张导致的高固定成本又无法改变，更加影响纯粹的代理所获得的收入。因此，证券经纪行业已进入了白热化的竞争时期。

2. 证券公司不断进行经纪业务创新，取得了一定的成效

传统上作为证券公司收入来源支柱的经纪业务占比逐步下降，而随着创业板的开启，投资银行业务收入占比 2010 年大幅提高后继续提高了近 4%。从 2006 年以来，不少证券公司和营业部，不同程度地在经纪产品、网点模式、技术手段、营销方式、管理方式进行创新尝试，取得了一定的成效。行业集中度有所回升，截至 2015 年，根据沪、深证券交易所的统计数据，股票基金交易量排名行业前 20 位证券公司的市场份额总和为 63.55%，比上年增加了 0.99 个百分点。

2015 年证券市场整体表现活跃，证券行业代理买卖证券业务净收入达到 2690.96 亿元，相较 2014 年增长 156.41%，增长幅度位列各项主营业务

第一位，收入贡献度高达46.79%。证券经纪业务净入与佣金有关，与交易额密切相关。尽管证券经纪业务受佣金率下降和互联网金融快速发展的影响，收入在所有业务中占比下降，但2015年代理买卖证券业务交易额创出历史新高，大大抵销了佣金率下滑的不利影响，而且推动代理买卖证券业务净收入大幅增长。这也从一定层面上反映出证券经纪业务的收入多少主要由市场行情的好坏而定。

从统计数据来看，证券行业收入结构正在逐步优化。但由于我国法律和法规在证券经纪人制度上并没有突破性的发展，因此尽管有许多创新的措施，但并没有取得持续的效果，更没有给证券公司带来持续性发展的良机。

3. 证券公司营业部网络布局更加优化

截至2015年底，证券公司营业部共8170家，比2014年增加971家，增加了13.49%。轻型营业部的扩张态势依然在持续，不过增速有所放缓。区域分布上。加速扩张的区域仍然集中在沿海地区，广东、浙江、江苏还是增加营业部最多的区域，分别增加了129家、95家和78家。中部地区参差不齐，总体有所放缓。在证券公司营业部数量快速扩张势头延续的同时，单体营业部的股票交易金融也迅速放大，2015年达到313亿元/家，较2014年增长201%。随着证券市场的活跃度上升，营业部的经营状况得到明显提升。

4. 证券从业人员总量持续增加

根据中国证券业协会统计数据，2015年证券公司登记的证券从业人员继续呈现上升态势。截至2015年底，登记的从业人数为290566人，人员总量比上年增加了52059人，增幅是21.83%。具体情况见表6－3。

表6－3　2015年证券从业人员变化情况

	2015年	2014年	变化（%）
从业人员	292365	240029	21.80
一般证券业务人员	176666	145328	21.56

续表

	2015 年	2014 年	变化（%）
证券经纪业务营销人员	2415	2963	-18.49
证券经纪人	73214	55503	31.90
证券投资咨询业务（投资顾问）	33368	29519	13.04
投资咨询业务（分析师）	2350	2866	-18.00
保荐代表人	2870	2637	0.88
投资主办人	1482	1214	22.08

从证券从业人员结构来看，一般从业人员占比60.63%，比2014年有所下滑。证券经纪业务营销人员、分析师占比下降，人数较2014年减少。证券经纪人占比上升，人数快速上升。投资顾问、保荐代表人和投资主办人占比下降，介人数持续上升。从业人员结构的变化在一定程度上反映了行业为推进经纪业务、投行业务、资产管理业务均衡发展做了很大工作。

5. 互联网金融对证券经纪业务产生重要影响

（1）对行业平均佣金率的影响。证券行业的平均佣金率从2008年的14.8%到2015年的5%逐步降低，2015年国金证券与腾讯合作推出“佣金宝”，佣金宝的出现在受到市场投资者欢迎的同时，国金证券公司通过推出佣金宝首先开展互联网经纪业务试点，同时还为投资者保证金账户余额提供小额理财业务。华泰证券也通过调低交易佣金，来抢占市场份额，而现场开户佣金率仍需要与投资经理相协商确定等营销方式。较低的佣金率更是给证券行业带来了巨大冲击，尤其是对以通道业务为主要营业收入的中小证券，加剧其竞争性，公司利润大幅缩水。由此可见，互联网金融对佣金率的影响，对证券行业以及经纪业务模式转变的重要性。

（2）对证券经纪业务整体格局的影响。各大证券通过借助网络平台，造成行业内竞争加剧。例如，通过网络平台开户，实现经纪业务的网络化，从而降低了券商提供经纪业务的成本，引发行业佣金继续下降；同时互联网企业可以借助自身网络技术优势，与证券公司合作，融入证券市场。如2013年余额宝的诞生，通过吸引大量中小投资者，借助于其快速便捷的支付方式，将广大低净值投资者的闲散资金进行集合，搭配适当的投资组合，实现碎片资金的收益最大化，其发展模式给传统金融行业带来了极大威胁；互联网公司对于证券市场行情数据统计、投资组合推荐、选股等证券业务，都有免费网站进行业务服务，在证券牌照逐步放开之后，可以在提供网上免费信息服务的同时开展证券业务。没有较大额外成本支出便可获得盈利。尤其对于标准化程度较高的业务，以及需求同质化的投资者，互联网公司更能占据竞争优势。

（3）对经纪业务差异化发展的影响。我国证券经纪业务长期呈现出低层次、同质化竞争的特征，互联网金融将促进证券经纪业务的差异化发展，并加速证券公司阵营的分化。互联网证券公司的大量涌现将加速佣金水平的下降，证券牌照垄断的红利随之消失，生存压力迫使证券公司加快业务转型的步伐，拓展新的盈利模式。在互联网时代，信息收集便利且广泛，通过信息处理系统，证券公司可以对客户的偏好进行数据分析、筛选和整理，提炼出相应的投资偏好，进而为客户提供个性化服务。在纸质文档时代，这一工作需要投入大量的人力和时间，而随着互联网的普及与科技的进步，此类成本可被大大节省并用于证券公司开启更高附加值的差异化竞争。高度依赖传统通道业务收入而无法快速转型的证券公司将被市场淘汰；专业型证券公司将在细分市场中脱颖而出；全服务证券公司将在高净值客户和机构客户服务方面取得优势地位。

六、我国证券公司经纪业务面临的问题

（一）证券经纪业务严重依赖市场行情

证券公司经纪业务盈利模式缺乏对证券市场周期性大幅波动的适应性。目前，中国绝大部分证券公司的经纪业务都是采取基于佣金的商业模式。当市场行情火爆时，投资者交易活跃成交金额巨大，证券公司经纪业务收入则显著增加；而在行情低迷时，投资者交易清淡成交金额也随之锐减，证券公司经纪业务收入则明显减少，甚至出现行业性的整体亏损局面。2012 年全行业代理买卖证券业务净收入 688.87 亿元，较 2011 年下降

了36.5%。2011年行业平均佣金率为0.081%，较2011年下滑了15.25%。2015年证券市场整体表现活跃，证券行业代理买卖证券业务净收入比2014年增长156.41%，增长幅度位列各项主营业务第一位。大部分证券公司仍然缺乏有效的赢利模式来应对证券市场的这种周期性大幅波动带来的影响。

（二）证券经纪业务平均佣金率持续下滑

2015年，受“一人多户”政策以及互联网金融等因素的影响，证券公司的传统经纪业务竞争激烈，行业佣金率持续下滑 。自2015年4月13日起，中国证券登记结算有限责任公司取消自然人投资者开立A股账户的一人一户限制，允许自然人投资者根据实际需要开立多个沪、深A股账户及场内封闭式基金账户。

在此之前，证券经纪业务的同质化竞争已经非常严重，特点是证券行业互联网金融的兴起，打破了地理空间对经纪业务的束缚，为了快速抢占客户资源，多家证券公司推出网上开户功能，不惜把佣金率直接降到万分之三甚至更低水平。实行了一人户政策之后 ，特别是在互联网金融的作用下，投资者在证券公司之间大幅转移成本，避免了以往先销户再开户的冗长烦琐程序，佣金议价能力大量提升，进而促使行业平均佣金率继续下滑。

2016年以来上市券商综合佣金水平继续快速下降，仅第一季度即由17%下滑至0.042%，下半年综合佣金将继续寻底。受经纪业务量价双杀影响，券商经纪业务净收入大幅下降。截至2016第一季度，华泰证券仍然是综合佣金最低的上市券商，仅为0.026%，其次是东兴证券和东吴证券，佣金率均为0.039%，西部证券维持上市券商最高佣金水平0.08%。具体情况见图6－2。

（三）证券公司经纪业务产品及服务同质化严重

我国证券公司经纪业务同质化加剧了行业竞争。证券公司经纪业务以交易服务为主体，这种以通道服务为中心的特征一方面使得证券公司经纪

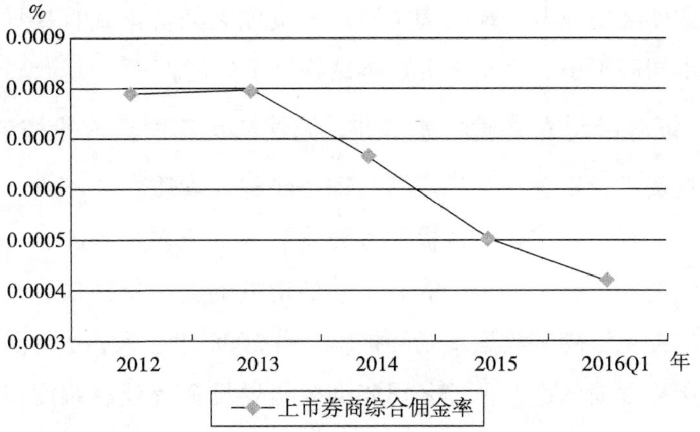

图6－2　上市证券公司综合佣金率

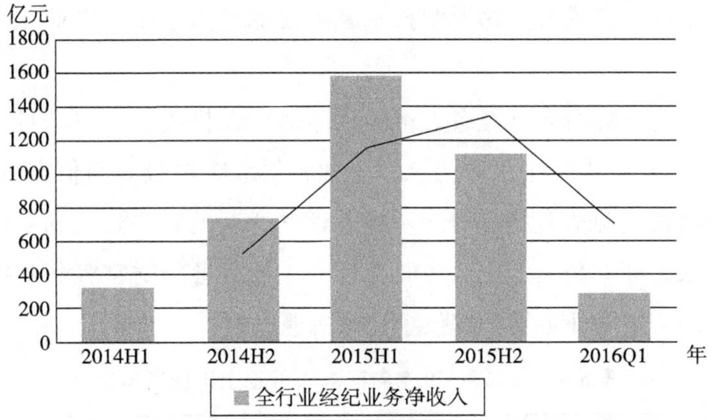

图6－3　全行业经纪业务净收入

业务发展战略简单化，只要网点多规模大就可以形成有效的竞争优势；而另一方面也直接导致了各家证券公司经纪业务发展一直以简单的规模扩张战略为主导，其直接后果就是缺乏差异化竞争导致的行业内高度激烈的市场竞争格局。

（四）证券公司经纪业务成本居高不下

证券公司经纪业务成本居高不下，成本结构严重失衡。证券公司不遗余力地扩张营业网点，以“战略占点”策略来进行竞争。这种外延式的粗放经营模式使经纪业务分摊的固定资产投资庞大经营模式直接导致经纪业务经营成本居高不下，经纪业务成本结构严重失衡。

（五）证券经纪人素质参差不齐，无法满足不同层次投资者需求

随着投资者投资理念日趋成熟，证券经纪人素质参差不齐，经纪人服务水平跟不上客户需求，难以提供差异化服务。现在很多证券公司营业部在利益的驱使下，更关注是否能有足够的增量资金和交易量，而忽视从业人员素质的提高。随着股票市场的扩容，自2008年以来，大多数投资者处于盈亏平衡或亏损状态，证券公司咨询要指导投资者获利难度很大，尤其是一些中小证券公司为了弥补不足，采用融资和返佣金的手段来拉客户，存在极大的风险。投资者对证券公司提供的股评服务，赠送的礼品经纪人的服务水平评价非常低。这说明投资者需要的是高水平、专业化、个性化的投资服务。

现阶段，证券行业已经有大量的高净值个人投资者和机构投资者。统计显示，与2014年相比，50万元以上的各层级账户数高净值在2015年出现较大幅增长（见表6－4、图6－4）。这些优质的客户资源和多样化的金融服务需求为证券公司经纪业务向针对个人投资者的财富管理和针对机构投资者的综合金融业务转型提供了良好机遇。

表6－4　2014—2015年期末A股已上市流通市值

期末A股已上市流通市值	自然人账户（户）			机构账户（户）		
	2014年	2015年	变化幅度（%）	2014年	2015年	变化幅度（%）
50万～100万元	1347077	1881845	39.70	5467	5752	5.21
100万～500万元	911278	1315609	44.37	10782	11864	10.04
500万～1000万元	73030	109951	50.56	3457	4389	26.96
1000万～1亿元	38898	60207	54.78	8175	11711	43.25
1亿元以上	2603	4417	69.69	7362	8931	21.31

面对这些高净值投资者，就当前证券公司的从业人员服务能力而言，还不能很好地适应客户需求的综合化、多元化发展趋势，尽管专业人才有一定数量的增加，但庞大的客户群体依然不足，尤其是熟练运用新业务、

新产品、新工具满足不同客户需求的专业人才缺乏，这不仅制约了新型经纪业务的发展速度，而且制约了经纪业务与其他业务的协同。因此，当务之急是大力优化人力资源结构，加速培养和建立高水平、专业化的经纪人队伍，以有效支持财富管理欧共体和机构经纪业务创新发展。

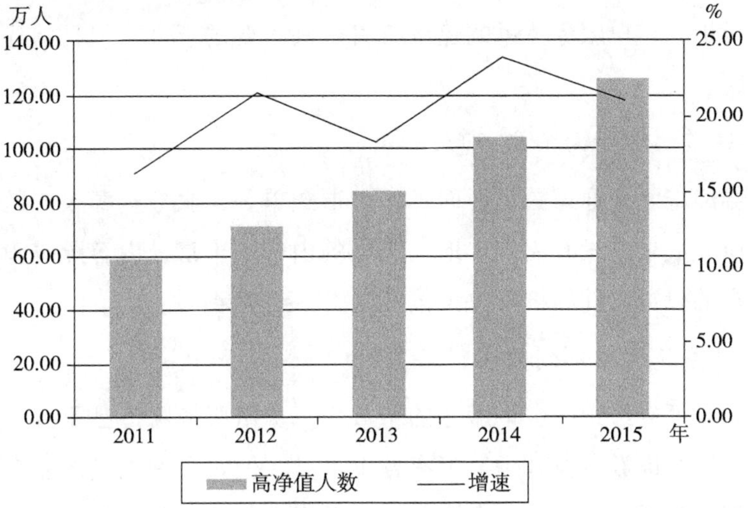

图 6－4　2015 年高净值投资者情况

（六）证券经纪牌照的放开所带来的冲击

2015 年 3 月初，中国证监会表示正在研究商业银行等其他金融机构申请证券公司牌照的制度以及配套安排。2015 年 6 月，江苏证监局核准交银国际持有华英证券 5% 以上股权的股东资格，对交银国际依法受让华英证券 33. 3% 股权无异议。这表示金融业的混业经营正式拉开序幕，证券公司经纪业务将受到行业内外的双重挑战。商业银行已经在多年的发展中积累了独有优势，如多样化的产品线、覆盖范围更广的营业网点、大量客户群体、已经在财富管理及私人业务方面所占据的较大市场份额、较完善的理财业务平台等，金融市场混业经营导致证券行业竞争加剧，特别是在投行服务和传统经纪业务领域，但同时也为证券行业的长期整合带来了新思路。

（七）证券公司客户服务体系不健全

证券经纪人客户服务系统是证券公司采用信息技术对所积累的客户数据进行整理、分析和处理，识别不同客户的特征和偏好，并以此为依据为客户提供与其特征和偏好相匹配的信息，满足客户的需求。在证券经纪人制度建设中，客户服务体系的建设有着极其重要的意义，但目前还存在很大的问题。

1. 通道的辐射面不广，形式单一

证券经纪业务通道的辐射面不广，形式单一，服务资源投入的效率就不高，研究成果就没有用武之地。资讯的内容不丰富，内容配置没有针对性，客户的投资习性与投资决策偏好就得不到满足。

2. 服务质量达不到要求

首先是证券经纪人咨询服务的粗放型，资讯服务和产品服务质量不吸引客户，每个证券营业部一般都有咨询人员，但对咨询人员的服务工作没有具体指标和要求，对客户咨询服务的随意性很强；其次是咨询内容的粗放型，大部分咨询都是谈大盘、推荐个股，好一点的可能有推荐个股的跟踪分析，但是由于每个客户的操作风格不同、风险偏好也不同，其个性化需求多，证券经纪人不能做持续服务；最后是基础服务的粗放型，客户服务主要以被动反应式为主，对客户主动性的服务在管理上没有规定，为客户提供的服务有很大的随意性和不确定性。正是由于这些现象的存在使当前证券营业部的服务从整体上来看层次还比较低。

3. 客户服务内容简单

目前，几乎所有证券公司的研究部门、咨询团队都向客户发送数量众多的投资咨询信息，如短信、邮件、即时通、公司网站等，但真正能为客户带来增值的服务有限，绝大多数经不起市场的考验。究其原因，除工作人员水平有限、证券市场不成熟之外，还因为证券公司研究部门的定位问题。国内多数证券公司的研究咨询能力，特别是偏远地区的营业部没有能力为客户提供有效的咨询服务，却推行以提高佣金费率为目标的客服体系，多数证券公司的客服体系最终效果有限，达不到预期或者期望的目的。客户服务内容透明度不够，在服务客户的过程中，证券公司服务资源标准化的集中统一推送与服务管理的程序化有较大的随意性，在证券公司内部集中交互通道与统一服务平台中，提供服务的经纪人与服务处于游离状态。

4. 研发平台不健全

证券营业部最为薄弱之处就是研发平台不健全，有的证券营业部是经纪数量不足或人员素质不能达到要求。每个证券公司都有研究所，但几乎每个公司的研究所都不能很好地为证券营业部服务，特别是对大量的散户。目前，证券公司的资讯产品来源有三种：第一种是证券公司自己的研究所，内部设立了单独的咨询部门，研究成果是为经纪业务服务；第二种是经纪业务部内部设有专门的咨询团队，研究所只负责为自己的机构客户提供服务；第三种是经纪业务部门与独立的第三方研究机构合作开发资讯产品。

5. 服务对象仅为机构投资者

证券公司早期为投资者提供机构客户咨询服务，是在1996年君安证券首先成立了研究所，到1998年申银万国证券研究所通过向基金提供研究服务获得巨额佣金收入和利润。之后，许多证券公司纷纷成立证券研究所为投资者提供研究服务，但多数不是为现有的数量庞大的中小散户提供研究咨询服务。截至目前，证券公司的研发报告明显不能满足中小散户的需求。

七、互联网下的证券经纪业务

证券业是信息密集型企业的典型代表，一些能够快速处理和传递信息的最新技术发明能在证券业得到推广和运用，并引起市场竞争环境和发展格局的重大变化。证券业与网络经济结合即形成了证券电子商务，在浮现的网络经济中具有不容忽视的地位。当前的证券经纪业务市场环境下，证券公司之间经纪业务的竞争日趋白热化，各大证券公司都在探索经纪业务创新的路子。如何在通道业务上通过创新博弈，加快业务创新推动经纪业务转型，是证券公司加大力度开展的重要工作。在这些背景下，为了给客户提供差异化的个性化服务，行业内各证券公司进行全方位服务整合、生命周期管理及对信贷类业务深化服务进行创新。

（一）互联网下证券经纪业务的优势

2013 年是中国互联网金融年，中国证券市场在创新中不断发展，行业深入探索互联网金融的发展和应用，行业信息技术建设及应用呈现出多样化特点。

1. 消除了信息不对称和时间空间的隔离

长期以来，证券公司开展经纪业务主要是以线下网点布局和线下营销为重点，形成了目前网点众多、队伍庞大、运营成本高企的软肋。同时，公司内部的管理组织从总部到分公司，到营业部，再到员工，形成了多级的管理组织形式，导致运营效率低下。互联网金融是借助于互联网、移动互联网新兴创新的金融业态，其支付结算税金融通都可以通过网络直接实现，不受时间和空间的局限，所以信息不对称现象大大减少，信息的获取和处理成本大幅减少，资源配置的效率大幅提高。互联网时代，企业面临的最大变化和挑战是零距离。互联网冲击的本质，就是由于网络特别是移动互联网消除了信息不对称和时间空间的隔离，为企业运营效率和客户体验的大幅提升打开了空间。

2. 增强了经纪业务中客户服务体验

传统经纪业务服务无法给客户提供良好的服务体验。这主要体现在三个方面：首先是消息不对称。传统的单向广播式的信息传播形式，使证券经纪客户获得信息的渠道非常有限，且是被动接收，而客户个性化的问题不能及时得到解答。其次是服务资源不匹配。以营业部为单位，固定客户经理服务大量零售客户的模式将因客户分布不均、客户经理分布不均带来服务资源的错配、服务标准不统一 、服务效率低等问题。最后是服务时间的不对应。根据研究统计，客户在业余时间有服务需求的占 40% 以上，而这个时间段，证券经纪人或证券员工已下班，客户的服务需求无法得到及时满足。

3. 大大提高了证券公司的管理效率

利用互联网技术，在经纪业务上探索出多种创新形式，对证券公司经纪业务产生了极大影响。各公司除通过搜索引擎等互联网渠道获客以外，还采用地面推广方式进行导流。线上、线下团队成为合二为一的利益共享体。所有营业部都在推广在线综合金融服务平台，各分支机构也会去洽谈线上合作，总部配合制定方案并予以支持。与此同时，网络金融部也会听取线下团队的反馈意见，不断改进平台功能，从而形成有效的线上、线下联动机制。线下团队在地推、增值服务等方面与互联网结合产生的增量价值。证券专门投入资源建立绩效中心，以处理传统经纪业务团队和线上业务协作中的绩效分配。

4. 整合了证券公司业务资源

在线上、线下的互动中，除了线下基础业务如导流开户、证券交易的线上化，咨询、投顾、资管等也在谋求搭上互联网的快车。例如，场外市场、资管为零售客户提供定制化理财产品，将复杂金融产品简单化、趣味化；研究拓展提供研究报告服务的形式，用音视频来拉近投顾与零售客户的距离等。在一系列举措的背后，是券商一整套客户服务思维的转变。应用终端提供的是平台，是面向终端用户的标准化方案，而券商各业务条线贡献的是基于研究、投资咨询、资产管理等方面的价值，是“内容”，两者有机结合，创造了互联网金融的核心价值。

（二）互联网证券经纪业务发展情况

2013 年，证券行业深化践行“互联网 +”战略，一方面，多项支持政策出台，互联网证券面临良好的发展环境；另一方面，证券公司继续推进传统业务的互联网改造，通过线上投资顾问、账户体系、组织架构、跨界合作等方面加快互联网证券是移动证券的发展步伐。同时，互联网等其他机构也在加紧布局证券业务链，互联网证券发展进入深度融合阶段。

1. 政策大力支持证券行业运用互联网技术创新业务

（1）政策支持。近年来，国家相关部门推出一系列相关政策，《关于推动移动金融技术创新健康发展的指导意见》《关于互联网金融健康发展的指导意见》《证券公司网上证券信息系统技术指引》《证券公司外部接入信息系统评估认证规范》等政策相继出台，明确了行业发展的方向、目标和规则。此外，中国证券业协会成立了互联网证券专业委员会，促进互联网证券的发展。从2014年上半年开始到2016年，中国证券业协会公布了55家证券公司获得互联网证券业务试点资格。根据各证券公司的公告内容，试点业务主要包括区分交易类、理财类和消费类三种账户。

（2）出台创新手段。面对混业经营及移动互联时代的全面到来，传统券商向互联网融合成为大势所趋。新的市场博弈正在颠覆原有的竞争规则，“云状”的互联网生态圈或将取代传统金融的价值链条。2013年证监会松绑非现场开户，这是证券公司从事互联网业务的基础条件之一，电商以及互联网展业模式是证券公司走向互联网金融的主要出发点。招商证券，中信建投等证券公司开展了网上开户模式。通过自主创新，证券公司规划设计了网上开户系统、见证开户系统、离柜系统、自建CA系统，视频见证系统。开户流程顺畅、使用简便，一般用户15分钟即可完成网上开户流程，甚至无网络也可以开户。非现场开户业务的开展使证券公司摆脱传统网点的束缚，是证券行业的重大创新项目，对证券经纪业务的发展有极大的促进作用。

2. 证券公司互联网证券业务取得明显进展

证券公司互联网证券取得明显进展，根据中国证券业协会专项调查数据，2015年证券公司网上开户占比由2014年的50%提升到92%，网上交易人数占比从2014年的79.28%提升至84.43%。在移动互联网终端方面，已有83家证券公司推出自己的APP，占调查样本的87.36%，一些技术综合实力更强的证券公司则倾向于构建能够同时提供多元化金融服务的综合平台。手机端开户占网上开户比例已从2014年的60%提升到89%，使用手机客户端进行交易的投资者占比也较2014年增至51.55%。在互联网证券模式创新方面，证券公司开始重视专业服务优势的打造，2015年已有32家证券公司开展网上投资顾问产品销售，主要是基于投资顾问服务的各类咨询和投资组合产品，部分证券公司还进一步在大数据投资顾问和基于"C2C"模式的社交投资顾问业务方面进行积极探索。

3. 证券经纪业务增速加快

（1）传统经纪业务互联网化

面对互联网技术的发展，经纪业务网络化已是一种必然的选择。以蚂蚁金服、腾讯、百度和京东为代表的传统互联网公司积极构筑证券业务链，这些公司借助在网络技术和客户端的优势与多家证券公司展开合作，在推动网络证券业务快速发展的同时也在一定程度上影响到行业的竞争格局。如招商证券的"E网通"模式，把传统的开户、柜台类业务、交易业务、产品销售、咨询服务等业务全部通过互联网来营运。腾讯加速在香港的证券业资源整合，百度和京东分别推出"线上智能选股"和"大金融战略"，雪球网、淘金路等带有"社交型股票投资应用"特点的第三方机构亦在一定程度上丰富了证券业态链条，有助于缓解行业同质化竞争，促使证券行业进一步深化改革和加强创新。

非现场开户系统帮助客户在网上就能实现开立资金账户，网上柜台系统使客户在网上就可以办理原来必须到营业网点办理的业务。网上交易、移动证券、微信服务系统，能为客户随时随地进行证券交易提供了解决方案。产品超市开辟了网上销售理财和服务类产品的销售渠道。在线客服系统为客户提供了即时通信的高效交流体验。传统经纪业务网络化使证券公司不用再大量建设实体营业网点，也能快速发展证券经纪业务，提供了低成本扩张的全新发展模式。

（2）证券经纪业务收入增长迅速

2016年第一季度，23家上市券商（国投安信除外）实现总收入528.43亿元，其中经纪业务手续费净收入187.82亿元，占总收入的35.5%。从横向来看，经纪业务手续费净收入最高的是中信证券，为

23.11亿元；超过10亿元的还有国泰君安、广发、华泰、国信、申万宏源、海通和招商。根据中国结算数据显示，2014年、2015年全年新开账户累计950.92万户、3016.35万户，其中绝大部分来自线上。以华泰证券为例，公司2015年年报称，报告期内移动端客户开户数238.82万，占公司全部开户数的90%；客户73%的交易也是通过移动端完成。由此可见，就证券经纪业务而言，得互联网者得天下，获得增量客户是券商市场份额扩张的动力源之一。

4. 证券公司与互联网金融合作形式多样化

（1）与综合类网络平台合作。2015年，各大证券公司与BAT、新浪、网易等互联网巨擘合作，利用搜索引擎引流，抢占互联网流量入口（见表6－5），包括华泰、广发、海通在内的多家券商都曾采用这一策略。

表6－5　部分证券公司与互联网平台合作情况

证券公司	合作时间	合作机构	合作内容
华泰证券	2014年4月	网易	网易向华泰证券开放核心广告资源，网易或其关联公司在相关产品或频道增加证券开启功能或入口，并引导用户在华泰证券开户
国元证券	2014年5月	万得资讯	双方的合作从对冲基金入手，联手推广“对冲基金头等舱服务”，为私募对冲基金提供包括数据、研究、杠杆、量化、系统、产品发布等全方位的解决方案
东吴证券	2014年9月	同花顺	双方在各自移动互联网平台和互联网平台，共同推广双方的金融服务，包括金融超市、数据和研究、资讯和社区等多领域
中山证券	2014年9月	金融界	金融界以证券通提供中山证券快速开户入口，可在金融界购买各种理财产品
太平洋证券	2014年12月	京东旗下网银在线	从证券账户、行情、资讯、三方支付、证券交易等多方面开展业务合作，合力设计开发互联网证券产品
广发证券	2014年12月	新浪	在产品合作、账户对接、投顾创新、交易通道、流量导入等领域开展深入合作
东兴证券	2015年4月	新浪	合作内容包括但不限于广告推广、炒股大赛合作、互联网金融创新项目等

（2）与金融门户网站合作。更多证券公司则选择从垂直细分领域入

手，包括金融界、同花顺、Wind 资讯在内的金融门户网站及金融技术提供商向券商开放端口。以腾讯自选股为例，中山证券、国金证券、中信证券、海通证券等多家券商均与腾讯自选股的移动应用端有开户链接合作。

（3）与金融社交平台合作。金融社交平台也是券商合作引流的路径之一。始于 2014 年末的牛市催生了以雪球为代表的一大批投资类社区，新浪理财师、牛股王等以大 V 展示投资策略、粉丝跟单交易迅速积攒人气。方正、平安、国联等多家券商与雪球合作，支持其在客户端上交易。

（4）收购财经类网络平台。还有少数券商另辟蹊径，与互联网机构展开股权合作，最具代表性的是东方财富，通过收购西藏同信证券的控股权进军证券行业。

（三）互联网下证券经纪业务模式

目前各证券公司运用互联网技术开展的经纪业务，已经形成以下三种模式。

1. 互联网金融服务

互联网服务是传统证券业务的电商化，即通过互联网平台，应用计算机大数据分析技术，完全依托社交网络、大数据、云计算、移动支付等手段，解决与开发客户关于投资、服务、产品的需求，最大限度地提高客户体验，使线上、线下相互协同发展，丰富线上业务种类，保留线下业务，实现差异化发展。证券公司大力发展移动终端服务，目前的移动应用软件除传统的行情提示和交易外，还融入了理财产品销售、自助开户、资讯服务等功能。

随着互联网金融的发展，大量的客户数据积累、客户分析要求，使得传统的数据库不能有效进行数据处理与分析，对证券公司的经纪业务、投资银行业务，资产管理业务等的客户数据进行处理、分析和整合也在证券行业开展实践。其中客户精细化管理系统和企业级数据中心系统就是基于大数据技术应用而生的。基于数据仓库技术，通过 IT 技术和业务目标的融合，建立基于客户交易数据的客户行为特征分析方法，对客户群的动态变化特征和流失原因进行分析和预警，根据经营指标，建立业务之间的关联性分析，预测客户潜在价值，进行主动式营销，挖掘客户之间存在的关系，实现相似性营销服务。利用大数据分析技术从而为客户的差异化服务、产品的精确营销提供了技术支持。通过数据挖掘成果与客户服务营销、营业部客户管理的结合，提高业务流程的智能化水平，提升客户洞察与客户管理的能力，产生良好的经济咨询和社会效益。

2. 互联网金融运营

互联网运营也可以叫证券互联网，即以互联网的思维、去中心化的思想、分布式管理的理念，驱动运营效率的进一步提升。物理网点虚拟化，就是将所有线下业务向线上转移，基本是将传统业务的运营嫁接到互联网、移动互联网上。通过互联网低廉动作成本提高服务效率，降低单个客户服务成本，逐步降低运营成本。证券公司初期涉及互联网金融主要是在提供网上开户、证券交易通道、资讯及金融产品网上销售等专属化服务。如国泰君安、华泰证券、方正证券、长城证券等证券公司已经开设网上商城，将金融与互联网整合起来。

作为对信息技术高度依赖的行业，信息技术对证券业务起到举足轻重的作用，证券公司的 IT 架构也进行了创新，兴业证券公司建立了基于 ESB 的信息交易规范、标准及应用平台。光大证券探索了证券互联网统一技术平台，这些技术把 WEB 交易系统、手机证券、金融超市、网上营业厅等业务，建立在一个统一的技术基础上，所有业务自动具备在线运营，用户数据分析、业务监控、云同步、实时数据云推送等能力。解决“互联网的最后一公里”问题，切实带给用户最优的性能体验。让平台上的各种应用具备互联网的敏捷特点。

证券公司还采用云计算设计产品与服务。云计算是一种模式，用以将可配置的网络、服务器、存储、应用和服务等计算资源转换为共享资源池，通过网络提供给用户以实现无处不在的、方便的、按需的访问，计算资源的快速供给与释放仅需很少的管理工作即可实现。目前，证券公司已经完成了私有云平台的创建。

3. 互联网商业模式

互联网商业模式，即综合服务商城，是真正意义上的互联网证券。这是以平台化为主题，基于理财产品销售、投资策略等提供等多维度服务互联网平台，整合了互联网金融生态体系当中的各类参与者，与合作伙伴、员工、客户共建互联网金融生态圈。部分证券公司推出的互联网品牌的情况见表6-6。

表6-6 部分证券公司推出的互联网品牌

证券公司	品牌	理财产品	投顾服务	资讯产品	特点
中信证券	信E投		√	√	为缺乏理财经验、寻求理财财富增值的年轻人提供个性化投资理财产品和基于大数据的创新衍生服务
国泰君安	君弘金融商场	√			提供理财产品、股票质押贷款、客户之间柜台市场产品转让
华泰证券	涨乐	√	√	√	华泰重金打造、集网上开户、理财产品、投研工具于一体，增强非交易业务黏性
中山证券	小鹿金融	√	√		主要提供低风险场内外产品、小融通业务，推出“鹿金币”，用于消费类支付抵现
广发证券	易淘金	√		√	主要线上零售业务、理财产品可转让。个人中心功能较为便捷，包含自选股、基金计算器
华创证券	金汇金融	√			华创综合金融服务平台子版块，主打理财产品，涵盖传统金融工具、柜台产品及P2P，并提供产品份额转让服务

总体来看，各证券公司推出的互联网品牌服务趋于同质化，创新体现在细节上。证券公司在资讯服务、基金销售、生活服务、投资社区等领域，与综合类互联网相比没有优势。

（四）互联网下证券经纪业务创新业务

1. 创新客户资金服务方式

证券公司借助金融与互联网手段推动客户资金服务方式创新，如光大证券实现客户证券资金消费支付，支持每周七天全天候业务运行。CA认证系统核验数字证书和密码信息是否正确。柜台交易系统校验和控制客户消费支付资金进行校验，并负责对客户交易进行清算和交收。此外在安全防护上从客户消费、网络结构和系统部署等方面进行保障。这一创新模式，是证券公司与第三方支付机构进行专线接入，专线采用多运营商、多线路接入的模式，保障业务通信的高可靠性。

2. 全功能综合账户

目前部分证券公司已开发出全功能综合账户，能够满足客户投资、理财、消费和支付等多元化的金融服务需求。早在20世纪70年代，美林证券联合美国的地方银行开发出的现金管理账户（CMA），把在银行有活期存款的中小机构和个人客户的活期存款、有价证券、清算以及余额通知等多种金融服务融为一体。与美林证券相比，国内证券公司更注重自身用户体系的搭建，跨界合作的方式也较为单一，与银行综合账户以及支付宝等互联网金融产品所提供的多元金融服务就标准化程度和用户体验而言，证券公司并不占优势。部分证券公司推出的多功能综合证券账户见表6－7。

表6－7　部分证券公司推出的多功能综合证券账户

证券公司	综合账户名称	功能
国泰君安	君弘一户通	集成客户在国泰勒斯君安开立的各类实体账户，包括证券账户、信用账户、资产管理定向账户、期货账户等，通过这一账户，客户可能进行全景资产与诊断，各类交易的下单，理财产品的查询与购买，配置方案的获取，资金从证券资金账户到各商业银行的快速汇划并且能直接进行购物支付与生活缴费
海通证券	E海通财	主推手机APP，包含交易、投融资、理财和支付等多账户功能，优势产品涵盖现金管理、资管理财、OTC理财、小额支付以及消费支付
齐鲁证券	一户通	客户关联绑定所属A股现货账户、两融信用账户、OTC柜台系统账户的，可凭其中任一账户进行登录，更方便快捷地进行普通交易、信用交易、OTC交易
华创证券	证联支付	证联支付是经中国人民银行批准的支付服务机构和中国证监会批准的基金清算结算机构，支持证券中间业务平台系统、交易所支付系统、基金支付系统、消费支付系统、核心账务系统

国泰君安建立了理财账户体系和超级账户业务，探索权限分层的账户机制，将账户的支付功能、理财功能及交易功能分离。以满足投资者多层次的理财需求，为投资顾问、客户经理和经纪人员提供支持，通过服务协同的过程管理，提高对客户服务的规范、多样性、效率和质量。这是一个多层次、多渠道、多业务的一体化金融服务平台，实现了无论何时何地、使用何种智能设备，都能为客户提供服务的多平台现代化服务体系，打造了全新的客户体验，为证券公司开展互联网业务作出了有益的尝试。

3. 丰富的金融产品品种

对于投资者来说，对于收益的追求比体验的改善更为重要。客户理财要求集中于固定收益品种，在股票市场波动时，这一类产品的优势更为突出。各证券公司推出的创新产品（见表 6－8），多数属于账户闲置资金的利用。

表 6－8　部分证券公司创新产品（数据截至 2015 年 9 月 9 日）

证券公司	创新产品	产品属性	收益情况
国金证券	佣金宝	货币基金	对接国金通用金腾货币基金
中山证券	现金通	货币基金	对接中邮现金驿站货币基金
	实时盈系列	分级 A	调整年化收益率 7.33%，百元起投
华泰证券	紫金天天发	银行存款	分 A 级、B 级、C 级，分别对应 1 天、7 天、14 天不同久期
	融益系列	收益凭证	预期年化收益率 5.1%，认购起点 100 万元
国信证券	金鲨系列	收益凭证	挂钩沪深 300 指数，每周发行 2 只
东方证券	金鳍系列	收益凭证	采用期权价差结构，挂钩白银期货（看涨看跌）和黄金期货（看涨），认购起点 5 万元
方正证券	金添利系列	收益凭证	起点 5 万元，有保本型固定收益和保本型浮动收益两种
	泉有利系列	质押式报价回购	久期灵活，收益接近货币基金，1 天期到 273 天期分 12 档
国泰君安	实时盈系列	质押式报价回购	针对投资起点和久期进行匹配，1000 元起，年化收益 1%
	天汇宝	质押式报价回购	保证金理财版和短期理财版，久期越长收益越高

证券公司针对理财账户设计产品，以保证金余额理财、收益凭证、债券质押式报价回购为主，在权益市场表现不佳且市场利率不断下降的情形下，依靠回报率较高的类固收创新型产品将客户的资金留在了证券账户体系内。此外，各证券公司均在两年推出了股票抵押贷款产品，如华宝证券的“小微贷”，中山证券的“小融通”等。

（五）互联网下证券经纪业务的发展前景

1. 证券经纪人可能成为独立的利润成本中心

为满足客户需求，自去年下半年以来，证券公司纷纷踏上新一轮的探索之路。平安、海通、华泰、中泰、广发等证券公司都进行了多样化的尝试。例如，平安证券与海外知名投资社交平台 eToro 达成战略合作，平安证券旗下投资者在平台实现跟单交易，eToro 提供相关的技术、平台和经验方面的支持。中泰证券也在重构商业模式，完成向互联网券商的转型，其拟通过移动终端展示员工的服务和产品，并将员工业绩与营销服务、客户点评等挂钩，让每一位一线营销服务人员都有可能成为独立的利润成本中心。

2. 利用互联网技术经纪业务将走向差异化竞争

越来越多的券商加入了互联网金融竞争，由于技术的可复制性，同业之间的差距在不断缩小。从日本的发展路径来看，经过充分的竞争，日本互联网券商形成了较高的集中度，互联网交易占到了个人投资者股票投资总额的 90% 左右，而前 6 名券商目前则占据了 85% 的市场份额。目前，我国排名前 10 的证券公司，其股票交易量的市场份额总和在全行业中占 50% 左右。传统金融是价值链思维，金融机构位于价值链上游，而客户端在底层，产品的研发与设计居于中后台，距离客户的距离太远。而互联网金融发展下的金融机构与客户是非线性的网状概念，是证券公司与用户互动下的生态圈。在混业经营及互联网的冲击下，证券公司的服务模式将从线下传统金融转向线下和线上有机融合的智能金融，最终各家公司的发展模式有望从同质化竞争走上多领域、差异化的竞争之路。

3. 政策将为证券公司业务互联网化提供便利条件

政策松绑也将给券商业务互联网化提供创新的土壤。证券交易相关费用年初从政府定价范围中剔除，也为证券交易佣金市场化定价开启大门。目前，监管层正在制定的《证券经纪业务管理办法（草案）》拟彻底松绑证券交易佣金的收费标准，证券公司有望实现自主定价。一旦该草案成行，证券交易佣金水平下降或难以避免，并引发行业格局的改变。

（六）互联网金融对证券经纪业务的冲击

互联网真正的优势在于面向无差别的大众，提供低成本、可大规模复制的服务，这意味着有明显地域性、业务优势差别的证券公司很难通过同一种最优策略成为真正的互联网券商。目前在各证券公司的业务中，受互联网冲击较小的是特色业务或高端客户业务，金融机构的核心优势依旧集中于产品设计、资产配置以及风险管理，而这些正是传统互联网公司短期难以实现的领域。

互联网对证券公司的冲击，已经不再简单局限于业务层面了，而是已经影响到经纪人队伍。相关统计显示，2015 年来整个证券行业证券经纪业务营销人员和分析师队伍，在一般证券业务、证券经纪业务营销、证券经纪人、证券投资咨询业务（分析师）、证券投资咨询业务（投资顾问）、保荐代表人和投资主办人六类从业者中，尽管四类从业者总人数上升，证券经纪业务营销和证券投资咨询业务（分析师）却逆市出现下滑。在互联网的冲击下，各家证券公司都在努力将原来的线下业务搬到线上，很多原本在一线的营销人员被压缩。现在券商新开证券营业部几乎都是 C 类的轻型营业部，这些营业部需要一名营业部老总、一名前台兼销售人员和一名技术人员三个人。这类营业部只负责开户，不提供交易，客户交易几乎都自己在网上进行。线下销售人员人数的下降是趋势，未来几年这些存量的线下销售人员人数还会下降，逐渐向总部或区域公司后台集中。至于分析师队伍人数的下降，原因基本也是同样来自互联网。自媒体和网络发稿速度快，市场上越来越多的研究机构提供了免费的及时解读。与此对应地，这些年卖方研究所的机制与市场不接轨，越来越多的优秀研究员转行做投资、做私募、做买方已然成为趋势；另外，那些研究实力不够的券商，日渐对卖方研究失去兴趣，进而转向对内服务。不少中小券商，在冲击卖方研究所努力未见成效后，被迫转向对内服务，对客户、对自家公司的投资部门服务。出于成本控制的需要，这必然会控制人数，只需覆盖几个热点领域或一人身兼数个领域，已成为很多中小券商的共识。

第二节　我国现行证券经纪人制度类型

一、从证券经纪人来源划分类型

在国内实践操作中，证券经纪人按人员构成分为员工专职经纪人和非员工兼职经纪人两种；一般来说，证券公司专职经纪人（客户经理）所提供的服务仅限简单咨询服务。非员工经纪人，部分经纪人只负责为证券公司拉客户，按客户的月交易量所创造的佣金提取一定比例作为报酬，部分经纪人依靠自身专业知识和分析能力为客户提供个性化的咨询服务，客户对证券公司的选择往往是以这些人为中心的，还有部分经纪人与客户存在亲属关系或已建立特殊的信任，客户将其资金和股票全权授权这些人来操作管理。

根据证券法等相关法律的规定，能代理客户从事有价证券投资的机构必须是证券公司及证券投资咨询机构，因此，我国目前的证券经纪人隶属于这些机构，按其来源大致可以分为四种类型。

（一）内部转化经纪人

2009 年以前，很多证券营业部将原有的大中户管理员和其他员工进行培训选拔，转为经纪人，其工资和效益都与所管辖的客户交易量挂钩。这样主要解决了一是证券公司除了提供通道服务而缺少咨询服务的难题，以及因为最高佣金的限制而经纪业务收入减少的问题。证券公司把有证券分析水平的证券分析员及证券分析师推上证券经纪人的岗位，在一段时期内的确在提高为投资者提供咨询服务方面起到了一定的作用。如国信证券深圳泰然九路营业部，没有现场交易，而靠上千名客户经理，曾经在短短的几个月内，客户数量达三十多万户，托管的资金额度达 600 多亿元，成为全国最大的营业部。

（二）外部招聘经纪人

证券营业部公开向外部招聘经纪人也较为常见，他们的收入与其开发的客户为营业部创造的收入挂钩，一般无底薪，或底薪很少，这些外部招聘的经纪人大多数都没有列入证券公司正式员工的范畴。这些经纪人一般有较强的社会资源，能为证券公司带来比较多的客户，或者能带来投资资金量比较大的机构客户。但这些经纪人能为投资者提供的服务基本上没有。如国信证券上海东路营业部的客户多数集中在 100 万元到 1000 万元资金段的账户，机构并不多，但资金实力非常雄厚。在这里的众多大户精于市场分析，通过在反弹中树立其所介入股票的龙头品种的方式，引入市场散户乃至部分机构的跟风，以从一个又一个的局部投资战役中获得丰厚利润。

（三）战略联盟经纪人

一般是证券营业部与证券咨询机构结成策略联盟，邀请证券咨询机构派咨询人员到营业部开设咨询“工作室”，每天为客户解盘，提供分析报告，提高客户投资成功率，希望这些咨询工作可以带来大客户，提高交易量。其收入的形式较为灵活，一般由咨询人员和证券营业部协商决定。这些经纪人能为客户提供比较全面的服务。如招商证券益田路营业部，客户当中超过 80% 的是资金量在 100 万元以上的自然人大户，大量的证券咨询机构驻扎在营业部，整个营业部只有 21 名员工，80 多名经纪人，但这家营业部在 2007 年的牛市行情获得 2 亿元的利润，平均每人产生的利润高达 2000 万元。国泰君安上海江苏路营业部，这里常驻有保险公司、企业年金、大型国企、阳光私募，占 70% 客户资产规模，而这些经纪人的研究水平非常高，能给投资者提供质量非常高的咨询服务。

（四）独立型经纪人

独立型经纪人曾是中国证券市场具有代表性的一类经纪人。这些经纪人一般学历较高，具有丰富的实践经验和专业知识，很多人是投资领域中的佼佼者，他们在股市中摸爬滚打，获得了高额投资回报。他们以私募，或是以个人名义赢得了人们的信任，吸引了大量的客户，客户多是其朋友、同事、亲属。部分个体经纪人已经建立了一个很大的平台，聚拢资源，整合营销，为自己服务的企业和自己的团队创造出新的品牌，按照客户的投资理财需求，为自己的客户同时提供保险、银行、基金、期货等综合性投资理财服务。这类经纪人与证券公司之间的关系较为松散，也不稳定，证券经纪人通常依据证券营业部收取的佣金高低选择开户证券公司。

二、从经纪人身份划分类型

自20世纪90年代初开始，我国政府和证券公司就开始探索适合我国的证券经纪人制度，经过20多年的实践，逐渐形成了多种形式的证券经纪人类型，从证券经纪人的身份来说，目前被国内大部分证券公司采用的有证券经纪人制、客户经理制和投资顾问制（见图6－5）。其作用与实践业绩各有不同，但对证券经纪业务的提升来说，客户经理与投资顾问所带来的业绩，比证券经纪人要少很多。

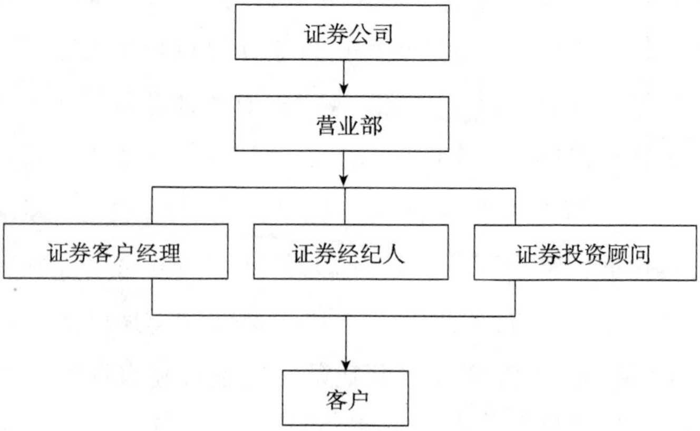

图6－5　证券公司经纪业务营销结构

三、实践中证券经纪人来源

根据证券经纪招聘经纪人的情况来看，证券经纪人来源，第一类是刚毕业的大学生，抱着对证券行业的热爱，认为这是一个钱多、活少更自由的职业，事实发现很多证券公司将这些人暂时以客户经理或者以补助的方式进行合作，但由于在大城市生活成本高，工作内容艰苦，其难以完成工作任务，这样的经纪人大都是坚持不下来的，在三个月内没有达到相应的业绩目标则会被辞退。第二类就是工作三年到五年的证券经纪人，目前这一部分人在证券公司里面相对比较稳定，没有特殊的情况不会轻易离开原有的证券公司，因为没有考核指标的压力，部分人员考虑未来向私募或者财富管理方向发展。第三类是工作五年以上的老牌经纪人，这些经纪人在不同的城市，相对应的定位方向是不一样的，在一些三四线城市，此类经纪人的战斗力较强，客户资源过亿的不在少数，同时因为在当地人脉广，这些客户的相对黏度也比较高，其实有点类似于小型的证券经纪行。第四类是名义是经纪人实际为私募的这些人，因为有了前期的积累，这批经纪人已经成功地发行了产品，但考虑到降低成本，则将相关的私募资源挂在一个可以控制的经纪人名下。这些经纪人的特征是客户数量少，然客户质量高，这也是各大证券公司追逐的目标对象之一，但这批人只会在自己的小圈子里面交往，单靠简单的高佣金提成很难挖到这批人才。

第三节　我国证券经纪人制度模式

证券经纪人管理模式有很多，总体归纳起来，我国经历了多种证券经纪人模式，即全员市场模式、完全外挂模式、稳健金字塔模式、星系运转模式、网络虚拟平台模式、美林 FC 模式和爱德华·琼斯的 IR 模式。

一、证券公司主导下的经纪人运作模式

（一）全员市场模式

全员市场模式是由证券公司的大户主管、咨询人员“改制”而成，亦称为“全员经纪人制度”。实质上是以证券公司为主导的全员市场发展模式。通常的做法是对原来坐在柜台里接单、写单，有一定业务基础的职员进行培训后，改聘为客户经理。公司每月给客户经理设立基本底薪并根据其客户的交易量提成佣金。营业部除行政、财务、后勤等基本岗位外，其余员工全部都是处于一线的经纪人，直接面向客户服务。客户经理的主要职责为发展客户，并为客户提供相应的咨询服务，但不代客户操作。其优势是前后线的职责非常明晰，前线的销售人员包含转型的经纪人和聘用的经纪人、兼职经纪人，这种模式的缺陷是要考虑后台的服务能否跟进到位，能否为前线的销售提供足够的资源和支援，因此经纪人的市场拓展能力和咨询服务能力较弱。同时，前后线泾渭分明，有可能导致外勤员工自认为低人一等。因此这一模式实际效果较差。所以，在服务流程和公司政策上，保证向一线倾斜非常关键。最早在 20 世纪 90 年代比较有代表性的是重庆地区的证券公司率先在全国推出的“全员经纪人制度”，对 60 名客户经理进行了相关专业知识和其他综合素质的培训，占公司客户经理总数的一半。如湘财证券的 OIT 模式——走出柜台，走进投资者，走向社会。这一模式要求营业部除管理者、行政、财务、电脑和后勤等基本岗位外，其他全部员工都处于一线的经纪人岗位。在当时，全员客户经理制被认为是国内证券业经营模式的一次创新。

（二）金字塔模式

金字塔模式是全员市场模式和完全外挂模式在管理体制上的一种延伸，在一定程度上借鉴了保险代理人体系的做法，借鉴保险代理人制度，在营业部下设“营销部—业务团队—业务小组—经纪人”的金字塔式的营销架构。该模式下的经纪人多数为证券公司正式员工，也有招聘的外部经纪人。这一模型主要是考虑到营业部现有员工大都在企业工作多年，一般

并无过错，但行业发生变化，必须使他们转型为一线销售人。其突出优势在于：权责分明、体系完整，客户管理较好。通过层层管理的方式，可以有效监控证券经纪人的工作行为，可以形成业务小组、团队间良性的竞争环境，最大限度地发挥证券经纪人功能，从而可以减少营业网点较少的不利因素；这种模式也能较好地稳定人心，使员工能够保持归属感，可以将企业原有的价值理念和企业精神较好地展现给客户。这一模式的缺点是：一般建设周期较长，运行时对相关配套制度的要求较高，尤其是每个层面的管理不能脱节，必须要层层加固，随着人员的膨胀，给业务规划和人员管理带来较大困难。此外原有员工的依赖心理较为严重，且长期养成的被动工作习惯和惰性思维影响营销改革成效。典型的案例平安证券营销管理模式，其21个营业部有2500名经纪人（见图6－6）。

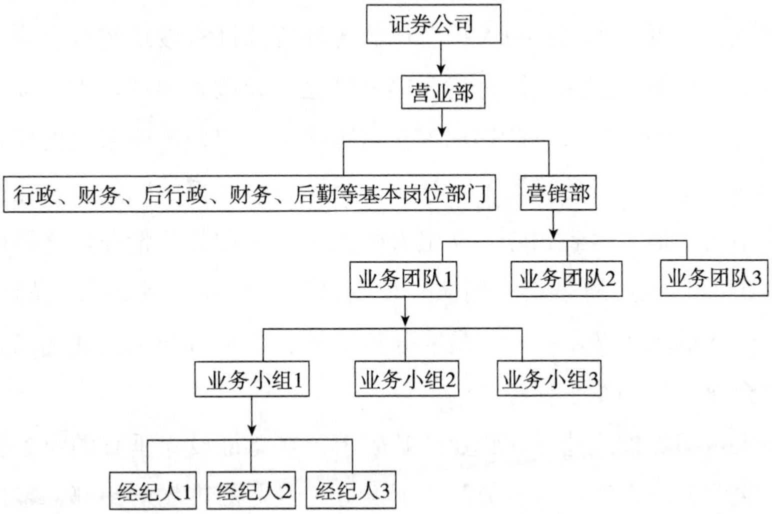

图6－6　稳健金字塔证券经纪人模式

（三）星系运转模式

星系运转经纪人模式适用于大型证券公司建设区域销售中心和服务中心，并且该家证券公司在其建设区域或服务地带有多家营业部，具体的做法就是将这些营业部统一调度起来，组成一个经纪人团队，实现多家营业部里在区域内的资源最优化配置，从而使资产创造出最大的价值。在某些行政区域，如同一个城市里有五六家营业部，将现有的营业部统一调度，实行资源最优配置，使资源创造出最大价值，使用本模式比较合适。其优势是在证券公司统一规定和统一行动对外之余，还可以将各自为政的营业部较好地统一起来，凸显品牌优势，其与区域管理中心职能类似，但没有行政色彩。这种模式在实施区域集中交易时将更具优势；这一模式的缺点是行政性的干扰将有可能导致模型运行不畅，人为因素将决定模型运转正常与否。同时，具体的利益分配问题也将对模型的运作产生影响。如广发证券在区域集中交易下采用了该模式。

（四）网络虚拟平台模式

网络的出现打破了证券公司空间的限制，为越来越多的非现场交易提供了技术支持。远程交易和非现场交易的发达同样离不开经纪人的贴身服务，其优势是可以利用经纪人将企业的各种资源最有效地整合在一起，使企业资源发挥最大效用，同时营业部可以通过天地人网的运作，彻底突破原有的地域禁锢。如 E—TRDDE、嘉信等网上经纪公司所采用的模式。网络经纪人可以把自己的投资主页挂靠在公司或营业部的网站上，让投资者可以足不出户地了解到相应的经纪人的投资建议和相关情况。这种模式比较适应咨询能力强的经纪人团队。缺点是证券公司很容易对人的作用低估，过分迷信现代技术手段，最终导致新的虚拟平台与别人毫无二致，无法建立企业的核心竞争优势。

以上这四种模式建立在营业部基础上，在总部设立垂直的业务管理机构即经纪业务总部实行事业部制，下设分工专业的市场营销部、客户服务部、经纪人培训部和综合管理部等。

二、独立经纪人发展模式

独立证券经纪人模式在新证券公司和规模小的证券公司中有所运用。这是一种全新的经营方式，类似于将业务进行有条件的外包，鼓励建设证券工作室，营业部和经纪人团队是以合作伙伴的形式共存。这一类型的经纪人一般都不是证券公司的雇员，与证券经纪人没有正式的雇佣关系，仅是业务上的合作关系。通常与证券经纪人签订协议，实际上是委托代理关系。证券公司为其提供交易通道，他们则为客户提供交易信息和投资建议，吸引客户进入工作室进行证券买卖，并从证券公司领取佣金。这种模式也有多种情况，如松散的经纪人模式、自由经纪人模式、外挂经纪人工作室模式等。

（一）松散型经纪人——公开招聘形式的经纪人制度

松散型类型的经纪人一般由证券公司公开招聘，但不作为公司的正式员工，也不涉及档案及人事关系，故其聘用关系较为灵活。经纪人在一段期间内完不成定额即须自动离职，其报酬是从客户的买卖佣金中提成。除为客户提供证券分析、投资咨询外，有的经纪人也接受客户指令代为买卖，其业务范围将趋同于客户经理制。目前这类松散型的经纪人制度已越来越被国内的证券行业所认同。

（二）自由经纪人——独立游离状的经纪人制度

自由经纪人是指目前存在的专职证券咨询人员，他们与证券公司没有正式的聘用关系，大多以投资顾问的形式存在。这类经纪人具有较高的证券专业知识水平，经常在报纸、杂志上发表大市及个股走势的文章，同时也拥有自己的顾客网，为客户提供证券交易的指导与建议。他们通常与证券公司签订协议，充当证券公司和客户之间的中介人，定期从证券公司提取部分手续费作为报酬。证券公司把他们请进营业部，慕名的投资者在那里开户交易，根据其建议买卖股票。

（三）外挂经纪人工作室——完全外挂经纪人制度

证券经纪人工作室是典型的完全外挂经纪人模式（见图6－7）。这种模式是由具有较高的证券专业知识水平且拥有自己的客户群的证券经纪人，与证券公司签订协议，形成委托代理关系。经纪人作为代理人，以证券营业部提供的通道为基础开发业。这里证券营业部仅仅是提供通道服务，工作场所或其他服务基本上由经纪人自身解决。这种形式的经纪人侧重于对客户的投资行为提供咨询和建议，基本上是自负盈亏的机构或个人。

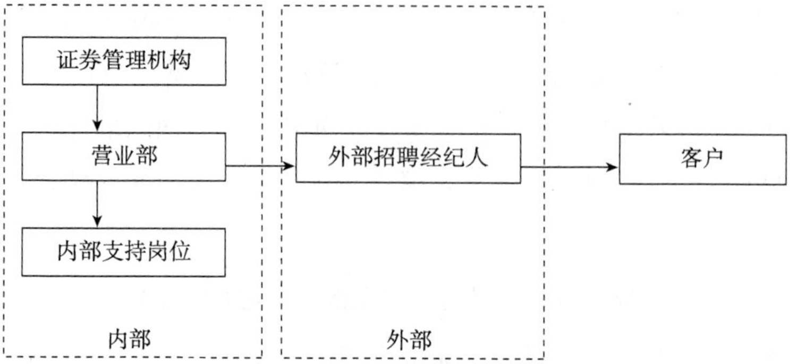

图 6－7　完全外挂式证券经纪人模式

1. 人员配置和激励

证券业作为知识密集型行业，高水平、高素质的人才是必不可少的。从事证券经纪行业的人必须具有专业的证券学历背景、市场营销学、心理学、人际关系学知识，具有团队合作精神和创业激情，把证券当作自己一生的事业来做。同时，员工的激励机制也是不容忽视的。发展人才、留住人才在证券行业尤为重要。工作室应不惜一切代价吸引具有丰富金融知识和投资实战经验的高级人才，他们的存在是工作室的品牌保证；另一种人才是具有丰富的社会关系和市场营销经验的人才，他们最了解客户的心理，也是工作室的窗口。这些人的报酬直接与其业绩挂钩或与客户资源的多少挂钩。

2. 操作模式

证券工作室的发展方向是投资理财顾问，最终发展成为美国的投资基金。证券业向投资理财顾问方向发展已是大势所趋，其实，已经有许多小型证券公司在开展此项业务。不仅可以向客户提供股票投资服务，还可以向客户提供诸如国债、回购、信托、实业投资服务。

（1）开发客户。客户资源是证券工作室生存、发展的必要条件，开发客户在证券工作室工作的首要位置。具体客户开发模式主要有发展新客户、保留客户、客户的二次开发。发展新客户，主要是利用已有的社会资源发展机构客户或个人大客户；保留客户，保持与客户联系紧密，及时提供客户所需服务，提高客户的忠诚度。

（2）建立工作室的客户关系管理系统。经纪人在建立客户档案时，要对客户分别按个人或法人，大户、中户、散户等进行分类管理，建立客户基本资料库，详细记载客户的基本情况。例如，客户的风险承受能力，客户持仓组合情况、投资经验及业绩等。对法人客户基本情况、主要负责人及证券投资相关部门负责人等情况进行登记。在此基础上对相关信息进行整理和加工，对客户结构、客户的盈亏、资金、持仓情况等进行分析，及时计算账户的盈亏动态并向客户报告，提高客户管理的科学性和有效性。

3. 提供客户服务

对客户的专业化服务是证券经纪人日常业务的核心。证券经纪人向客户提供的一般性服务，主要是与客户保持密切联系，做好客户与营业部之间的沟通与联络工作，积极帮助客户解决证券交易与证券投资过程中遇到的所有疑难问题。主要服务有：接到客户有效的交易指令后，立即将指令完整地输入证券交易所的电脑撮合系统，并及时将成交情况反馈给客户等；根据客户授权，证券经纪人还可以依据证券交易所的有关规定，代理客户或帮助客户进行申购新股、分红派息、配股认购、证券转托管、存取款、证券挂失、修改开户资料与销户等工作；根据客户的不同特点和要求为客户提供量身定制、个性化的投资咨询服务。根据各自投资偏好的不同，分别为保守型、稳健型、进取型等客户提供有针对性的理财咨询服务，以及符合客户要求的投资建议书。

4. 优劣势比较

外挂式证券经纪人工作室模式的优势是人员少，操作灵活；经纪人团队拥有更大的经营自主权利，使其主观能动性得到最大限度的发挥，政策方面则可以做到灵活多变，收放自如；在浮动佣金制下，证券经纪人有很好的盈利空间，便于管理。劣势主要是资金少，压力大；存在一定的道德风险和政策风险。如富友证券的分田到户模式就是小型外挂证券经纪工作室模式。

第四节 我国证券经纪人制度实践

中国证券市场从20世纪90年代开始，证券公司就开始了经纪人模式的实践，随着证券市场的持续发展和证券行业竞争的加剧，经纪业务已开始进入“微利时代”，原先以“坐商”式等客上门的服务方式已越来越不适应证券经纪业务发展的需要。因此，一些证券公司为改“坐商”为“行商”，开始积极扩大其证券经纪业务的市场覆盖面，积极探索发展证券经纪人队伍以至出现了很多种证券经纪人管理模式。

一、大鹏证券FC模式

FC（Financial Consultant）即证券理财顾问是舶来品。2002年初，大鹏证券决策执行委员会研究决定，推行“证券理财顾问制”，即FC模式。这一模式的核心就是组建投资顾问群，为不同的客户提供服务。大鹏证券对FC的定位是“金融产品的销售与服务”以及为客户提供与销售配套的顾问服务工作。通过学习培训，让FC承担起新客户的开发、金融产品的销售，以及为客户提供与销售配套的投资顾问工作。

（一）大鹏证券FC特点

（1）经纪业务公司化管理。大鹏证券的经纪业务总部实行公司运作，撤销地区总部，各地区总部业务合并到金融销售公司，将原来的经纪管理总部改成金融销售公司。公司下属的所有证券营业部实行全新的经营模式，原来的电脑室、财务、办公室等工作人员营业部的后台，主要负责营业部的后勤保障和硬件支持。其他员工分为若干个“投资顾问小组”组成营业部的前台。

（2）组建多个FC团队。大鹏证券组织了90多个FC团队，搭建起服务最前端的销售平台；平均到30家营业部，大约每个营业部3个团队，每个团队由3~5名FC人员组成；每个小组包括高级投资顾问、投资顾问和助理顾问等员工。

（3）FC 团队负责向客户提供全方位服务。大鹏证券把营业部的存量客户按资金大小全部分摊到各个顾问小组，投资顾问负责向自己小组的客户提供包括销售金融产品、行情咨询等系列服务，并承担新客户的开发工作。大鹏证券 FC 的目标客户是公司最有价值的客户群，是具备一定资产规模、需要专业性的投资顾问服务的非现场客户。要求每个 FC 收集、管理 250 位潜在客户，并且每天与 20 位客户和潜在客户沟通。

（4）在分配制度上，制定了具体的分配方法，根据每个投资顾问的存量、客户交易量、新开发客户的资金量和交易量来确定其每月收入。

（5）减少营业部费用支出。大鹏证券 FC 制度的推行促使营业部的转型，营业部的营业面积被大大缩减，大鹏证券北京万泉河路营业部退租了原来设在三层的 1500 平方米的营业大厅，在四层开设了两个 FC 的专用办公区。

（二）大鹏 FC 优势

大鹏证券推出 FC 理念是在经纪业务中以为投资者提供优质咨询取得优势。从证券公司角度来看，FC 是流水线的最后营销环节；从客户的角度来看，FC 又是投资者享受到流水线服务的第一个服务窗口。在这种模式下，营业部的职能被定位在替公司销售金融产品，营业部总经理的职能也发生变化，主要强调其投资顾问招聘与培训和管理团队的能力，营业部的工作重心就是 FC 制度和 FC 队伍的建设。大鹏证券 FC 最大的特点是，总公司负责金融产品的研发，包括为不同资金量和不同投资风格的客户提供投资组合，提供证券市场及产品信息和资讯。在 FC 销售平台的背后，大鹏证券打造了自己的核心竞争力——产品和研发平台，由大鹏证券综合研究所负责金融产品的加工。2001 年，作为公司董事会确定的三个重点改革部门之一，研究所从传统的、包罗万象的研究模式转向以市场为导向、以创利为目的、面向客户的实证研究模式，按研究方向重点组建了金融工程、IT 行业、化工行业、医药行业、房地产等小组。在研究方法上，从以往过分依赖定性研究转向定性与定量相结合的方式，并成立质量控制小组，在研究过程的各个节点设立质量控制点，加强质量控制，为重大项目提供必要的研究支持。为适应公司经纪业务转型的需要，公司专门成立了金融产品开发部门，由综合研究所负责加工，主要是为不同资金量和不同投资风格的客户提供投资组合。研究所设计了资产组合、股票评级、市场趋势（中长期趋势）等新型组合产品，涉及股票、基金、保险、期货等多个品种，实现了产品设计理念由传统短线投机型向理性投资型的转变。

（三）大鹏FC的劣势

大鹏证券FC在推行的过程中遭遇到的“瓶颈”，一是FC人才的缺乏和金融产品的单一。培养一名合格的FC一般需要2年的时间，所以会面临缺乏足够FC的问题。二是大鹏证券投资理财顾问制，是把目标定在了建立一条金融产品流水线，与国外成百上千种的股票、基金、债券品种相比，国内证券市场的品种相对单一，所以FC可以向客户的推荐的品种少得可怜，面临“巧妇难为无米之炊”之惑，无法提供系列流水线金融产品的服务。三是道德风险和政策风险，风险管控工作没有落到实处，无法保证企业的品牌不受损害，无法使客户的利益得到保证。四是实行FC管理模式要求有很强的资源整合能力、FC队伍、资本实力、公司品牌及技术支持，但在当时条件下，显然大鹏证券在这方面实力达不到。

由于大鹏证券自营业务与资产管理业务的失误，创新的步伐太快，证券市场低迷，致使最终这一创新模式没有走下去，被长江证券托管。大鹏证券虽然已经被清算，但其营业部和经纪业务经纪状况曾经是非常成功的。其“投资咨询便利店”模式也是非常有效的。

二、富友证券的“分产到户”模式

富友证券是我国证券经纪人管理制度实践和创新的一个里程碑。富友证券对证券经纪人管理体制的探索，从根本上改变了我国证券公司传统意义上的经营管理理念，整个制度建设的出发点就以投资者为核心，以证券经纪人业绩为考量对象，将整个公司体系设立成为一个证券经纪人的服务平台，一切分配制度均以契约方式来保证执行（见图6-8）。

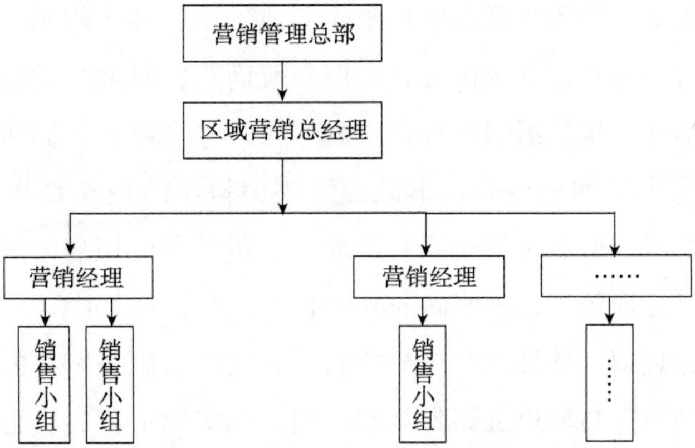

图 6-8　富友证券经纪人框架

富友证券的经纪业务的创新模式是从远程客户服务开始的。2000 年 8 月富友证券远程客户服务部开张，在当时上海影响力很大，《天天证券报》上刊登有“富友证券远程客户服务部”广告，第一个月利用电话开户的客户络绎不绝，到第三个月，日均开户的人数达 50 多个，到年底远程客户服务部的收益已经非常可观。由此可见，富友证券决定全面进行改革。2001 年初，富友证券上海营业部举行了一场在中国证券业前所未有的拍卖会。拍卖标的物是富友上海营业部所有客户的产权，拍卖方是富友公司上海营业部，竞买方是原来营业部的销售小组，而销售小组成员全部是公司原来在各个岗位的员工，这就是富友证券知名的“分产到户”改革。

（一）富友模式的核心内容

富友证券模式的核心要素有以下三个方面的内容：

1. “客户产权”制度

富友模式的核心理论是“佃农理论”，证券公司充当“地主”的角色，证券经纪人团队充当“佃农”角色，而客户相当于“土地”，营业场所、电脑相当于“农具”，证券经纪人团队与证券公司之间的关系是一种契约关系。富友证券通过设立销售组织形式，将营业部客户作为一种资源进行了拍卖。客户资产拍卖后，服务和开发客户所对应的水电、物业、保安、场地租金、人员工资等均列入销售组织的成本中，各小组独立核算。尽管销售组织对客户有自己的定价方式，但一般而言，对客户的管理还是在标准化管理下运作。销售组织拥有客户的产权，并可以在他们所得的佣金提成比例中自主决定佣金价格。不但要解决销售组织内全部人员的工资奖金，还要解决组织所发生的全部直接成本，包括营业用房的房租分摊、机器设备的折旧分摊等。这种明确的分配制度，不仅大大激励了证券 经纪人对客户的服务热情，并且也有效地控制了开发以及服务客户的成本。从而解决了证券经纪人与客户之间脱节的问题，也实现了证券经纪人对客户的保护。

2. “契约分成”体系

在富友证券的体系中，公司和营业部之间有总体契约，且营业部与销售小组中的证券经纪人之间都有书面契约，其中针对不同类型的证券经纪人还有个性化的契约。经纪人开发客户的费用由自己来承担，对自己开发的客户享有终身的收益权，经纪人的收入来源于他开发的客户所创造的佣金，客户所创造的佣金由证券公司跟经纪人之间分成，30%的佣金由证券公司所有，70%的佣金由证券经纪人团队扣除自己所要负担的成本后，剩余的在团队内部分配。

3. “营销和运营服务”平台

富友证券的营销文化核心就是以销售人员为中心来开发客户，整个公司的运作都在为营销人员服务。富友证券提出营销和运营分离的两大平台，包括服务与被服务。二者相互联系相互制约，财务、行政、技术、人力资源等在内的运营平台，以往仅仅被看作管理平台，改革后为营销提供服务和支持的义务。其中开发网上交易平台和搭建网上服务平台为前台销售人员提供后台支持，包括各种咨询增值服务、保持交易通道的畅通和组建完整的金融产品线等。营销平台以地域划分，由区域经理带领销售组织成员完成销售任务，每个小组就是一个营销单位，进行统一规范、自负盈亏。

在富友模式中，证券经纪人团队长一般称为高级客户经理，起着至关重要的作用。一个团队是按照市场化方式运作的，团队长负责整个团队的经营和管理，团队有产品自主定价权，可以根据自己为客户提供的增值服务来确定佣金的收取比例。客户的所有权可以拍卖，通过这种方式可以保证客户资产的合理流动，保证营业部的利益不受侵害。

（二）富友证券“包产到户”模式的特点

（1）富友证券的完全外挂模式是一种全新的经营方式，类似于将业务进行有条件的外包，鼓励建设工作室。营业部和经纪人团队以合作伙伴的形式共存。他的优势是可以给经纪人团队更大的经营自主权利，使其主观能动性得到最大限度地发挥，政策方面则可以做到灵活多变，收放自如。

（2）将客户产权从公司名下改为经纪人所有。富友证券将客户产权以及存量客户划归经纪人所有，源于其对羊群理论的认识。公司的管理层认识到，在原有的证券公司体制下，客户实际上是一群利益得不到保护的“羊”，随时可能被同行中的“狼”叼走，因而要对客户进行分类，把他们保护起来。

（3）以拍卖和契约的方式将公司的存量客户全部租田到户，实行租田到户后，富友推出出租公司办公场地以及上交公司风险基金和创业基金的举措。

（4）营销和运营分离，即前台与后台分离。富友最早完整提出营销和运营两大平台相分离，使包括财务、行政、技术、人力资源等在内的运营平台，既作为管理平台又为营销提供服务和支持。富友实行的是上下游的内部结算，从管理学的角度来看，结算单位最小化才是最有效率的。

（5）经纪人除缴租外还须上缴创业基金。营销平台以地域划分，由区域经理带领销售小组构成。每一个小组都是独立的财务核算单位，包括办公间、卫生间、走道，甚至连水、电等公用设施的费用都要分摊进每平方米的租金之中。除了交租外，销售小组在展业前还要向公司缴纳一定数额的创业基金。类似于特许经营模式。

（6）清晰简明的佣金分成制度，收益分配向经纪人倾斜。富友证券的经纪人分配方式是，销售小组的收入就是佣金收入，其中30%要上交给公司；剩余的70%减去相关成本才是利润。当时有几十个小组，每个小组3到5人，各有分工，公司的收益确实比经纪人少。富友以经纪人为中心去获得客户，因而是全心全意为经纪人服务的。

（三）富友证券模式的意义

自中国证券市场创立以来，就没有客户产权一说，因为整个证券公司是国有资产，富友证券将客户资产从证券公司的资产独立出来，公开拍卖、转让客户产权给下面的销售组织，与改革开放初期农村土地改革“家庭责任承包制”或“分产到户制”。其实质是富友在推进成本核算、建立标准化管理和提供增值服务。

富友证券转型是把自己变成一个彻底的“坐商”，成为交易通道的批发商，以低廉的价格把交易通道批发给零售商。由于不再经营与通道批发业务无关的零售业务，可以把通道费用降得很低，这样就可以吸引到一批只需要交易通道，而并不看重其他服务的投资者。建立在高度契约精神基础上的富友模式在上海迅速成名。

在“富友模式”中，证券经纪人的利益、自主权得到最大化，而对证券公司而言成本最小化，证券公司只起到了提供通道的作用，在这种模式中，证券经纪人的主观能动性得到了充分发挥，证券公司的市场份额得到了很大提升，两者都是赢家。当时有很多证券公司都到富友证券去学习，却无人能效仿成功，这与各证券公司的体制不无关系。

富友证券创新的核心是分配制度的改进，成功的要点是分配制度的保障。“富友模式”成功的因素是复杂的，主要是管理理念先进，不仅彻底改革分享前后台业务，与经纪人之间有高度的契约精神，还有强有力的营销管理团队，以及对市场环境的正确把握。机制的完善，良好的职业经理人生存环境，经纪人个人能力强，都是富友证券成功的重要因素。

富友证券把全部的客户资源交给经纪人团队，并与后者建立起完全基于契约的委托关系。在佣金分成上，富友证券也仅仅收取最低限度的通道费用。这种开创性的制度安排，带来的结果是富友证券两年的时间从业内第260多位的排名蹿升至第44位。富友证券的模式很有开创性，富友证券这种营销框架今天仍被多数证券公司所采用。

2009年4月起正式实施的《经纪人管理暂行规定》，对于规范证券公司委托经纪人进行证券营销活动意义深远。但是就经纪人制度的本义而言，这一规定与6年前上海富友证券所开创的“租田到户”模式相比，改革的力度还是较小的。《经纪人管理暂行规定》所确立的经纪人与证券公司之间市场化委托关系的游戏规则，正是建立在高度契约精神基础上的“富友模式”之上。2003年9月，因为股东各方的分歧无法得到及时协调，实际控制人资金断裂而被托管，这套极具创新的证券经纪人管理制度半途而废。

三、西南证券的“三人客户小组”模式

西南证券是业内知名的一家创新经营激进的证券公司。早在2002年西南证券就聘请麦肯锡做顾问服务进行组织调整和业务流程再造，花费千万美元购买美林证券TGA的营销管理系统，同时收购飞虎网，用以提供网络交易服务支持，推出了“三人客户小组”经纪业务模式。

西南模式是在利用麦肯锡的方法，研究排序客户需求后，建立起了客户经理制。这种模式以客户为中心，将原有业务人员分为若干个客户小组，充分发挥客户服务的规模效应，对大中户提供集中的差异化服务，由一个高级经理加两个各有所长的业务经理组成一个客户关系小组，即“三人客户小组”。

（一）西南证券“三人客户小组”模式的特点

这一模式的最大特点是以专业团队的方式满足客户的需求。

（1）将客户的需求与客户关系小组（金融产品销售小组）、后台（公司研发中心生产金融产品）结合起来。让整个证券营业部从原有条块分割的局面，转变为面对客户的服务平台。在证券营业部内部形式一个竞争局面，让每一个客户小组都以满足客户需求为开展业务的起点。

（2）打破原有的交易、咨询、开发业务部门的界限，将原有业务人员

分成若干小组，每组面对固定的客户群，提供全面服务。每个营业部至少有三个客户关系小组。

（3）这些小组对重要目标客户提供实时的跟踪咨询。同时这些客户关系小组与研发中心的各行业研究员建立了通畅的反馈渠道。一是通过前台团队的能力合作，在了解客户的投资需求、风险承受能力、投资偏好的基础上，结合后台团队的高水平投资咨询产品，再向客户提供投资建议。二是客户关系小组帮助重要客户建立直接与公司研发中心专家对话的通道，使客户能直接获得专家的咨询指导或为客户做专题调研，客户的需求能在最短时间得以满足。

（4）建立了以关键业绩指标为核心的业绩管理系统。西南模式主要弱化职能分工，实施新型客户关系管理，组建客户关系小组和交易服务小组，在细分市场的基础上根据不同类型客户的投资需要偏好推出个性化的全方位贴身服务，因此需要较强的客户服务人员和研究咨询人员，起步阶段必须要有一定的客户资源积累，以客户介绍客户的方式增加客户资源，比较符合证券专业化发展的方向。但最终由于大股东原因这一创新模式无疾而终。

（二）西南证券的管理模式创新点

西南证券的管理模式创新方面突出在以下几个方面：

（1）完全弱化了营业部的原有功能分工，通过组建新型客户关系管理模式，新设客户关系小组，将营业部所有原有客户进行划分，然后根据不同类型客户的投资偏好推出差异化的全方位服务，因此对证券经纪人的要求也较高，并且对总部相关客户服务部门和研究咨询部门的要求也较高。

（2）对客户进行专业化的投资服务。在制度中将客户的投资服务需求与客户关系小组的服务以及司总部研究咨询部门的服务相关结合，利用麦肯锡的方法，在对客户投资服务需求进行研究和排序后，增加了服务产品种类。

（三）飞虎网上证券交易模式

飞虎证券网站是定位于交易类证券网站，是西南证券以电子商务为名义，独立存在的提供证券经纪业务服务的证券经纪商。国内首家交易类证券网站飞虎证券网于2000年10月在北京开通网上交易系统业务。飞虎证券网是国内首家倡导集银行、证券公司及网站为一体经营理念的证券交易网站，提供网上交易平台，为投资者供资讯和网上交易服务。中国建设银行北京的部分营业网点和西南证券公司分别代办飞虎证券网的开户申请业务、网上交易的银行转账、连网开户信息实时交换和提供各股资讯等业务。同时，该交易系统的推出也实现了飞虎证券网站投资者足不出户完成各种股票交易，充分享受网络生活的理想。其独特之处在于，不仅仅满足于使投资者完成交易，充分发挥网上交易的优势并结合其独特的个性化服务，使投资者不但能够享受到互联网为其带来的便利与快捷，更能够体验到证券经纪人传达给投资者的各种服务理念。同时飞虎证券网组成了百位专家对股评分析、研究队，从政策导向、行业前景、公司业绩、股价走势等各个方面进行研究，还不定期地对相关公司进行实地调研，并通过所有的证券经纪人向客户推送信息。

唯一的问题是飞虎证券网的服务太超前了，不但在全国范围内开通网上交易服务，还为没有西南证券营业部的城市开通证券服务点，以建设银行网点为依托，启用类似银行信用卡的开户手续，大有超过西南证券本部的气势。这大大超出了当时的证券监督管理法律环境，也超出了当时的证券监督部门的管理水平，最后被证监会勒令强制关闭，“先驱”成为了“先烈”。

四、广发“一对一”模式

广发证券是国内经营很稳健的证券公司，其业务一直处于稳步上升态势。其经纪业务改革的重点是推行了“E对一”和“一对一”的模式。

广发证券早在2001年就提出了“产品个性化、服务差别化”的服务转型理念。根据这一个理念，广发先后推出了针对非现场客户的“E对一服务”，针对核心客户，推出了“客户经理一对一服务系统”“针对VIP客户服务体系”，对客户关系管理体系进行了全面的战略设想，核心客户经理服务体系是其中最重要的组成部分。之后在系统内开始进行客户经理试点试验，显现一定效果后进行全面推广。

客户经理服务体系的实质是整合公司研发、理财、投行、分析师队伍等业务资源，生产大量高质量的资讯产品，通过功能强大的客户关系管理系统，使遍布各营业部的客户经理在一个统一的平台上工作。研究发展中心、投资理财、博士后工作站等部门作为经纪业务的后台支持部门，将公司作为综合类证券公司的专业资源通过客户关系管理系统向客户经理及时发布；而客户经理根据对客户持仓种类数量情况、交易情况等分析，有针对性地将最适合的客户需要的产品通过适当的途径传递到客户手中。另外，客户经理作为经纪业务的一线工作人员，积极收集核心客户的产品、信息方面的需求，利用营业部以及公司后台支持部门的资源满足客户的个性化需求。

广发"一对一"模式的重点也是对客户进行细分后提供差别化的服务，因此需要公司很强的后台研发能力支持，需要客户经理业务平台的支持。这一模式很贴近客户的，是证券市场化方向，但在实际操作中成本非常高，投入与产出比例严重失衡。

五、中金公司的"精品店经营"模式

中金公司2003年才开始做经纪业务，经营战略是以高端客户为中心的精品店经营模式。自2005年以来，证券公司的客户结构由个人向机构转变。截至2009年4月底，各类机构投资者持股市值已达流通市值的56.8%，比2004年提高30%。而随着机构投资者的壮大，证券公司的经纪业务不再单纯作为一个通道。在为机构客户尤其是境外机构提供服务方面，中金公司无疑是最为成功的。很多QFII对中金公司青睐有加，仅上海淮海中路营业部就至少有12家QFII驻扎，该席位的买卖行为甚至被视为A股市场的风向标。

（一）"精品店经营"模式核心内容

一是依托强大的研发力量，围绕高端客户做市场，树立中金公司机构或大客户领航者的品牌形象。中金公司设有一个在国内证券公司组织中都没有销售交易部，其中有三家营业部是一流金融销售交易人员的聚集 地。交易部多年来主要是服务于机构投资者，如基金公司，保险公司、大型综合性企业。

二是中金公司的客户经理基本上是证券公司的行业研究员，既有客户服务，还有研究分析和组织管理能力，人均管理资产 2～3 亿元，年创收 200 多万元。

三是提供比较全面和实用的咨询服务。

四是在销售渠道和网络方面，中金公司是国有银行集团向多业务领域拓展的一个开拓者，在开展银证合作上，具有强大的后发优势。

（二）“精品店经营”模式的特点

（1）“精品店经营”模式取决于中金公司在国内证券市场的实力股东背景，只能被国内少数证券公司借鉴，适用范围很小。

（2）“精品店经营”模式首先细分高端客户的证券公司，根据不同类型客户的特征，开发机构客户数据库并建立机构客户系统化服务模式，建成统一的机构客户服务平台。

（3）中金公司由于一直走高端路线，在穗、杭、宁三地开设营业部。2009 年 5 月上旬，中金公司合并原销售交易部和固定收益部，整合了二级市场销售部门，将以产品为中心的策略转变为以市场为中心；战略重心从一级市场转为一级市场和二级市场并重。

六、海通证券模式

海通证券划分区域市场，建立了以区域营销中心的经营模式。其特点如下：

一是建立以美林证券为蓝本整体的客户服务体系。该体系包括第一建立全国十大区域销售经理制度。二是在区域中心和管理下，逐步建立和完善符合中国国情的经纪人制度。三是借鉴花旗集团经纪业务与研究联动的组织模式，建立了专业化、标准化的研究所—营业部—客户之间服务流程。四是以前三条为基础，实施差异化的服务与竞争策略。目的是要深化对客户专业化的增值服务。对高端客户，公司推出了财富俱乐部的组织形式，对中低端客户，公司建立了网上投资顾问团，向客户提供个股点评、公司分析、疑难解答等在线服务。将研究所产品通过网络等通道及时传到营业部。此外，还应加强对员工的培训。

这一模式的核心也是深化对客户的服务，完善专业化服务体系和服务流程。这一模式适合在一定区域内有多家营业部，可以进行资源整合，不适合中小证券公司。

七、君安证券模式

君安证券是我国最早试行并完善的证券经纪人制度的证券公司之一。其证券经纪人正式命名为“证券投资襄理”，即通过在营业部设立投资襄理来吸引投资者，服务投资者，同时在国内证券公司里最早地提出了经纪人专家理财的理念，随后着手进行实践。在正式实施投资襄理制度之前，君安证券进行了大量的前期准备工作，成立了专门的工作组，对投资襄理从法律体系上、管理制度上、人员培训上、薪酬体系上等各方面进行了研究和论证，在一大批拥有丰富营销培训经验的专家和内部多部门核心人员的参与下，制定出一套完整的标准化管理制度。

在证券市场从未有过的创新服务方式投资襄理的帮助下，君安证券在试用初期就取得了极大的成功，而这一套管理体系在经过多年不断调整后，转变成为国泰君安君弘财富俱乐部。

君安证券的证券经纪人管理体系相对稳定，其考核制度不断微调以适应市场环境的变化，但证券经纪人收入来源是客户佣金提成的30%～40%，资产超过一定要求后，加管理津贴10%，这些制度的长年落实保证了其证券经纪人队伍的稳定和发展。

八、银证通模式

银行业与证券业是金融行业的两个重要组成部分，长期以来，我国一直实行银证分业经营、分业管理，在这种政策规定下银证部门很难突破这一限制。但证券公司与商业银行合作的需求极其迫切，证券公司需要银行提供资金清算和资金管理服务，更希望利用银行遍布全国的营业网点来拓展其经纪业务；银行则希望通过全面的合作，将投资者存放在证券公司处的保证金转化为储蓄存款，并在未来可能的条件下，通过进一步的合作，与证券公司分享证券交易佣金。在各自利益驱动下，积极展开合作，商业银行和证券公司根据我国《证券法》第132条的规定“客户的交易结算资金必须存入指定的商业银行，单独立户管理，严禁挪用客户交易结算资金”找到了突破口。因此，银行与证券业推出银证通业务就有了法律基础和利益动机。这不仅是开户方式和资金存管方式的改变，同时还是低成本扩张的有效手段，更可以避开政策监管，是银行和证券合作的初级形式。

（一）银证通系统结构

银证通业务指投资者直接利用在商业银行各网点开立的活期储蓄存款账户卡或存款折，通过银行的委托系统，如电话银行、银行柜台系统、银行网上交易系统，或通过证券公司的委托系统如网上交易、电话委托、客户呼叫中心等，进行证券买卖的一种证券投资服务业务。也就是说，投资者只需在与证券公司有协议的银行专门开立一个活期存折或在银行卡上增加证券投资功能，就可以通过该银行的电话银行、网上银行或证券公司提供的各种委托终端进行委托交易。当买入股票时，在其银行卡账户上扣款；卖出股票时，资金直接存入银行卡账户，从而为银行和证券公司都带来了极大的利益，同时为投资者也带来了更大的便利。银证通系统结构如图6-9所示。

（二）银证通业务的市场演进

1998年，建设银行就率先推出一种类似“银证通”业务。随着1999年7月1日《证券法》的实施，明确禁止金融业混业经营，这一业务暂停。2000年下半年，由于市场竞争越来越激烈，不少证券公司和银行又把目光瞄准了银证通，国信证券于2000年与工商银行合作为“银证通”客户量身定做了牡丹国信证券灵通卡，从而再次拉开“银证通”发展序幕。

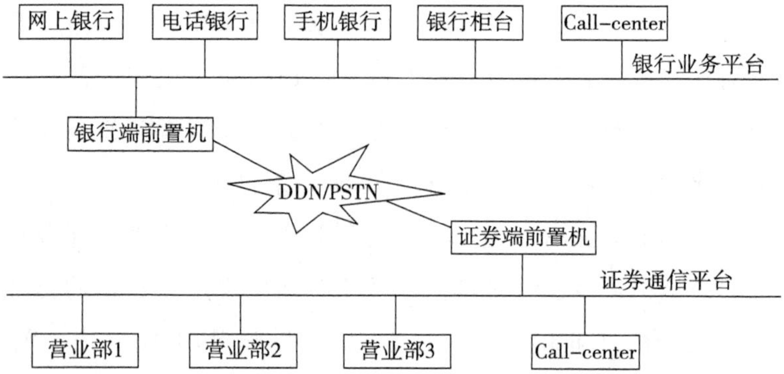

图 6-9　银证通系统结构

在国信证券的示范效应下，从 2001 年起，各大商业银行、证券公司开拓“银证通”市场。2001 年 4 月，上海招商银行、工商银行、农业银行分别与国通证券、国泰君安和国信证券合作，正式推出银证通业务。在深圳，银行与证券公司更是把银证通当成了争夺客户的重要措施。2001 年 7 月 4 日发布的《商业银行中间业务暂行规定》文件，其中将代理证券业务列为中间业务品种，从而为各大银行与证券公司“银证通”业务提供了政策依据。2002 年《账户管理规则》规定银行可以代理证券开户业务，银证通得到更广泛的推广，银证合作关系进一步巩固，于是大批的证券公司与商业银行开展银证通业务，在全国掀起了一股“银证通”发展高潮。其中招商银行和国信证券更是抢抓机遇，不遗余力地在全国推广“银证通”，并一举成为银行、证券公司开展“银证通”的“领头羊”。银证通业务的市场效应迅速呈现出来，2004 年年增长率达到 1 倍以上，并且各证券公司的银证通业务发展增幅达到 50% 以上。部分证券公司减少了营业部面积和人员，减缓营业部的发展步伐，进一步把经纪业务发展的重点放在“银证通”的发展上。2003 年银证通业务交易量仅为 1000 亿元，2004 年增长到 2500 亿元。银证通业务的市场规模见表 6-9。

表 6-9　2004 年银证通的市场规模

总市场	交易量	银证通	占比
市场交易量	85629 亿元	2500 亿元	2.92%
佣金收入	3.25 亿元	171 亿元	1.9%
证券公司数量	137 家	58 家	42.3%
市场总客户数	3456 万户	146 万户	4.22%
托管市值	16643.74 亿元	350	2.1%

2004 年推出第三方存管的政策要求，2005 年新《证券法》进一步强调证券公司的资金安全性，2006 年 5 月 8 日证监会发布了《关于落实〈证券法〉规范证券经营机构证券经纪业务有关行为的通知》，通知下发后，各家银行陆续叫停银证通的新客户办理业务。银证通业务退出市场，开始实施第三方存管制度。

（三）银证通模式各方需求分析

推行银证通模式，对监管部门、银行、证券公司和投资者来说，利益各不相同，都在一定程度上实现了各自的需求。

1. 防止证券资金被挪用，提高政府监管效率

监管部门要求证券公司把客户保证金存放银行，原因并非证券公司的信誉比银行差，而是由于存在证券公司挪用客户保证金的现象。因此我国法律规定，证券业和银行业、信托业、保险业要实行分业经营、分业管理，其机构要分别设立。银证转账模式下，由于存在银行账户和保证金账户，而投资者未必会每天都进行资金转账，这样就仍会有大量的资金存放在证券公司处。对于一些违规证券公司来说，仍然有挪用投资者保证金的机会，不能从源头上解决证券公司挪用客户保证金的问题。2004 年南方证券挪用客户保证金 80 亿元，中信建投重组的华夏证券最高挪用保证金 56 亿元，已被托管的昆仑证券挪用 2 亿元保证金，新疆证券挪用 5 亿元。即使下达了一系列禁止证券公司挪用客户保证金的政策，但仍旧难以禁止客户保证金的挪用。保证金挪用的缺口，最终是由中国人民银行的再贷款承担，所以监管部门对证券公司直接持有客户保证金极为担忧。而在银证通

模式下，由于保证金账户与银行储蓄账户合二为一，投资者的资金全部存放在银行，从而彻底杜绝了客户保证金被挪用的现象。因此，从加强监管的角度来看，银证通模式更符合管理层的愿望。

2. 扩大商业银行中介业务规模，增加利润

对商业银行来说，储蓄存款是银行发展的基础。为了刺激消费，拉动需求，我国储蓄存款利率多次下调，给银行吸引存款造成了很大的压力。银行与证券合作，主要目的就是希望投资者能够将其资金存入银行，增加存款总量。在银证转账模式下，如果投资者疏于转账，那么大量的资金就会沉淀在保证金账户中，转入银行储蓄账户只是其中的较少部分，这是银行难以满意的。而证券公司将投资者保证金账户中的资金余额存入银行，银行需要支付同业存款利息。而在银证通模式下，投资者的保证金全部存入银行储蓄账户，银行向投资者支付活期利息，其中的差价收益对银行具有很大吸引力。

3. 降低证券公司经营成本，扩大经纪业务规模

过去，我国投资者的证券保证金存放在证券公司处，在利益驱动下，一些证券公司不惜违规挪用客户保证金。自《证券法》实施后，对投资者保证金作出了严格的规定，证券公司挪用保证金要受到法律的惩罚。在银证转账模式下，证券公司肩负着管理客户保证金账户的责任，需要配备金库、经警、出纳，而且证券公司不能像银行一样经营资金，资金服务往往不能使投资感到满意，这样不但增加了运营成本，还可能损害公司的形象。因此证券公司还不如通过银证通模式将客户保证金直接交由银行管理，将自己不擅长的副业甩掉，节省大量的人力、物力来专心从事自己擅长的主业。在银证通模式下，证券公司不仅能够利用银行众多的营业网点和硬件设备进行低成本扩张，而且所有的银行储蓄客户都成为证券公司待开发的潜在客户群体，因此对证券公司来说，选择合适的银行进行合作显得格外重要。通过与商业银行的合作，大大提高了证券公司证券公司低成本扩张经纪业务的能力。对于中小证券公司而言，尽管经营规模上无法与

大型证券公司抗衡，但通过大范围地与多家商业银行确定合作关系，对其竞争力的提高有着举足轻重的作用。2003 年国信证券仅有 25 个营业部，其交易量进入全国证券公司前十名，有一半的交易量是银证通业务贡献的。

4. 降低投资者佣金费率，提高现金管理要求

在银证通业务中，资金由银行管理。投资者无论是通过商业银行还是证券公司的委托系统买入股票，资金都在其银行储蓄账户中扣除；在卖出股票时，资金也回到其银行储蓄账户中。由于资金始终在投资者的银行储蓄账户，不受证券公司营业时间的限制，储蓄账户资金可随时提现，包括在休市日。银证通业务提高了资金使用效率、省却了资金调拨的手续，最大限度地满足了投资者的投资与现金管理要求。与客户直接发生关系的是其开立储蓄账户的银行，客户可以从银行享受全面的服务和更多的方便。此外，银证通业务在佣金方面具有很大的优势。银证通业务的佣金一般为 1%，相比现场交易的佣金 3%、电话委托的佣金 2%，具有较大的价格优势。

从整个证券行业“银证通”发展情况来看，国信证券是最为成功的证券公司之一（见表 6 - 10）。1998 年，正值证券市场低谷，在新设营业部基本停止审批的背景，国信证券看到了银证通业务的巨大前景，成立了专门的电子商务部，每年投入约 5000 万元的资金，大力推动银证通业务。国信证券于 2000 年 9 月在深圳地区开通“银证通”业务。这一举措带动了所有的证券公司，从此通过银行网点驻点营销，证券经纪人开始在证券营业场所之外的渠道进行投资者营销工作，在这个过程中，真正的证券经纪人模式逐步打开了局面，形成了证券市场上一股重要的力量。其股票基金交易总额从 2000 年全国排名第 15 位到 2005 年排名第 5 位，每年的排名都有所进步。在排名前 7 名的证券公司当中，营业部数量都在 80 个以上，而 2006 年前国信证券只有 25 个营业部。这组数据说明成功的银证通业务，对于提高证券公司的收益有重要的影响作用。以国信证券其中一家营业部的经营情况为例。自 2002 年国信证券西安南大街营业部所在的管理总部与

工商银行陕西省分行签署了基于“银证通”业务的全面协议后，其营业部的银证通客户数量、交易量、交易量占比、佣金收入均呈现逐年攀升的态势。从表6－10国信证券西安市南大街营业部银证通数据可以反映出银证通带给证券公司营业部的盈利效应。

表6－10 国信证券西安市南大街营业部银证通数据

	2002年前	2002年	2003年	2004年	2005年
银证通新开户数量（户）	36	654	1025	1490	1753
银证通托管市值（万元）	—	—	—	—	3201.80
银证通交易量（万元）	8.85	2012.60	23271.54	58322.49	63236.11
银证通交易量占比（%）	—	0.24	5.03	13.54	19.56
银证通佣金收入（万元）	0.031	5.087	44.226	93.529	95.685
银证通佣金净收入（万元）	0.019	3.05	26.54	56.12	57.41
银证通平均佣金比率（万元）	0.0035	0.0025	0.0019	0.0016	0.0015

资料来源：国信证券公司关于银证通的内部报告。

（四）银证通业务的弊端

通过分析可以看到，银证通转账模式所带来的问题也是其自身难以克服的，一是技术发展水平是制约银证通业务发展的一个重要因素，银证通模式对银行和证券公司的技术管理水平提出很高的要求，整个业务过程要求系统连续无故障，一旦交易中断，会给投资者和银行及证券公司带来很大损失。二是银证通业务在投资者开立账户、资料保管方面存在不规范现象，在证券公司交易清算、佣金政策等方面也存在不安全因素。三是银证通业务不利于投资者享受专业化的证券投资服务，这是银证通存在的最大问题。从投资者角度来看，银证通业务在为投资者提供便利以及降低手续费的同时，商业银行很难为其提供专业的有价证券投资服务，客户难以享受到证券公司的专业化服务，从实际情况来看，投资股市追求更高的投资收益远比节省交易成本和交易是否便利更为重要。特别是在投资出现违约或投资误导时，很难鉴定商业银行与证券公司之间的责任，可能导致证券交易效率降低。上海证券交易所运行的交易系统对差异化交易机制提供了技术上的支持，可以根据市场中交易品种的不同特性提供不同的交易机制。但由于该系统只与证券公司连接，投资者从银行就无法获得直接的交易渠道。

从目前服务情况来看，多数证券公司对银证通客户的服务往往仅限于提供交易通道，提供的增值服务很少。客户难以享受证券公司专业人员的研究成果，大多依靠自身的判断或者听消息来决定证券买卖。随着证券市场的发展，上市公司数量越来越庞大，交易品种也越来越丰富、越来越复杂，交易方式、交易规则更加专业化，投资者必须按照自身的风险承受力选择适合自己的投资产品或方式，如果没有证券公司的专业化服务，一般的投资者没有能力合理地安排自己的投资结构，且在一定程度上获取最大收益和降低投资风险也是十分困难的。随着 ETF、LOF、权证、融资融券等创新品种或业务在证券交易所的陆续上市，投资者可投资的品种、手段更加丰富；而且交易所交易产品创新进度较以往大大加快，股指期货、股指期权、股票期权等衍生品相继面市。面对日益复杂的产品，投资者必须借助专业的投资指导，证券公司的专业化服务将发挥重要作用，这也是银行渠道难以提供的。

银证通业务停止后，实行客户交易结算资金第三方存管制度。国务院办公厅于 2005 年 7 月 29 日转发了证监会拟定的《关于证券公司综合治理工作方案》，提出了在 2007 年底前，证券公司全面实施公开披露制度，报送的信息要真实、准确、完整；客户资产安全、完整，公司经营风险与社会风险有效隔离，实行客户交易结算资金第三方存管制度。客户交易结算资金的第三方独立存管，意味着银证通业务向更深层次发展。在规范证券经纪业务政策背景下的银证合作新模式，客户交易结算资金第三方独立存管，有助于从源头切断证券公司挪用客户证券交易结算资金的通道。这种模式的好处是保证金存放在存管银行，保证了客户资金的安全，有利于证券公司为客户提供多交易品种、多渠道的良好服务，同时商业银行与证券公司双方职责分明，更加有利于对投资者利益的保护。

九、其他模式

平安证券的交叉销售模式，即让平安证券和平安保险的经纪人相互介绍客户和业务，其重点是倚重全队的网点优势和几十万名代理保险人，为证券公司介绍客户和业务。

昆仑证券模式，其特点是营业部网点少，借助于价格优势和网上交易，建立庞大的经纪人队伍和异地的“技术服务站”，业务范围覆盖城乡，以中小客户作为目标市场，以价格为手段，以规模求效益。

天元证券模式，联手咨询机构的经纪人制度模式，天元证券为新兰德证券咨询有限公司提供办公场所及硬件设施，新兰德证券咨询公司为天元证券提供强大的咨询服务，他们各自向客户收取佣金或咨询费，但客户接受服务是自愿和不同层次的。

第一证券的“555”模式。即营业部面积在500平方米，年租金在50万元，除管理人员外，正式员工仅有5人。营业部选址都是商务楼内，定位明确，就是将中产家庭和中小机构投资者作为目标客户，为中产家庭提供服务。

十、证券公司经纪人制度创新模式分析

结合国外证券经纪人制度及客户管理体系，可以看到在证券经纪业务创新、经纪人管理创新上存在明显的不足。

（一）创新没有突破法律与法规限制

尽管各证券公司在经纪业务创新上进行了广泛的探索，取得了很大的成效，但效果没有持续下来，这主要是不管有多少的创新手段，都是从技术层面或从证券公司和营业部管理层面出发的，但从法律法规上，并没有在证券经纪人制度上有较大的变革，这是导致证券经纪业务创新的根本原因。证券经纪人制度的建立应属制度创新的范畴。在竞争和利益的双轮驱动下，我国证券市场上出现了证券经纪人制度的各种雏形应属于主动性变迁的范畴，政府监管部门之所以没有进行强制性制度变迁，是因为较为完善的、持续有效的证券经纪人制度模式尚未在实践中被探索出来。

（二）创新实践限于管理与技术层面

中国的证券行业并不是一个高度集中的行业，每家证券公司都有不同

的现实处境，因而证券公司的经纪业务模式也不可能是单一的综观各个证券公司经纪人运作模式的实践，他们共同的特点是以客户为中心，为客户提供差异化、个性化服务，打造自己的核心竞争力。在实践中很多模式投入了大量的人力和财力，但并没有达到理想的效果。

（三）创新仍属于粗放式经营

证券公司经纪业务模式的变革前期，更多公司从增量客户的角度出发，多数采用粗放式经营，这是因为短期内，规模扩张仍是证券公司经纪业务的重点。大家都在寻找新的渠道，短期效率上去了，但长期没有持续性经营效果。证券公司经纪业务模式变革后期，从提供存量客户服务等出发，发现、挖掘、建设、维护一个新渠道是一件费钱费力费时的事，服务产品的同质性是导致证券公司的竞争力低的主要原因。比产品同质化更为严重的是，长期以来，由于证券公司一直把市场占有率等指标作为考核目标，“重开发、轻服务”已经是市场普遍的现象，证券公司成为只提供交易通道的机构。进行经纪业务转型，几乎是每家证券公司都面临的现实问题，但许多证券公司却往往忽略了转型本身并不是目的，最主要的是这种模式适合怎样的客户类型，对自己的目标市场是否适用。对存量客户提供高质量的服务将是证券公司经纪业务的重心所在。

（四）创新思路过于超前，不切合实际

证券经纪人制度创新思路过于超前，过度追求时效，创新计划不具备可操作性或前提条件，照搬海外经纪业务模式，与我国国情不相符，如综合理财业务的开展要与金融混业化结合在一起，而目前国内金融业是分业经营，市场条件并不存在。

（五）创新中经纪人的执行能力差

证券营销人员除了要有专业全面的金融理财知识外，销售、营销的技能也至关重要。而在证券经纪人制度创新改革中，尽管证券公司所设计的经纪人制度创新模式战略布局前瞻性强，但在推行的过程中，由于缺乏产品的配套，经纪人专业水平较低，在执行的过程中偏离了方向，最终效果不明显。许多证券公司的客户经理或经纪人都是从营业部员工转化而来，对市场把握不足，服务意识过低，营业部员工长期以来养成了被动工作的习惯，无法适应主动的市场拓展工作，严重缺乏开发客户和开拓市场的能力，使得创新效果大打折扣。

制度的创立和完善是一个艰巨复杂的过程，由于没有国家从宏观上顶层设计以及制度上的保证，各证券公司经纪人制度只能是从管理和运营浅层次上进行探索，而从整个资本市场系统地进行改革创新才是经纪人制度创新的保证。

第七章　我国证券经纪人制度的缺陷分析

第一节　中国证券经纪人机制的缺失

中国的股票市场一开始出现的背景不是股票市场交易功能，而是建立市场经济新体制是为了解决国有企业融资问题。这就导致中国的股票市场并不是一个以证券经纪人制度为中心的股市体制。股票市场是一个以政府取向为中心的市场，其行政色彩很深厚，并没有形成由市场参与者自我调节的机能，更没有形成以证券经纪人为中心的市场机制。正是由于中国证券经纪人机制的缺失，导致中国证券经纪人结构不合理，功能不健全，证券经纪人制度建设出现了相应的缺陷。

一、场外交易市场的关闭导致萌芽中证券经纪人夭折

（一）取消场外私下交易，证券经纪人股票掮客的消失

20世纪80年代改革开放初期，中国经济刚刚开始复苏，为了解决国有企业资金紧缺的问题，国家允许企业通过发行股份来募集资金，股票发行是由股份公司自己直接推销的。到1988年以后，股票转让由证券公司和信托投资公司等中介机构承销。随着股票发行展开，转让股票就成为必要需求。最初是持股者自行寻找转让对象，到中国人民银行办理转让手续；转让价格为票面金额加活期存款利息，但实际的成交价格主要按照买卖双

方的意愿差价形成，或高于股票面值，或低于股票面值。由于缺乏固定场所、信息不对称、缺乏股票知识和其他因素，使股票转让成交的成本相当高，私下交易市场出现了。交易成本较高引致了股票掮客的产生。这是我国改革开放以来出现最早的证券经纪人。到1986年，经有关政府行政部门批准，股票在信托投资公司、证券公司、银行和财务公司等柜台上进行公开交易。1987年1月，中国人民银行上海分行出台了《证券柜台交易管理暂行办法》，规定股票必须在中国人民银行批准的证券柜台上进行转让或买卖。此时相关的金融机构开始在一定程度上充当证券经纪人的角色。与此同时，尽管自然人证券经纪人存在属于违法行为，但场外私下交易始终没有停止。政府对柜台股票价格设立涨跌停板限制，导致了场外私下交易股票价格与柜台股票交易价格存在巨大差价，以及同日同一股票在不同柜台交易的价差，也是场外私下交易繁荣的重要原因。这些股票掮客利用信息、资金和社会资源等优势，在有严格制度限制但又有诸多不足的股票交易市场中捕捉获利机会，或者自己倒买倒卖，或者代理客户买卖，从中赚取价差或佣金，实际上是充当自然证券经纪人的角色。

面对柜台交易市场与场外私下交易市场并存的格局，政府认为这种由自然人自主选择而形成的股市是非法的、不正常的，应予以坚决取缔和打击；由各柜台交易形成的股价差异也是不正常的，易于被投机或倒买倒卖钻空子，扰乱股市秩序，因此，应实现统一价格。1990年8月，中国人民银行上海分行明令取消场外私下交易，不允许证券机构给私下交易成交的股票办理过户手续。这样最初的证券经纪人股票掮客就逐渐消失了。

（二）清理整顿场外交易市场，自然人证券经纪人功能完全消失

1990年12月18日上海证券交易所开业、1991年7月1日深圳证券交易所开业。A股市场主要是以“发股”为中心，规定增量发股、存量股份不能进入市场进行交易，安排发行小规模的股票，这就导致A股市场是一个以政府取向为中心的市场，它不可能形成由市场参与者自调节的机能，也就不可能形成以证券经纪人为中心的市场机制。到1992年随着股票市场

的展开，自然形成的民间场外股票交易市场再度出现，如成都的红苗子市场，海口的街边市场等；同时由中央部门或地方政府批准设立的全国证券交易自动报价系统（STAQ）NET 系统和证券交易中心等场外交易市场也出现了。

1990 年 12 月 5 日，全国证券交易自动报价系统（STAQ）正式开始运行。STAQ 系统是一个基于计算机网络进行有价证券交易的综合性场外交易市场。系统中心设在北京，连接国内证券交易比较活跃的大中城市，为会员公司提供有价证券的买卖价格信息以及结算等方面的服务，使分布在各地的证券机构能高效、安全地开展业务。STAQ 系统本身属于非赢利性的会员制组织，全体会员大会是系统的最高权力机构，由全体会员大会选举理事会。STAQ 系统的日常事务由执行委员会主持。在当时，STAQ 系统的建立，推动了全国证券市场的发展，便于异地证券机构间的沟通。STAQ 系统在交易机制上普遍采用了做市商制度，在市场组织上采取了严格自律性管理方法。

NET 系统是由中国证券交易系统有限公司（中证交）开发设计，并于 1993 年 4 月 28 日投入试运行的。该系统中心设在北京，利用覆盖全国 100 多个城市的卫星数据通信网络连接起来的计算机网络系统，为证券市场提供证券的集中交易及报价、清算、交割、登记、托管、咨询等服务。NET 系统由交易系统、清算交割系统和证券商业务系统三个子系统组成。当时，在 NET 系统进行交易的只有中兴实业、东方实业、建北集团、广州电力、湛江供销、广东广建和南海发展 7 只股票，市场规模较小。按有关规定，凡具备法人资格且能出具有效证明的境内企业、事业单位以及民政部门批准成立的社会团体，均可用其依法可支配的资金，通过一个 NET 系统证券商的代理，参与法人股交易。

证券交易中心是在 20 世纪 90 年代初期的历史环境下，一些地方政府批设的。随着证券市场的不断发展，特别是上海、深圳证券交易所技术手段日臻成熟，证券交易中心原有的一些功能大为削弱，管理的问题和风险隐患逐渐暴露出来，主要有证券交易中心直接参与股票的买卖；挪用会员清算资金；从事房地产等实业投资；开展虚假的国债回购交易；开展场外非法证券交易等。这些问题不仅不利于证券市场的安全运行和规范发展，而且扰乱了金融秩序，蕴含着很大的金融风险。

1997 年，亚洲金融风暴席卷东南亚各国资本市场，受害各国金融体系几乎崩溃。尽管当时我国资本市场尚未开放，但当时的证券市场状况堪忧，监管部门认为非法发行证券和交易活动猖獗、场外交易混乱、证券公司大量挪用保证金、期货市场突发事件频频发生，严重扰乱中国金融市场。为防范和化解金融风险，1997 年 12 月 6 日，中共中央、国务院发布《关于深化金融改革　整顿金融秩序　防范金融风险的通知》。通知认为各地区和部门设立大量金融机构，股票、期货市场等大量存在违法违规行为，部分地方自行设立股票（股权证）交易场所，隐藏很大的金融风险，严重危及经济、社会甚至政治稳定，严重影响改革开放和现代化建设的进程，必须进行清理整顿。

清理整顿的对象和范围是 26 家证券交易中心及其投资设立的证券登记公司和 STAQ 系统。1998 年 3 月 25 日，在防范金融风险的背景下，国务院办公厅转发了《证监会关于清理整顿场外非法股票交易方案》，方案强调一些地区未经国务院批准，擅自设立产权交易所（中心）、证券交易中心和证券交易自动报价系统等机构，从事非上市公司股票、股权证等股权类证券的场外非法交易活动。这种行为扰乱了证券市场的正常秩序，隐藏着很大的金融风险，极易诱发影响社会稳定的事端。鉴此，国务院决定，彻底清理和纠正各类证券交易中心和报价系统非法进行的股票、基金等上市交易活动，严禁各地产权交易机构变相进行股票上市交易。到 1998 年底，全国 26 家从事股权类证券交易的证券交易中心和产权交易所（中心）全部被关闭。

到 1999 年底，涉及全国 18 个省市和 340 万名投资者的 41 个非法股票交易场所全部关闭，520 家企业全部摘牌。中央政府通过采取一系列措施着力取缔场外交易市场，从而，使股票交易市场置于政府直接控制之下。至此萌芽状态中的自然人证券经纪人完全消失了。

二、政策过度干预价格导致证券经纪人导向股票市场发展的机能缺失

（一）政府导向的股票市场发展

从美国等发达国家的股市来看，股票市场是由证券经纪人建立的，股票交易市场发展的导向主体应是证券经纪人。股票交易以“交易”为中心，而交易的执行和完成主要是由证券经纪人实现的，在交易过程中，证券经纪人首先为交易后果负责，因此，股市交易应由证券经纪人导向。在我国A股市场的发展中，几十年里不断受制于政策调控，政府部门的取向、政策和具体措施成为导向股票交易的主要因素，这也导致中国股市除了受全球金融市场波动等因素的影响，其价格走向很大程度上与政府导引或相关联。

（二）行政化形成的股市交易规则

在发达国家历史上，证券经纪人不仅创造了股票交易市场，而且制定了一系列股市交易规则。监管部门介入股市交易规则制定主要是从股市的公共性、维护投资者权益等角度依法进行股市交易监管。但是，中国A股市场自设立伊始迄今，交易规则基本是由交易所和监管部门制定的，券商至多属于征求意见范畴，因此，它们既缺乏制定交易规则的权利，也缺乏修改交易规则的机制，在很大程度上只能按照既有的交易规则从事股票交易活动。

（三）股票市场的融资目的

在中国股市20多年发展中，中国股市的定位就是一个融资场所。中国股票市场自设立之初就是有明确目的的。不管是最初的为国企脱困解决融资难问题还是如今的中小企业IPO，都带有明显的政策烙印，带有阶段性的政策意图。A股市场围绕“融资”这一中心而展开。因此，无论是监管部门、地方政府、企业还是证券公司、投资者等都以融资为股市的第一要能，以至于简单地以融资数量作为衡量A股市场发展程度的主要指标。似乎只要能够实现融资要求，股市的机能就基本发挥了，其他各项机能都是

次要的，为融资配套的。事实上，股市的中心机能应该是交易，这是股市的第一功能，无论从早期的中国股市，还是世界上发达国家和地区的股市，股市是在股票交易中形成并随着股票交易的复杂化而发展的，融资只是伴随着股票交易而发生的一种现象。由于中国股票市场的功能和目的始终摆脱不了政策的左右，所以注定了关于股票市场的相关政策只能围绕融资这一主题来展开的。

例如，2015 年度股市出现了暴涨暴跌的走势，上海综合指数从 2014 年 11 月 2400 点上涨至 2015 年 6 月 5178 点，涨幅高达 115%；暴涨之后出现了暴跌。2015 年 7 月 9 日上证指数跌幅 32%。2015 年中国股市上涨可以在政策导向上找到明显依据。2013 年底闭幕的十八届三中全会文件中对资本市场的改革有专门的规划，其核心内容是“提高直接融资比重”，这是资本市场改革的目标，“推进股票发行注册制改革”和“多渠道推动股权融资”是实现增加股权融资比重的手段和方法。在十八届三中全会结束半年后，国务院出台了《国务院关于进一步促进资本市场健康发展的若干意见》，这是落实三中全会关于资本市场改革的具体措施和方案，也是股市上涨的“催化剂”。该文件是 2014 年 5 月初出台的，1 个月后股价开始上涨。十八届三中全会之所以对资本市场确定了这样的发展战略，是基于中国国情的考虑。我国的实际情况是，居民储蓄率居高不下，资本形成却出现障碍，导致企业融资过度依赖银行贷款，而出现高负债率。尤其是以 2009 年为例应对全球金融危机之后，我国的企业负债率迅速增加。2013 年 12 月，中国国家资产负债表研究课题组发布的研究成果《中国国家资产负债表 2013》显示，2012 年中国全社会的债务规模达到 111.6 万亿元，占当年 GDP 的 215%。而且，2012 年以后这种趋势不仅没有改变，还在继续恶化。提高股权融资比重能够降低企业的高负债率。在债务总量不减少的情况下，通过发行股票的方式补充资本金无疑是降低企业负债率的最好途径。

总之，中国股票市场的交易价格的确定，很大程度上是受政府发展经济目标影响，而证券经纪人协助发现股票价格的功能基本不能发挥应有的作用。

三、建立单一交易所市场使证券经纪人机能完全缺失

（一）资本市场层次单一，交易品种和数量不丰富

我国资本市场从20世纪90年代发展至今，资本市场由场内市场和场外市场两部分构成。其中场内市场的主板（含中小板）、创业板和场外市场的全国中小企业股份转让系统（俗称新三板）、区域性股权交易市场、证券公司主导的柜台市场共同组成了我国多层次资本市场体系（见图7－1）。

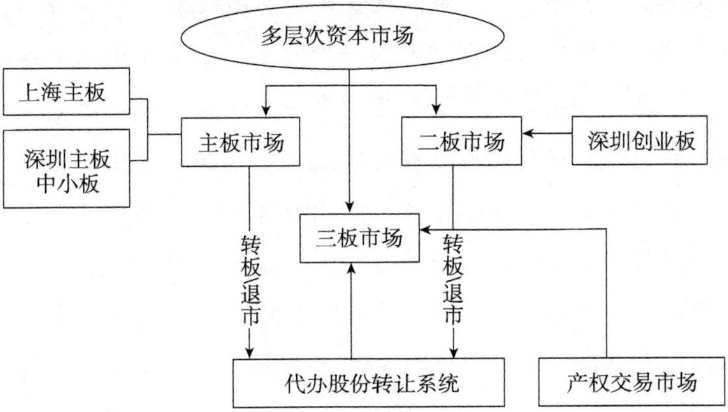

图7－1　中国多层次资本市场结构

与国外资本市场体系对比，中国资本市场体系的显著特点是市场结构不完善。中国资本市场是伴随着经济体制改革的进程逐步发展起来的，发展思路上还存在一些深层次问题和结构性矛盾，最突出的问题在于层次结构不合理。与成熟市场层次多样、板块有效连通互动的情况相比，中国股票市场结构过于单一，多层次市场体系尚未形成。目前，主板市场并未真正成为蓝筹股主导的市场，中小企业板尚处于发展初期，行业覆盖面窄；创业板市场则刚刚起步，成熟有效的场外交易市场（OTC市场）相对缺乏，代办股份转让系统则有待进一步健全和完善。在交易产品上，在大部分成熟市场和一些新兴市场上，交易所除进行股票、债券的现货交易外，还有股指期权、期货产品，以及大量的个股期权期货产品进行交易。认股

权证和备兑权证等结构性产品十分普及，交易所交易基金（ETF）增长迅速，资产证券化产品和房地产信托基金产品（REITs）也非常发达。相对来说，中国证券市场交易品种则过少。这种失衡的资本市场结构，不但难以满足各类投资者多样化的投资需求，并且限制了投资者根据自身需求和风险偏好进行资产配置的效率，而且对证券经纪人来说缺乏开展经纪业务的必要市场环境。

（二）限定代理股票交易的最高佣金使经纪人无法提供更多服务

佣金实际上是证券公司为客户提供的证券经纪业务的服务价格。价格是价值的体现，价格高低体现这项服务价值多少。市场供求关系决定了价格，因此佣金在市场主体也就是券商与客户之间是按照平等互利自愿诚信这些原则来制定的。只有由投资者与经纪人之间协议提供的服务价格，证券经纪人才有条件提供相应的服务。而我国是2002年5月1日起执行的由中国证券监督管理委员会、国家计委、国家税务总局共同发布的《关于调整证券交易佣金收取标准的通知》，该通知的第一条明确规定："A股、B股、证券投资基金的交易佣金实行最高上限向下浮动制度，证券公司向客户收取的佣金（包括代收的证券交易监管费和证券交易所手续费等）不得高于证券交易金额的3‰，也不得低于代收的证券交易监管费和证券交易所手续费等。"依据该规定，我国目前所实行的是最高限额内向下浮动的佣金制度，而非完全的佣金自由化。这实际上意味着，在代理股票买卖过程中，证券公司继续为客户提供增值服务的成本是不可能通过提高佣金得以补偿的，受此制约，此后的证券营业部"代理买卖股票"业务活动就基本上转变为"提供股票交易通道"，证券经纪人功能几乎完全消解了。

（三）运用"电子自动撮合交易系统"使证券经纪人机制难以成长

股票证券经纪人是以服务股票交易为职业的群体。在没有电子自动撮合交易的条件下，股票交易是由证券经纪人完成的。其主要程序是，股票买卖客户将他们的买方信息或卖方信息以某种方式告知证券经纪人，然后，由这些代理股票买卖的各个证券经纪人彼此之间通过以拍卖机制为基础的集中交易来实现各自代理的股票交易。在这个过程中，由于存在从股票买卖委托到股票代理交易之间的时空差，同时，证券经纪人又是通过提供股票交易服务来获得佣金收入的，所以，在股票种类繁多、交易方式复杂和市场竞争日趋激烈的条件下，不仅证券经纪人彼此之间形成了一定的专业分工和业务协作关系，而且每个证券经纪人也都从切身利益出发尽力为客户提供满意周到的服务。从提高服务质量、满足客户需求的角度看，证券经纪人发挥着寻找价格、增值和开发三方面机制作用。寻价机制，是从服务于客户利益出发，证券经纪人在交易市场上为客户寻找到某一确定时点上最好的买价或者卖价；增值机制，是证券经纪人努力通过信息处理、经济分析、走势预测和咨询服务等为客户提供增值服务；开发机制，就是证券经纪人通过开发新的投资品种、投资方式和投资机制来发掘和满足客户潜在的投资需求。但在运用电子自动撮合交易系统的条件下，证券经纪人的开发机制很难发挥。在A股市场实践中，尽管证券业界要求实行做市商是制度已持续多年，但在电子自动撮合交易系统中，由于无法进行双向报价，做市商是不可能形成的。此外由于大额交易的买卖信息是否输入电脑主机、由其撮合交易这一问题没有解决，使大额交易难以真正实现。

四、证券公司主导性主体导致经纪人制度机能缺失

在股票市场运行中，买卖各方的意向和要求，通过证券公司的运作而转化为“交易”，因此，证券公司的角色之一——证券经纪人应处于股市的中心地位，发挥导向功能。

（一）单一的通道式服务

根据《证券法》的规定，中国证券公司是专门从事证券经营业务活动的机构，未经金融监管部门依法批准，其他机构（包括金融机构）不得从事证券经营业务活动。综合类证券公司的业务范围主要由证券经纪、证券承销、证券自营和其他业务构成。股票的承销、经纪业务、自营和咨询等业务是证券公司的主营业务。但从证券公司的经营状况来看，在经营收入结构中，证券经纪业务的收入大多占主要地位，但利润却主要来源于证券

自营，券商的经营成本主要耗费在证券经纪业务方面。自营业务成为许多证券公司的首位业务，公司将主要资金与精力投入自营业务。中国证券公司并没有真实有效地发挥作为股市交易的中介作用。目前证券公司为投资者提供的更现实的服务就是“通道式”经纪服务。经纪服务应是券商的立足之本，也是各项业务延伸展开之源，但在A股市场中，经纪服务基本上仅剩提供刷卡敲单的通道服务。经纪业务本是各项证券业务创新之源，但在10多年历史中，证券公司很少从此出发进行业务创新。这种“通道式”经纪服务的状况，与A股市场的体制格局是密切关联的。在当前互联网技术迅猛发展下，如果政策放开对经营证券经纪业务的垄断，这种通道式服务就没有丝毫的竞争力。

（二）缺乏业务创新环境

在A股市场体制框架中，证券公司的机能发挥在A股市场模式中，证券公司经营业务的可运作空间十分狭窄。一方面是证券公司缺乏建立在专业化基础上的专门机能和专门技术，另一方面监管机构对证券公司开展的创新型专业化经营进行严格的监管。自营投资是证券公司利润的主要来源，但自营投资的成效在很大程度上取决于股市走势。受股市周期性影响，券商自营业务难以保证达到预期目标，由此出现坐庄操纵个股价格、挪用客户保证金、操纵市场、打探监管部门的政策动向等问题。券商作为金融机构，本来以分散风险为经营的基点，但在自营投资中却不断地制造风险和累积风险，走出了一条与原本业务定位相反的经营之路。

综上所述，证券公司本属股市的主导性经济主体，但受体制制约，它们从一出现就处于尴尬境地，不仅机能难以有效发挥，而且严重影响了中国多层次股票市场体系的建设，为此，要推进多层次股票市场体系的建设，就必须跳出A股市场的体制框架，放松对证券公司的管制，给它们更多更大地开拓股市业务的自主权，充分发挥它们的能动性和创造性，在市场竞争中，锻炼、培养和提高它们的国际竞争力。

第二节　证券经纪人制度的结构性与功能性缺陷

一、现有证券经纪人模式结构性缺陷

目前，我国证券经纪人制度结构性缺陷，主要表现在我国证券经纪人的类型单一，只存在法人型证券经纪人，而自然人型证券经纪人却没有明确的法律地位。我国现有的证券经纪人制度模式，是以证券营业部作为证券经纪人的载体，无论是营业部的客户经理，还是只签订劳务合同的经纪人，都是从法人的角度开展经纪业务，而自然人的法律地位没有在我国的《证券法》中明确，自然人型的证券经纪人无交易所会员资格，属非会员证券经纪人；介于会员与客户之间，成为依附于会员的“掮客”；靠佣金的再分配来生存。而单一的以证券营业部为主体的证券经纪人势必在证券经纪人制度上造成结构性缺陷。

我国证券经纪人制度实质上是一种证券公司主导型的法人模式（见图7－2），即证券交易模式为“投资者—证券公司（经纪商）—证券交易所”，在这一模式约束下，投资者首先选择证券公司，开设股票交易账户和资金结算账户，然后才能进行证券买卖。委托买卖时，无论是人工委托还是自助委托，都要先将委托指令传递到证券公司的营业部，由营业部受托代理后进入证券交易所的撮合成交系统。证券交易所一方面为股东设立独立的证券账户，动态反映每个账户的证券变动情况和托管余额；另一方面又按会员席位（证券公司）进行证券托管和资金清算。

从图7－2中可以看出，在我国证券交易流程中，当投资者需要买卖证券时，其委托对象是证券公司，投资者会通过证券公司的客户经理人员开立账户，填写委托单、撤单。所签委托代理合同也是投资者与证券公司，买卖成交与否，须由投资者自行查询。其程序上是客户—证券公司—证券交易所。在这里证券经纪人只起一个委托开户的中介人，而证券投资最重

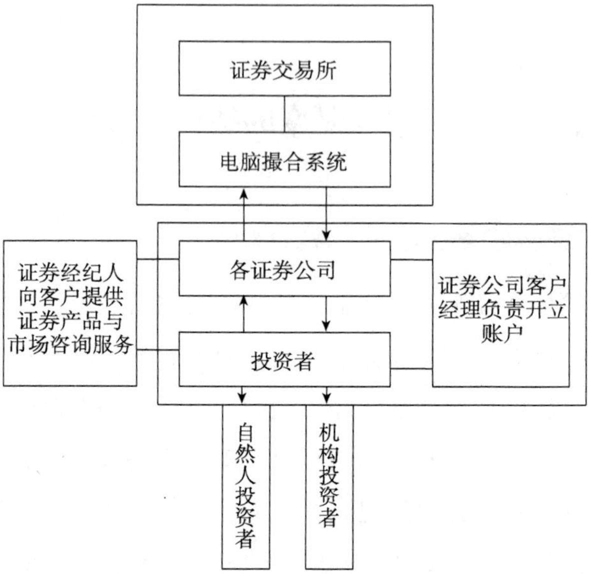

图7－2　公司主导型经纪人法人模式

要的环节，如其产品的介绍，市场与产品的咨询，则是由证券经纪人承担，而当下中国的证券经纪人无论是从法律规定上，还是从实际操作可能性，都不能完全承担这个责任。这是因为在这种模式下，证券经纪人与证券公司的关系是松散的，虽然投资人与证券公司之间形成了委托代理关系，但投资者与证券经纪人之间没有直接关系，证券经纪人与证券公司之间是雇员或是松散的关系。证券经纪人非证券公司正式员工，只负责客户营销与信息咨询，不负亏不分成，营业部主要根据证券经纪人负责管理的客户实际完成的交易量考核其业绩，并按一定比例支付报酬。证券服务产品的交易双方却又在投资人与证券经纪人之间，在清算上，又是证券公司与证券登记结算机构之间发生关系，证券公司再与投资者发生关系。

二、证券经纪人制度模式功能性缺陷

功能性缺陷表现在证券经纪人（法人）仅为投资者提供开户、委托、交割、资金清算等证券交易的基本功能，而缺乏为投资者提供投资咨询、投资策划、投资管理及证券信息等更高层次的服务功能。目前我国证券经纪人的功能表现在：代客买卖。这主要是以证券营业部为主体，主要以根据客户发出的委托指令，代理客户买卖证券，并提供相关的凭证的形式出现。虽然目前各证券经纪人都有自己的研发部门，但研发部门的研究结果的定位却不是为证券经纪人提供相关的业务支持。而对于客户的咨询和建议却是以证券经纪人为主体出现的，由于证券经纪人本身能力的限制，研究咨询的质量就要大打折扣。因此，此功能的缺陷导致证券营业部提供的服务远不能满足投资者的需求。

证券经纪业务是证券公司核心业务，是其主要收入来源之一，因此经纪业务服务质量是证券公司核心竞争力的重要内容和表现形式，提供高质量的经纪业务服务是证券公司保持持续发展的关键，要向投资者提供优质服务，让机构投资者和中小投资享受优质服务和保障基本权益。目前各证券公司提供的服务情况基本是四类。第一类是大券商提供的，将现场交易和非现场交易结合起来，同时附加咨询服务；第二类是网络经纪商（新型券商）提供的以网络交易为核心的非现场交易服务；第三类是中小券商提供的以现场交易为核心的低附加值服务；第四类是通过证券公司客户服务中心提供的服务。

（一）证券经纪人队伍数量与质量存在问题

目前，证券行业发展速度加快，人才发展环境日益改善，初步形成了梯次人才结构，但是当前证券行业人才发展整体水平与经济社会发展的实际需求和资本市场发展的日益国际化要求相比，还存在较大的差距，特别是从事证券经纪业务的人才队伍的数量与质量，存在非常大的问题。

1. 证券经纪人队伍规模不大

从数量上看，证券从业人员的规模与 A 股指数的涨跌和成效量有着明显的正相关关系，呈现较强的波动性，尽管 2015 年有很大的增长，但人员规模仍远远低于其他金融机构人数的增长。截至 2015 年底，中国证券业协会从业人员管理系统中共有机构 218 家，其中包括 8 家证券资产管理公司在内的证券公司 125 家，证券投资咨询机构 86 家，证券资信评级机构 7

家。全行业人员总数为 310288 人，比 2014 年增加 56987 人，同比增加 22.50%。

到 2015 年，证券公司注册人员总数为 290566 人，比 2011 年增加 10.99%。在注册人员中，取得一般证券业务证书的达 176666 人，占比 60.36%，较 2014 年减少 0.12%，比 2011 年减少 0.90%。取得证券投资咨询业务的（投资顾问）证书的达 33368 人，占比 0.11%，比 2011 年增加 83.02%，与 2014 年持平。取得证券经纪人证书的达 73214 人，占比为 25.01%，比 2011 年增加 95.47%，比 2014 年增加 1.91%。取得证券投资咨询业务（分析师）证书的 2350 人，占比为 0.8%，比 2014 年减少 0.39%，取得证券经纪业务营销证书的达 2415 人，占比 0.83%。较 2014 年减少 0.4%。2015 年底，既得投资者主办人证书的达 1482 人，占比为 0.51%，与 2014 年持平，取得保荐代表人证书的达 2870 人，占比为 0.98%，比 2014 年减少 0.12%。具体情况见表 7－1。

表 7－1　2014—2015 年注册从业人员类别构成情况

证书类别 \ 时间	2014 年		2015 年	
	人数（人）	占比（%）	人数（人）	占比（%）
一般证券类业务	145328	60.48	17666	60.36
证券投资咨询业务（分析师）	2866	1.19	2350	0.8
证券投资咨询业务（投资顾问）	29519	12.28	33368	11.4
证券咨询业务（其他）	266	0.11	315	0.11
证券经纪业务营销	2962	1.23	2415	0.83
证券证券经纪人	55503	23.10	73214	25.01
投资主办人	1214	0.51	1482	0.51
保荐代表人	2637	1.10	2870	0.98

注：占比即占当年从业人员总数的比例。

2. 证券经纪专业人才匮乏

证券经纪业务是以人力资本为核心的知识密集型行业，除了要求从业者具有深厚的证券投资理论知识，还要求从业者必须具备非常强的实践能力。从 2013 年以来，行业人才队伍专业水平在持续提高，但从存量来看，行业人才队伍的专业化水平还不高。具体情况见表7-2。

表7-2 2013—2015年证券行业人员结构情况（%）

时间	财会、经济、金融类	数学、统计类	法律类	企业管理、工商管理、公共管理	IT类	其他
2013	46.05	2.90	4.12	14.64	9.84	22.44
2014	45.93	2.95	4.20	14.66	9.95	22.31
2015	46.65	2.93	4.38	14.32	9.54	22.18

截至2015年底，行业境外工作经验的人才占比为2.08%，具有境外学习经历的人才占比为13.69%，整体来看证券经纪人队伍仍然较低，人才严重匮乏。

我国证券行业高学历从业人员、专业资格人员占比偏低，专业岗位人才短缺以及区域间人才分布不均等问题非常突出，真正的既精通证券业务、具有国际视野，又具备相应的管理能力和职业道德的专业人员和管理人员数量偏低，行业中高层次、创新型、国际化的人才比较缺乏，在财富管理、收购兼并、衍生品、资产证券化、场外交易、互联网金融、风险管理等创新业务方面存在着人才“瓶颈”。在证券经纪人专业背景上，近几年来，证券从业人员的知识背景主要是由财务会计、经济类、金融类专业背景的从业人员构成，占比46.65%。第一类人员主要是开展证券公司日常业务，提供一般性服务。第二类的是法律类人员占比4.38%，其他类占比22.18%，主要是为公司业务的开展提供支持服务。第三类是具有数学、统计学专业背景的人员，这一类是运用互联网技术，云计算和大数据分析，开发证券创新业务，创新产品和创新服务，但分别只占2.93%，IT类的占9.54%，这与证券公司利用互联网技术开展创新业务的要求是远远不够的，从2013年到2015年这一情况并没有得到较大改善。

这些情况的结果就造成了在证券公司内部管理过程中常常失控，证券经纪人也无法为投资者提供高质量的服务。从企业管理上看，证券公司为尽快扩展市场份额，每家证券公司的业务范围都基本雷同。这种全面开发的业务模式，无法体现证券公司的专业特征，也无法体现出证券经纪人的专业特征。受限于证券公司管理，证券经纪人无法向投资人提供独特的、专业化的中介服务，就无法在市场上树立自己的品牌。这种情况使投资人在市场上具体选择哪家证券经纪公司或哪个证券经纪人没有本质区别。

3. 证券经纪人才结构欠合理

从结构上看，证券公司分支机构对人才的吸引力比较差，人员在学历水平、展业能力与总部人员都有较大差距，严重影响着客户服务水平的提升，也制约着分支机构的业务转型。由于传统经纪业务的性质特点，对证券经纪人、客户经理的背景要求相对而言较低，随着经纪业务分支机构网点作为证券公司全业务平台的这一定位的逐步转变，分支机构从业人员的学历结构亟须改善。

到2015年底，在我国证券行业29万名注册从业人员中，硕士及博士学历人员仅占从业人员总数的22.26%左右，本科学历人员占56.81%，大专学历人员占20.86%。在证券行业六类从业资格中，一般证券从业资格人员占比达到了60.36%左右；而相对专业的证券分析师在全国只有2350人左右，仅占从业总人数的0.8%，投资顾问73214人，占比0.11%。具体情况见表7-3。

表7-3 2013—2015年证券行业人员学历结构情况（%）

时间	大专及以下	本科	硕士研究生	博士研究生
2013	25.21	55.66	18.22	0.97
2014	22.55	56.81	19.64	1.01
2015	20.86	56.81	21.30	0.96

从2013年到2015年，从业人员平均年龄为33.54岁，35岁以下从业人员占比约65%。数据显示，受2015年上半年市场行情影响，18岁至25岁的青年从业人员占比大幅提高，整体上降低了2015年从业人员的平均年龄。年轻人才占比的提升在一定程度上影响了人才队伍从业年限结构变化。近三年，从业1年以内的人员占比增加从2013年的9.56%上升至2015年的18.91%（见表7-4）。其主要原因一是行业良好发展态势吸引了年轻人才，二是我国资本市场发展历程较短，成熟经验人才供给不足，

人才需求主要依赖于各公司自我积累和培养，对年轻人才的需求也保持在较高水平。

表 7-4 2013—2015 年证券行业人员从业年限情况（%）

时间	1 年以下	1~5 年	6~10 年	11~20 年	20 年以上
2013	9.56	41.60	19.85	24.35	4.63
2014	11.85	37.34	21.75	22.12	6.94
2015	18.91	33.00	22.36	18.39	7.34

（二）证券经纪人人力资源管理水平欠缺

随着资本市场的发展和证券行业国际水平的提升，证券公司传统的组织结构和公司管理和风险控制模式也需要不断改变。证券公司总部与分支机构、不同业务之间缺乏必要的人员流动和有效的业务协同，不仅影响了证券公司整体创新能力的提高，也严重影响客户服务水平的提高。证券行业是典型的人才驱动型行业，人才成本占公司营业成本的60%，因此，在建立科学合理的薪酬体系、完善激励约束机制、提高人力成本投资有效性方面仍然任重道远。证券公司在整个人力成本投入中用于员工发展地投入人均为2000元，占有人力成本的1%。而2015年数据显示，证券经纪人在数量上占行业所有人员的25.01%，学历偏低，年龄偏小，需要证券公司更多地投入培养与提高其开展业务的水平。目前无论是从宏观层面还是微观层面，在人力资源管理上还存在很大的不足。

1. 经纪人与公司劳资关系不明确

目前，国内证券经纪人和证券公司签订的协议主要有两种形式，一种是和证券公司签订劳动合同，属于证券公司的正式员工，即客户经理。这种形式稳定性较强，不会因为业绩的波动而频繁跳槽。但这种形式的证券经纪人所占比例很少，往往是公司内部员工在原岗位上转化而成，主要工作为发展客户，有时兼任客户的理财顾问，开展一定的投资咨询业务，但不代理客户进行操作。作为正式员工，证券经纪人的收入除基本工资外，还根据管理的客户交易量提取一定比例的佣金。

另一种是和证券公司签订委托代理合同，接受证券公司的委托，代理其从事客户招徕和客户服务等活动，即证券经纪人。这种形式的证券经纪人，签订是的委托代理合同，和证券公司是委托代理关系，所占比例很大。它强调二者之间所建立的聘用关系只是两个法律主体之间的合作关系，不支付固定工资，或支付一定的底薪，甚至连基本的社会保险都不予办理，仅根据客户交易量提取不固定的提成作为劳动报酬。这使证券经纪人感到在公司没有地位，更没有归属感，造成了证券经纪人流动性大的结果。这些证券经纪人因报酬问题常常与券商发生纠纷，由于非劳动合同制导致证券经纪人责任度下降而引起的证券商的法律风险上升。

而证券经纪人是否以证券公司员工名义从事证券业务，证券公司其实很难有效控制。如果证券市场行情低迷，竞争激烈，证券经纪人为了获得客户，会大打佣金价格战，导致市场上的经纪人相互恶性竞争，甚至违规私自代理客户或指导客户进行股票交易。而广大投资者往往出于对证券公司的信任而放松了对证券经纪人进行识别的警惕，甚至有的投资者将证券经纪人与证券公司画上等号。因此，一旦客户与证券经纪人产生纠纷，几乎所有的客户都要求追究证券公司的责任。

2. 证券经纪人的业绩考核方式不合理

证券公司在与证券经纪人的博弈中处于强势地位，证券经纪人本身在未来发展方向的选择上并没有太多的话语权和选择权。证券公司的经纪人绩效考核方案中佣金提成比例可以随时改、投资者保有时间可以随时改（华泰证券和国信证券的每三年经纪人名下客户清零就是最突出的反面例证）、实行佣金递减政策、只注重资金量、交易量等硬性指标而很少对客户满意度、客户忠诚度、客户收益率等指标进行量化，只有短期激励而没有长期激励。“国信模式”对营业部的考核分存量和增量指标、管理指标、利润指标、市场份额指标。实行投资者增长量与佣金提成量挂钩的绩效测量方法，即每月都要有新增客户，否则连原来的客户都无法提成。国信证券对证券经纪人的考核指标经常变换而让人缺乏安全感，据统计一般两个星期左右变一次，最长不超过两个月。且强迫员工签订条款不明细的劳动合同，整个劳动合同上没有工资标准，没有工作标准，只有一句“一切条款遵守公司制度标准”，但是也没有相关公司制度附加在合同上。2008 年，国信曾出现优秀证券经纪人集中出走现象，而随着这些证券经纪人的离开，批量销户现象也随之出现。在现实的压力下，为了留住证券经纪人，国信的考核中出现了很多软指标，考核也逐渐趋向稳定。

3. 缺乏专业化、系统化的培训制度

证券经纪人供大于需，但高素质经纪人需求却无法满足。多数证券公司目前对所招聘证券经纪人的要求大多处于“拉客户”的传统观念之中，而忽略了为客户服务这一关键问题。很多证券公司虽然有强大的研究机构，但大多数经纪人整天奔波于开发客户之中，无法对那些专业报告进行研究。券商在培训上存在的主要问题是在营销培训上下功夫多，在专业知识上下功夫少；只注重上岗前的初级培训，甚至是仅仅以其通过证券经纪人资格考试为目的的培训。绝大部分的证券经纪人没有受过证券专业知识培训，对证券市场的基本知识、上市公司的财务报表、股市技术走势、图表分析等知之甚少，有些从业人员甚至连如何开户、股票买卖的程序也不懂，对变幻莫测的证券市场行情更是一知半解。这就导致证券经纪人的职业素质普遍不高，有的为了拉客户到别的营业部里“挖墙角”，甚至用恶语诋毁其他营业部。由于上述原因，证券经纪人难以为投资者提供充分合理的投资建议等服务，并难以吸引市场退出者和新的投资者。进一步而言，由于国内大部分证券经纪人的专业技能单一，专业水平有限，既不懂营销又不懂投资分析。使证券经纪人在进入市场前缺少对市场客户的细分，在开展业务时缺乏准确的市场定位，缺乏对客户的针对性，直接导致经纪业务被变成了代理业务。同时对客户的影响力和控制力不够，无法体现出证券经纪人的重要性，不能依据自己的专业优势有的放矢，造成开发客户能力弱，维护客户能力也弱的双弱局面，最终导致连维持基本生存都十分困难。

4. 证券经纪人收入制度存在明显缺陷

证券经纪人在与证券公司的博弈中处于弱势地位，本身在未来发展方向的选择上并没有太多的话语权和选择权。在业绩考核方式和内容上完全由证券公司决定。目前，对于证券经纪人薪酬分配有两种：无底薪只有提成、有底薪有提成。通常证券公司会走两个极端：或偏向证券公司，或偏向证券经纪人。部分证券公司特别强调自身利益，不愿与证券经纪人分享收益，制定的分配政策偏向严重，不利于证券经纪人，没有吸引力。部分证券公司则试图以规模取胜，制定的分配政策没有考虑自身的合理成本，给予证券经纪人较高的薪酬分配，不但损害公司，还给市场造成非理性的恶性竞争。

目前对证券经纪人报酬的支付方式主要是券商在收取客户全部佣金后再按一定比例将证券经纪人应提成部分划入证券经纪人个人账户。这是许多券商在招聘新的证券经纪人时比较愿意采取的形式，因为它没有增加额外成本，风险比较低，而且在推行之初往往也能取得一定的成效。但这种分配制度很难吸引到有成功潜力、但暂时没有客户资源的证券经纪人。一名新的证券经纪人，通常需要半年到一年的时间才能够完全靠佣金养活自己。如果在最初没有固定工资以保障其基本生活，他们也就不会进入这一行业，也难以培养有信赖感、归属感的证券经纪人。这种分配制度虽然能够吸引一些原来已经有客户资源的证券经纪人，但这些证券经纪人完全是依靠自己的能力或关系获得这些客户的，对券商没有信赖性，也缺乏归属感。

部分证券公司经纪人的收入也有以固定工资为主的，尽管达到一定交易量时也可以取得佣金提成，但所要求的交易量比较高、提成的比例比较低。这主要是券商针对原有员工转为经纪人所采取的一种分配制度，希望通过这种制度促使现有员工向主动开发客户、服务客户的证券经纪人转型。这种分配制度难以形成相应的考核、激励制度，实际上几乎是形同虚设。在这些证券经纪人看来，要想开发新客户很不容易，花了很多功夫，可能毫无效果，或只能取得很少的一点提成，还不如就只拿一份稳定的固定工资。

证券经纪人与证券公司员工相比地位较低，由于不是证券公司的正式员工，证券经纪人不享受证券公司员工薪金及福利待遇，在证券经纪人绩效考核内容中，佣金提成比例可以随时改、投资者保有时间可以随时改、实行佣金递减政策、只注重资金量、交易量等硬性指标，很少对客户满意度、客户忠诚度、客户收益率等指标进行量化，只有短期激励而没有长期激励。例如，某证券公司对其营业部的考核分存量和增量指标、管理指标、利润指标、市场份额指标。实行投资者增长量与佣金提成量挂钩的绩效测量方法，即每月都要有新增客户，否则连原来发展的客户都无法提成。对证券经纪人的考核指标经常变换而让人缺乏安全感，造成经纪人流动性非常大，也使证券经纪人队伍水平长期处于参差不齐的状态。

此外，经纪人的收入缴纳的税率相对较高。由于证券经纪人与证券公司签订的委托合同收入属于劳务报酬所得，证券经纪人其佣金提成收入并不算作工资收入，适用20%劳务所得税率，其中劳务报酬所得每次收入不超过4000元的，减除费用800元；4000元以上的，减除20%的费用，其余额为应纳税所得额。证券经纪人的佣金提成收入还要按照个体工商业者的计税方式来计算缴纳营业税，而营业税属于地税体系，各地的税率不同，有8%、15%、20%等多种税率。另外还有7%城建税，3%教育附加费，1%的地方教育附加费。很明显证券经纪人实际是领着工资性质的收入，却缴纳劳务费的高税率。同时展业成本的各种业务开支却没有办法在税前进行扣除。

5. 证券经纪人的绩效考核制度不合理

对证券经纪人的绩效考核制度的设计，需要对当前市场薪酬竞争水平进行充分的调研，结合证券公司自身状况以及业务发展的不同阶段来进行设计和实施，成熟而合理的薪酬体系是保证证券经纪人队伍稳定发展的首要条件。根据SIA（美国证券行业协会）的统计，2001年美国各证券公司向证券经纪人的平均分红率为42.9%，而2000年的平均分红率为37.6%，这从一个层面表明，当证券市场处于低潮时，证券公司则采取加大分红来吸引高素质的证券经纪人，从而稳定证券经纪人队伍。而国内部分证券公司在市场低迷时，却大规模地对证券经纪人进行裁员，或者采取佣金递减政策，抢夺证券经纪人的利益，导致大批经纪人流失。

（三）证券经纪人与职业操守较差

2015 年，证券市场大幅波动，证券行业的风险隐患不断暴露，违法违规事件时有发生，客户纠纷增加，一些证券公司和从业人员受到了监管部门的处罚，这一方面暴露了从业人员风险意识和风险管理能力的薄弱，另一方面也表明从业人员在利益面前要求加强客户服务意识，严守职业道德规范。根据中国证券业协会统计，2015 年证券行业新增超过 20% 的从业人员，多为应届毕业生，从事的岗位多是证券经纪人，或是证券经纪营销岗位，同时 65% 以上的证券公司在招聘员工时最看重的是道德素质。正是由于证券从业人员风险意识与职业操守较弱，导致证券公司的经营风险加大，同时严重损害投资者的利益。

（四）证券公司的经营风险加大

1. 证券经纪人身份不确定带给证券公司经营风险

证券经纪人的从业身份不确定，带来的主要问题是其法律责任不明。社会招聘的证券经纪人，由于其不是正式员工，并且在券商处也不领取工资，券商对其管理是松散的。证券经纪人在社会上开拓业务、发展客户时必然以某家券商的名义进行，但客户无法区分证券经纪人的性质。发生偏离委托人协议规定的行为时，其法律责任是由证券经纪人个人承担，还是由所在证券经纪人承担，矛盾非常突出。《证券法》规定了在证券交易中，禁止证券公司及其从业人员从事下列损害客户利益的欺诈行为，对于为牟取佣金收入诱使客户进行不必要的证券买卖的，如果证券经纪人发生上述情况，其作为侵权第一人，而券商则可能会承担一定的连带责任，证券经纪人作为个人其赔偿及支付能力是难以指望的。一般认为，证券经纪人的行为就是代表券商的行为，相应由这些行为所产生的经济和法律后果要由券商承担，这样就加大了证券公司的经营风险。

此外，全方位一站式服务是提升客户满意度的重要条件，对于证券公司各业务的大幅整合是非常必要的，虽然证券公司管理层对全业务链的战略已经达成共识，但证券公司内部协作和资源整合不足，公司管理层看重短期绩效目标，在业务管理、运行及考核，基本彼此割裂，围绕“客户为中心”进行业务协同、业务整合的理念不足，缺乏对各方利益有效的分配机制和制度安排。特别是协作收支没有反映在对外财务报表的“经纪业务收入”项中，无法反映经纪业务转型进展。

2. 佣金大战导致证券经纪行业恶性循环

目前，无论是大型综合性类证券商，还是中小型证券商，其经纪业务模式和经营内容基本雷同。以客户为中心的理念没有形成，证券经纪商没有把客户视为其经纪业务展开的“投资者群体”，只是从代理交易佣金和保证金数额等方面关心客户。证券经纪商的研发部门很少从经纪业务的客户需求出发，研究成果很少应用于经纪业务的客户，更缺少经纪业务创新。此外，我国目前仍实行相对固定佣金制，2002 年 4 月 5 日出台的《关于调整证券交易佣金收取标准的通知》规定，文件规定证券经纪人向客户收取的佣金，包括代收的证券监管费和证券交易所的手续费，不得高于证券交易金额 3%，也不得低于代收的证券监管费和证券交易所的手续费。随着交易手段的日益更新，特别是远程委托及网上交易以及券商为争夺客户而展开的激烈竞争，各种形式的佣金折让和佣金打折广告等，致使经纪商之间“佣金战”日趋“白热化”。大的经纪商不惜降低佣金，牺牲巨额利润，用以扩大市场份额，其“兄弟残杀”的程度难以想象。同时这也意味着在代理股票买卖中，证券经纪商为客户提供除交易通道以外的增值服务是无偿的，是不能通过提高佣金补偿的。受此制约许多证券经纪商代理买卖股票的业务活动基本上仅限于提供股票交易通道，经纪商与证券经纪人应有的为客户提供个性化的、智能化的功能就无法实现。

3. 投资者利益受到严重损害

吸引客户、扩大交易量是证券经纪人赖以生存的基础。而行业主管机关与券商都缺乏对证券经纪人管理相关的法规和法律依据，全国统一的对证券经纪人培训及资格认定体系也没有得到有效执行。由于证券经纪人面临生活的压力或利益驱动，往往会使证券经纪人不顾客户的利益和市场情况而向客户提供不真实的、不准确的信息或盲目交易，以获取高额的佣金。导致目前证券经纪人管理一直处于混乱状态，现有证券经纪人队伍良莠不齐，这就造成部分证券经纪人职业意识较差，只注重短期效益。这些都加大了投资者的风险。

许多证券公司仍然处于传统的粗放式经营模式中，单纯通过与证券经纪人佣金分成招徕客户的方式进行营销，不利于公司自身竞争力的提高，也不利于行业发展。证券经纪人的客户交易佣金成为维系证券公司与证券经纪人聘用关系的纽带。有的证券经纪人为了个人利益，大肆推介或代客买入股票，或频繁代客下单或怂恿客户多跑短线，以增加佣金收入。还有一些经纪人在代理客户较多的情况下，凭借资金实力操纵市场，成为市场的不稳定因素。而这些现象在比较成熟的证券市场，都是被明文禁止的，证券经纪人带来的客户中往往包括部分亲属、朋友等。基于这些特殊的关系，证券公司容易出现放松管理或疏漏，在不具备合法手续下，就允许证券经纪人操作客户证券账户和资金账户，严重时可能出现挪用和侵占客户资金的犯罪问题。

上述分析表明，现有证券经纪人制度存在许多问题，这就迫切要求证券经纪人拓宽服务功能，提高服务层次，以行之有效的方法适应投资者多方面和多层次的需求。只有通过建立多元化的资本市场，建立完善的证券经纪人法律体系，培育一支素质精良的证券经纪人队伍，为投资者提供全方位智能化的服务，才能使我国证券经纪人制度日趋完善。

第三节　证券经纪人制度的法律体系不完善

一、目前中国法律中关于证券经纪人制度的规定

（一）《股票发行与交易管理暂行条例》规定经纪人只可运作公开发行股票

与中国证券经纪人及证券经纪人制度有关联的最早的法规文件是 1992

年5月国家体改委出台的《股份有限公司规范意见》，文件对中国股权分置格局做了制度性的安排，将股票证券经纪人可能的动作空间放在了“公开发行社会公众股范围”内。在这一文件中，将股份公司划分为“定向募集公司”和“社会募集公司”两类，以股份是否向社会公众公开发行为标准，界定了股票是否可以入市交易。它通过将股份划分为“发起人股份”和向社会公众发行的股份，规定不向社会公众公开发行的股份不可入市交易，“公开发行社会公众股”应经过行政审批。这些规定将股票证券经纪人可能运作的空间挤压到“公开发行社会公众股”这一狭窄范围。

1993年4月22日以国务院第112号令发布的《股票发行与交易管理暂行条例》，是第一个以调整股票市场活动为对象的行政法规。这一法规直接规定了股票发行和申请交易的一系列条件和程序，是1999年7月《证券法》实施前最重要的股票市场规范性文件。在这个文件中首次明确了发股上市的行政审批程序。明确社会公众股应由证券经营机构承销。明确了股票应在经中央行政部门批准的场所内交易。由此，未经国务院证券委批准其他证券交易场所的股票交易均属非法，这就把场外市场的股票交易定义为非法。此外，它首次将股票公开发行与上市交易连为一体。这些规定，为规范当时的股票发行和股票交易市场起到了积极重要的作用，但同时也意味着，1992年以后刚刚抬头的具有证券经纪人特点的市场行为也随之消失了。这也是1998年清理整顿STAQ、NET等在内的场外交易市场提供的法律依据。

（二）《公司法》规定企业上市行为行政化导致经纪人缺少运作空间

1994年7月1日新中国的第一部《公司法》开始施行。这部法律在规范有限责任公司和股份有限公司相关行为的同时，对股份有限公司的股份发行、转让和上市也做出了规定。这对经纪人有重要影响意义，一是发行新股的行政审批制度。公司只要发行新股，就须进入行政审批程序，文件规定上市公司是指所发行的股票经国务院或者国务院授权证券管理部门批准在证券交易所上市交易的股份有限公司。根据这一规定，股票上市必须经由国务院或者国务院授权证券管理部门的审批，不是发股公司和证券交易所双方能够安排的。股票的发行与中介人完全没有关系。二是股票发行价格的行政管制。无论是公开发行还是私募发行，只要股票发行价格超过面值，均须由国务院证券管理部门批准，这就严重抑制了在非公开发行股票范围内，中介人和中介机构可运作的空间。三是股份转让场所的限定。条文规定股东转让其股份，必须在依法设立的证券交易场所进行，即必须是经“国务院批准设立的证券交易场所”。原来的是经过国务院、人民银行总行和省级人民政府批准设立的证券交易所、证券交易中心和 STQ、NET 等均属不合法的证券交易场所。这样，经纪人运作的空间大大减少。四是股票停止上市的行政审批。在公司股本、财务、利润等不符合上市要求的条件下，由国务院证券管理部门决定暂停其股票上市，在公司解散的条件下，由国务院证券管理部门决定终止其股票上市。从以上四个方面规定来看，这些内容几乎将公司发股上市的各主要方面都纳入了行政轨道，各项规定比《股份有限公司规范意见》和《股票发行与交易管理暂行条例》更加具体严格，把公司上市各个方面都纳入了行政轨道，在这种背景下，证券经纪人的活动空间非常狭小，证券经纪人机制几乎没有萌芽的空间。

（三）《证券法》缺失对证券经纪人功能与职责的确定

1999 年 7 月 1 日新中国的第一部《证券法》开始施行。这部法律第一次比较全面地规划了中国证券行业与市场的基本规范。系统且具体地确立了股票发行的审核批准制度，严格限定股票交易的场所和方式，确定了证券交易所的垄断地位，也确立了单一层次股票市场体系的法律框架，确立了单一现货交易方式的运行框架。通过法律制度，将证券公司人为地划分为经纪类和综合类两大类群体，似乎经纪类证券公司在资质上是比综合类证券公司低一层次的证券经营机构；使证券公司经营发展中的诸多事务实际上进入行政审批轨道。与前几个法律法规文件相比，这部《证券法》中首次提出了“经纪业务”一词，仅界定了具备法人资格的证券经纪人概念，联结客户与证券中介机构的自然人形态的证券交易证券经纪人尚未包括在法定范畴中。也没有提出“证券经纪人”的概念。把经纪业务定为一种简单且资质较低的证券业务。

（四）《证券公司监督管理条例》未规定证券经纪人与投资者关系

2008 年 6 月 1 日起实施的《证券公司监督管理条例》，是首次以文件形式明确证券经纪人的地位，认可了这一职业。

（五）《证券经纪人管理暂行规定》对经纪人向投资提供投资咨询服务未做规定

2009 年 4 月 13 日正式实施中国证监会制定的《证券经纪人管理暂行规定》，对证券经纪人管理中存在的法律地位、资格条件、行为规范、权益保护等问题进行了界定和解决。对于证券经纪商与证券经纪人之间的法律关系进行了明确界定：“证券经纪人，是指接受证券经纪商的委托，代理其从事客户招徕和客户服务等活动的证券经纪商以外的自然人。”对此有三层含义：首先，证券经纪人是自然人而非机构或团体；其次，证券经纪人是券商代理人，不是券商员工或居间人；最后，证券经纪人只是代理券商从事客户招徕和客户服务等活动，与客户发生法律关系的是券商而非证券经纪人。证券经纪人在证券经纪商授权范围内的行为，由证券经纪商依法承担相应的法律责任；超出授权范围的行为，证券经纪人应当依法承担相应的法律责任。此外，规定中提到证券经纪人可以从事的行为主要包括开户流程及相关证券法规的介绍，向客户传递由券商统一提供的研究报告、证券类金融产品推介材料等。但对证券经纪人提供自己富有个性的投资咨询是否合法未做出规定。对于投资者依据券商提供的研究报告进行投资决策可能发生的风险处理也未做确定。

《证券经纪人管理暂行规定》初步建立了证券经纪人资格管理制度。我国证券法明确规定了证券商设立时实行严格的审批制即特许制度，券商证券经营资格的取得必须经国务院证券监管部门的审查批准，主要管理人员和业务人员必须具备证券从业资格、有健全的内部管理制度、有固定的经营场所和合格的交易设施等，并在日常经营中接受证券监管部门的监管。《证券经纪人管理暂行规定》对证券经纪人的要求是必须具有证券从业资格、必须通过证券公司在中国证券业协会进行执业注册登记、取得由证券公司颁发的证券经纪人证书、要求证券经纪人只能专职从事此项业务，而不能以任何形式做兼职。

（六）与美国对证券经纪人制度规定相关的法律对比

上述五个法律法规文件出台于不同的时期，从不同角度对股份公司、股票和A股市场的众多事宜做出了一系列具体并有很强可操作性的规定，但它们都没有涉及作为股票市场中心内容的“证券经纪人”问题。与此对比，1933年和1934年美国分别出台的联邦《证券法》和《证券交易法》却不尽相同。美国《证券法》（1998年进行了重新修订）集中规范的是“什么是证券”“哪些证券属于豁免范畴”“哪些证券属于违法范畴”和“在哪些环节需要提供什么样的信息”等，并不具体规定发股上市在资本数额、财务状况、投资项目、持股人数等方面所需要达到的具体条件。在《证券交易法》中，具体规范了证券交易所、证券经纪人、证券商、证券交易委员会等主体的行为，明确界定了证券交易中各方的权利、义务和责任，具体安排了与证券交易相关的调查、听证、诉讼等程序，明确了对证券交易中违法行为的处罚。

美国《证券交易法》中规定：“‘交易所’一词，系指任何组织、协会或者数人组成的小组，无论其是否实行股份有限制，它们为了把证券买卖双方聚合在一起，或者发挥其他与证券有关的、由众所周知的股票交易所正常发挥的那些作用，而组成、维持或者提供一个市场或者设施（还包括由这样的交易而维持的市场和市场设施）。”这个定义，一方面明确了证券交易所就是实现证券交易的场所，不是由一种特定机构拥有的专有权（或垄断权）；另一方面，只要符合条件，无论是法人机构还是自然人都可以申请设立证券交易场所，因此，多层次股票市场体系可以自然形成。

美国《证券交易法》中规定：“‘证券经纪人’一词，系指任何为他人从事证券交易业务的人，但不包括银行”；证券经纪人不是买卖商，“‘买卖商’一词，系指任何通过一位证券经纪人或者其他方式从事为其自己买卖证券业务的人，但不包括银行，或者以个人的名义或者某种受托人身份只为自己本人买卖证券，而非作为一项常规业务的一部分的任何人。”在美国《证券交易法》中，“证券经纪人”是使用频率最高的概念之一，在“章”标题中有3处使用了“证券经纪人”（第8章、第11章和第15章），在具体条款中，有关“证券经纪人”的权利、义务和责任的界定更是比比皆是。有意思的是，在美国《证券法》和《证券交易法》中没有“证券公司”“投资银行”等概念，这也许可以给我们对证券经纪人的理解以更多的思考。

创造有利于证券经纪人之间竞争以及证券交易市场个主体之间竞争的法治环境。美国《证券交易法》强调“公平”“自律”等原则，将选择权交给市场，由此，让市场参与者去解决他们所能解决的各种问题。例如，美国《证券交易法》规定：“从《1975年证券法修正案》实施之日起，全国证券交易所不得制定其成员可收取的佣金、津贴、折扣或者其他收费的细目或者固定价。”这就为证券经纪人的增值服务以及与此对应的收费提供了市场运作空间。

二、证券经纪人制度法律法规存在的缺陷

2009年由中国证监会发布的《证券经纪人管理暂行规定》界定的经纪人是券商代理人，而非券商员工或居间人，将证券经纪人定性为“券商代理人”，证券公司是委托人，对经纪人与投资者的关系并未确定，这就导致了投资者、经纪商、经纪人之间法律关系不明确。目前国内对于证券经纪人的法规尚处于空白，对证券经纪人的任职资格、业务范围、权利和义务、与证券公司及客户之间的关系、职业道德和行为规范等均没有规定。一旦公司、经纪与客户间发生买卖纠纷，各方都无法找到法律依据来保护自己。

（一）投资者、经纪商、经纪人之间法律关系不明确

现有法律框架下，以个人或小团体形式存在的证券经纪人，其业务领域受到以下几方面的限制：首先，证券经纪个人不能代理客户进行证券交

易和结算。由于我国的证券市场发展起点较高，从一开始就实现了证券交易和结算的集中电子化，证券交易所仅接受会员单位报盘，并对会员单位实行轧差结算，客户买卖证券必须通过证券公司才能进行，而按照我国的证券交易制度，个人不能成为证券交易所会员，因此证券经纪个人无法实现代理客户进行证券交易和结算的职能。其次，证券经纪个人不能向客户提供投资咨询服务和财务顾问服务。新《证券法》第169条规定“投资咨询机构、财务顾问机构、资信评级机构、资产评估机构、会计师事务所从事证券服务业务，必须经国务院证券监督管理机构和有关主管部门批准”，而目前个人还未被允许开展证券投资咨询和财务顾问服务，因此证券经纪个人也不能向客户提供投资咨询服务和财务顾问服务。因此，在现有法律框架下，证券经纪人只能向证券公司介绍客户，为证券公司销售证券产品，不能向客户提供投资咨询和财务顾问等服务。而事实上，“理财顾问”功能是证券经纪人重要功能，而且这已经成为其核心竞争力之一。

从目前国内的情况来看，经纪人既依附于证券公司并与其形成了相互依赖的关系，同时又不是券商的员工。同时作为经纪人的需求者，经纪商不能按照对员工的方式来管理经纪人，由此形成了证券公司、经纪人利益割裂与目标不一致。证券经纪商仅对证券投资者提供通道服务，提供深层次的增值服务的功能缺失，造成二者利益割裂与目标不一致。鉴于目前证券经纪人制度法律不完善，使投资者、经纪商和经纪人三者目标不一、利益割裂，从而使证券经纪业务市场环境陷入一种恶性循环的困境中，这与证券市场合理规范发展的目标是背道而驰的。

（二）证券公司经纪业务的风险加大

在我国现行法律框架下，证券经纪人，特别是以个人和小团体形式存在的证券经纪人，其法律地位未得到确认，法律法规的缺失，还使证券经纪人制度面临着表见代理问题、劳动用工问题、税务问题以及损害客户利益的责任承担等一系列法律问题。

1. 证券公司经营风险加大

证券经纪人制度上存在法律上的表见代理问题，表见代理是民法中的一个概念，是指在无权代理情况下，行为人以被代理人的名义与相对人实施民事行为，由于被代理人与行为人之间具有一定的联系，在客观上足以使相对人充分相信其有代理权，民事行为的法律效果直接由被代理人承担的一种法律制度。证券经纪人特别是社会招聘的证券经纪人由于其不是正式员工并且在券商处也不领取工资，券商对其管理是松散型的。而其在社会上开拓业务、发展客户时必然以某家券商的名义、持有该券商的名片。如果对此限制或禁止根本不可能拓展业务，而一旦放开其对外从事的各种活动就存在表见代理的问题，即客户无法区分证券经纪人的性质，会认为证券经纪人的行为就是代表券商的行为。从目前实践中的证券经纪人类型来看，证券公司在实行证券经纪人制度时，不管是内部员工兼职的客户经理制，还是证券经纪人，都作为券商的代表对外开发客户和从事相关经营活动，所以证券经纪人专业素质的高低和个人道德品德的优劣直接影响到券商的声誉。证券经纪人在操作上出现问题，将会直接影响证券公司的形象，甚至产生复杂的纠纷。一旦证券经纪人与客户发生纠纷，相应由这些行为所产生的经济和法律后果可能要由证券公司承担。

2. 加大证券公司的经营成本

社会招聘的证券经纪人首先面临确立何种劳动关系的问题。一般做法是不签订劳动合同，也不支付固定工资（也有的支付一定的底薪），仅根据其客户的交易量提取不固定的提成作为报酬，基本的劳动保险都不办理。这些证券经纪人因报酬问题与券商发生纠纷通过劳动仲裁机关裁决时，由于各地地方性劳动法规的差异，对是否存在劳动雇佣关系的认定也会有所不同。例如，有些地方劳动监管机关认为只要向对方支付了劳动报酬，不管是固定工资还是其他形式就属劳动佣工关系，应签订劳动合同，并需办理基本社会保险；如未做到，会要求佣工方补办并给予相应的处罚，这无疑增加了券商的成本和风险。但有不少地方不按这一规定办理，证券经纪人就会受到损失。

3. 税收问题不清晰

证券经纪人的收入不是采取固定工资形式，不能按一般的做法计入成本。其收入是从券商的佣金收入中分成，这就涉及营业税和所得税的征缴问题。税务机关对券商收取营业税是按其收取的佣金比例为计税基数的。实行浮动佣金制后，券商可以根据各地的市场情况和客户的资金大小及交易方式，与客户协商确定佣金的收取标准，不再允许返佣而应实行明确的折扣佣金，这对券商来讲解决了过去因返佣而带来的多缴营业税的问题。但证券经纪人分成一定比例佣金后，就又涉及营业税的计税基数应如何确定的问题了。如果一家营业部的证券经纪人带来的客户交易量所占比重不大，就不会有太大影响，否则会直接影响其经营的效益。目前，证券经纪人提成这部分佣金是直接从应纳营业税基数中扣除还是先征后返，尚无明确说法，需各地券商与当地税务机关进行咨询、协调。券商交纳的所得税也存在如何确定真实所得额的问题。另外，给证券经纪人提取报酬后券商作为义务人还应代扣代缴其个人所得税。

（三）证券经纪人制度管理存在的缺陷

我国证券市场的监管体系是由中国证监会及派出机构、自律性管理机构、证券商自我管理等组成的。由于我国股票市场的交易制度建立时间较短，并且是以政府为主体推行的，使这个新兴市场在监管过程中存在许多不完善的地方。证券经纪人制度作为证券市场的重要部分，在监管方面同样存在许多问题。如政出多门、管理无序、信息披露制度不健全等，导致证券市场效率低下。

根据《证券法》规定，国务院证券监督管理机构应是中国证券监督管理委员会。但从现行管理体制来看，现实中的权力来源于国务院授权或委托。证监会在证券监管中的法律责任不明确，其监管职能难以得到充分的释放；证监会的主体行为没有最大限度地满足市场发展的客观要求，有时单纯地“关闭与撤销”，在一定程度上遏止了发展证券市场的发展。

现阶段的自律组织形式上由两个证券交易所及其证券登记公司、中国证券业协会和地方证券业协会组成，但实际运行中各方彼此独立，各有自己的会员且这些会员相互交叉。各机构负责人多是由政府机构负责人兼任，使该组织独立的职能作用得不到有效发挥。

证券交易所的一线监管作用不够。作为证券市场的组织者，上海、深圳交易所不仅管理机制不同，对市场监管力度也存有差异。由于市场竞争以及交易所与各自会员之间的千丝万缕联系，致使证券交易所在执行仲裁和惩罚职能时，常会出现偏袒与其亲近的会员的倾向。

（四）证券经纪人制度相关管理措施不到位

与成熟证券市场相比，我国证券经纪人制度刚刚起步，政府的监管能力、券商的管理能力和证券经纪人的整体素质还不高，还不具备让证券经纪人代理更多业务活动的条件，因此在证券经纪人的任职资格、专业素质、行为准则、佣金标准、风险防范等方面，还存在较多问题。如对证券经纪人的能力、素质未做出描述，对其进行分级、分类管理，也没有规定；对券商给予能力和素质较高的证券经纪人的授权范围，从事何种的业务活动都没有完整的规定；对于券商使用证券经纪人的用工比例限制、给证券经纪人的提成比例限制等都没有明确规定；而展业局域的限制在具体的规定中也比较模糊，只是提及要和券商的管理能力相匹配。由于与《证券法》及证券经纪人制度管理办法等没有配套的指导意见，造成后续的执行过程中出现较多问题。此外，诸如代理合同的文本格式缺失等，也会让券商的管理陷入进一步混乱；证券公司内部的证券经纪人体系管理，如组织体系、招聘体系、客户服务体系、日常管理体系、培训体系、绩效考评体系、风险控制体系还在进一步完善中。

第八章　建立以经纪人为主导的证券经纪人制度

第一节　我国建立证券经纪人制度的必要性与可行性

伴随着我国股票市场不断发展，证券经纪业务市场已成为证券市场最有活力的组成部分。面对证券市场的迅猛发展，不完善的证券经纪人制度逐渐成为制约我国证券市场健康和规范化发展大问题。

一、我国建立证券经纪人制度的必要性

（一）证券市场的规范发展需要证券经纪人制度

1. 证券经纪人制度将会培育理性投资者

证券市场的规范化建设，就是要通过建立健全法律法规体系，把证券市场参与主体的行为规范在法律法规的框架内。在证券市场发展中，证券经纪人作为有价证券交易双方成交的中介人，受过严格训练且注册专业人士，因而比普通投资者具有更强的法律意识与风险意识，当投资者通过证券经纪人进入证券市场交易时往往会比他们独立进入市场更加理性。此外，在证券经纪人撮合投资者交易时，也要让投资者尽可能全面地了解市场的法律法规，掌握必要的专业知识及交易技能，树立平和的投资心态。要达到这样的目标，只有建立证券经纪人制度，充分发挥证券经纪人培育市场、开拓市场、规范市场的功能，才能从体制上解决投资者的培育问题，最后达到规范市场的目的。

2. 证券经纪人制度能有效防范市场投机

制定与完善一整套的资格管理、注册制度以及行业自律等条例，可以从根本上杜绝市场上实际普遍存在的违规代理等不规范行为，进而从法律上保障证券经纪商、投资者以及经纪人的合法权益，促进市场向深层次发展。同时，证券经纪人的收益主要来源是佣金，而佣金的多少与其代理的交易额和投资回报率成正比，因此，经纪人为了自身利益的需要，必须利用基础研究与信息分析、风险控制和资金管理，为投资者谋取理想的投资回报。这一切无疑对防止盲目跟风，恶性炒作与过度投机都大有裨益。

（二）证券经纪业务的专业化发展需要证券经纪人制度

建设一个专业化、市场化、国际化的证券市场，需要高素质的证券经纪人，同时，证券经纪人的专业化服务又可以促进市场效率的进一步提高。

1. 建立证券经纪人制度有助于降低经纪业务的交易费用

证券经纪人制度的实施，能够为投资者提供专业化的服务，降低信息成本、代理成本、证券商的经营成本。

（1）降低信息成本。证券市场是信息高度集中的市场，掌握越多越准确的信息，投资就越容易成功，收益也将越大。投资者在证券市场投资有价证券，必须花费大量的时间、精力和金钱，学习相关金融、证券、财务分析等方面的知识，收集上市公司各种信息、证券市场的基本面、政策面信息等，并对上述情况进行汇总及分析。从全社会的角度来说代价是巨大的，如果投资者委托专业化的证券经纪人去代理交易，可节省大量的信息收集与处理成本。从这个意义来考虑，证券经纪人不仅可以提高市场效率，降低市场的运作成本，而且可以增加社会财富，推动社会进步。

（2）降低券商经营成本。随着网络技术的广泛应用，装修豪华的经营场所，对客户已失去吸引力，并且也无助于客户进行投资决策。证券经纪人制度的建立将有助于券商从硬件竞争转向软件服务，改善其服务功能，同时可以节省不必要的庞大开支。此外，证券经纪人制度的建立将明确经纪人的职能、权利、义务、行为准则、佣金、风险管理等。从而使代理行为变得相对简单、有序、明确，这样一来，最可取的是既保护了投资者的利益，又降低了代理成本。

（3）保护投资者利益。我国目前股票市场是一个极不成熟的市场，信息不对称问题也较为严重，表现在：上市公司与投资者之间的信息不对称、机构投资者与广大个体投资者之间的信息不对称、内幕消息人士与广大投资者之间的信息不对称。在以上信息不对称中，中小投资者处于极为不利地位，要解决以上信息不对称带来的种种弊端和证券市场低效率的状况，必须加强对证券市场的监管，并采取一些手段来帮助中小投资者解决信息不对称的问题，建立证券经纪人制度就是一种重要手段。

2. 实行证券经纪人制度将有助于培养理性的投资者

我国证券市场从发展初期到现在，证券市场的机构投资者偏少，证券经纪业务以中小投资者为主，显著特征是每天的证券交易笔数很多，但每笔证券成交额却很小。证券市场上的投资者仍然处于盲目、非理性的投资层次上。而培育成熟理性的投资者正是证券经纪人的功能之一。要改变市场效率低下的窘迫状况，必须尽早推行证券经纪人制度。

（三）证券市场的深层次发展需要证券经纪人制度

1. 提高证券经纪人竞争力的核心在于建立证券经纪人制度

未来的证券经纪人的竞争实力直接表现在，能为投资者提供一流的研究成果、高水准的信息咨询服务，对证券经纪人的研究实力、服务水平提出很高的要求。过去主要靠返还佣金、透支来争抢客户的时代将逐步成为历史。为适应市场竞争发展的需要，必须培育证券经纪人队伍，大力推行证券经纪人制度。

2. 证券业务创新与制度创新前提是建立证券经纪制度

证券市场是一个不断推陈出新的市场，我国证券正在经历金融创新的黄金时期，如创业板市场、融资融券、金融期货都已推出，此外，做市商制度、指数期货和期权等其他金融衍生品，也将步入我国的证券市场。这种源源不断的制度与金融创新，对证券经纪商、经纪人与投资者都提出了更高的要求。在这一充满风险的未来市场上，恐怕也只有证券经纪商与经纪人能迎接来自“创新”的挑战。

3. *多层次资本市场的建立呼唤证券经纪制度的完善*

建立多层次的资本市场将是我国证券市场长期的发展趋势。从资本市场中的股票市场而言，王国刚认为，新层次股票市场的体制，是一个由经纪人主导并以经纪人为中心的市场，不应是一个由政策导向以交易所为中心的市场；这一市场应保障经纪人和市场的各方参与者有着充分的选择权，并且每一主体都应为自己的行为后果承担经济责任乃至法律责任。建立一个与A股票市场相对应的新型交易市场，并与A股票市场有一定竞争关系的市场。设立新市场的目的在于：为成长型中小企业提供资本金需求的服务，培育中国资本市场中的经纪人机制，弥补A股票市场发展中经纪人缺位。发挥经纪人机能，积极开发资本市场的证券产品、交易方式、运行机制创新的潜能，有效推进中国资本市场的体制创新。

二、我国建立证券经纪人制度的可行性

（一）法律体系的形成为证券经纪人制度完善提供了保障

经过十多年证券市场的发展，我国对证券经纪人制度的立法制度进行了不断的探索。在2008年6月1日起施行《证券经纪人监督管理条例》中，第37条至第40条中证券经纪人开展证券经纪业务作出了规定。第38条规定：“证券经纪商从事证券经纪业务，可以委托证券经纪商以外的人员作为证券经纪人，代理其进行客户招揽、客户服务等活动。证券经纪人应当具有证券从业资格。证券经纪商应当与接受委托的证券经纪人签订委托合同，颁发证券经纪人证书”，明确对证券经纪人的授权范围，并对证券经纪人的执业行为进行监督。

2009年4月13日正式实施中国证监会制定的《证券经纪人管理暂行规定》，对证券经纪人管理中存在的法律地位、资格条件、行为规范、权益保护等问题进行了界定和解决。对于证券经纪商与证券经纪人之间的法

律关系进行了明确界定："证券经纪人，是指接受证券经纪商的委托，代理其从事客户招揽和客户服务等活动的证券经纪商以外的自然人。"对此有三层含义：首先，证券经纪人是自然人而非机构或团体；其次，证券经纪人是券商代理人，不是券商员工或居间人；最后，证券经纪人只是代理券商从事客户招揽和客户服务等活动，与客户发生法律关系的是券商而非证券经纪人。证券经纪人在证券经纪商授权范围内的行为，由证券经纪商依法承担相应的法律责任；超出授权范围的行为，证券经纪人应当依法承担相应的法律责任。

初步建立了证券经纪人资格管理制度。我国证券法明确规定了证券商设立时实行严格的审批制即特许制度，券商证券经营资格的取得必须经国务院证券监管部门的审查批准，主要管理人员和业务人员必须具备证券从业资格、有健全的内部管理制度、有固定的经营场所和合格的交易设施等条件，并在日常经营中接受证券监管部门的监管；《证券经纪人管理暂行规定》对证券经纪人的要求是必须具有证券从业资格、必须通过证券公司在中国证券业协会进行执业注册登记、取得由证券公司颁发的证券经纪人证书、要求证券经纪人只能专职从事此项业务，而不能以任何形式做兼职。

关于风险防范制度，我国《证券法》明确规定，证券经纪人必须从每年的税后利润中提取一定比例，具体比例由证监会确定的交易风险准备金，用于弥补证券交易的损失，这一制度的建立有助于规范证券市场的运行，保护广大投资者利益。

（二）经纪业务的主导地位为证券经纪人制度完善提供了平台

我国证券市场从1991年到现在已经有十几年的发展，在经纪公司开展的经纪业务、自营业务、承销与保荐业务、资产管理业务等各类业务中，经纪业务占主要地位，在收入结构中占50%以上。其中包括佣金收入和保证金息差收入。2007年券商的佣金收入达1000多亿元。随着经纪业务的集中度（CR），经纪业务的市场集中度也不断提高，具体见表8－1。

表 8－1　我国证券经纪业务 2007—2008 年二级市场集中度对比（%）

集中度	2007 年	2008 年
CR3	20.46	22.27
CR5	30.83	33.16
CR10	49.93	52.93

注：这里的经纪业务包括股票、基金和债券。

从表 8－1 可以看出，市场集中度在近几年持续提高，据新华财经资信评级部推出的《2008 年中国证券行业竞争力分析报告》统计，前 10 家券商营业数量合计达到 1298 家，占全部券商营业部总数的 37.9%。就交易量而言，2008 年经纪业务排名前 5 家和前 10 家的合计市场份额分别达 32.78% 和 52.56%，较 2007 年分别上升 3.80% 和 1.06%。这种状态为证券经纪人开展业务提供了前提，为证券经纪人制度的建立提供了平台。

（三）投资者结构的变化为证券经纪人制度的完善提供了条件

成熟资本市场的经验表明，只有机构投资者在规模上占有相当大的比例，才能起到稳定市场使其平稳发展的作用。因此，从倡导理性投资的角度出发，需要进一步培育机构投资者的队伍，壮大其规模，扩大其影响市场的能力。目前，我国市场投资主体结构继续优化，基金管理公司、社保资金、保险资金等机构投资者，逐步成为市场上重要的投资力量，他们的投资行为对股价波动会有较大影响。因此，机构投资者规模不断的扩大为完善证券经纪人制度提供了条件。

（四）新产品与新交易方式的出现为证券经纪人制度的推出提供了工具

我国股票市场正处于稳步发展时期，证券创新产品不断推出，使投资者更加依赖于经纪人。随着市场的发展，上市公司数量、总市值和流通市值、股票发行筹资额、投资者开户数、交易量都进入一个较快发展的阶段。沪深两交易所交易品种逐步增加，由单一的股票陆续增加了国债、权证、企业债券、可转换债券、开放式基金、封闭式基金、融资融券业务等。2009 年 5 月创业板正式推出，股票指数期货等金融衍生工具呼之欲出，使证券市场的投资品种更加丰富。无论是信息爆炸的速度与规模，还是股票市场快捷的变化节奏，都需要专业化、职业化的证券经纪人为投资者提供有针对性、个性化的委托理财服务。对于投资者来说，无论从证券市场专业知识，还是从时间与精力来说，理性的投资必须依赖于证券经纪人。

（五）证券市场规模的扩大为证券经纪人制度的确立提供了空间

截至2007年底，沪深市场总市值位列全球资本市场第三，日均交易量1903亿，成为全球最为活跃的市场之一。截至2008年底，中国共有证券公司106家，兼营证券机构即信托投资公司、财务公司以及金融租赁公司350多家，总计拥有2600多家证券营业部。证券交易的总市值为15412亿元，总资产1.7万亿元。全部证券公司总收入为2847亿元，利润总额1911亿元；中国证券登记结算公司的数据表明，中国目前A股账户有1.2亿个，而大部分的入市人群是在2007年入市，这一年两市共计新开户超过4000万户；2008年股票、基金、权证和债券的合计日均交易量1509亿，其中股票日均交易量1086亿。2009年第一季度日均股票交易量1600亿。从未来的发展来看，我国股票市场发展上升空间还特别巨大。如此规模的交易量，也为一批高素质证券经纪人的生存与发展提供了空间与舞台。

（六）网上交易规模化为证券经纪人制度的确立提供了技术保证

随着电子通信技术及网络技术的发展，网上证券交易以前所未有的速度发展着，国内券商纷纷推出自己的网站，以此来拓展业务领域空间，扩大市场份额。2002年3月中国证监会已发布关于《网上证券委托暂行管理办法》的通知，这是规范我国网上证券交易的行动指南。经纪业务的竞争从最初的营业部豪华装修到“微笑服务”再到佣金打折，最近的焦点则是交易终端的安全性、快捷性和便利性之争，如手机炒股、PDA炒股和网上炒股。

第二节　完善我国证券经纪人制度管理思路

证券经纪人在证券交易中的作用是由其特殊地位决定的。经纪人是通过代为客户买卖股票而获得佣金收入的中介人。这一含义规定了证券经纪人的地位和应有经济功能的发挥。在证券市场发展中，证券经纪人发挥了客户中心功能、风险防范功能、开发创新功能与维护市场健康发展功能。证券经纪人制度从宏观上看，是证券市场运行的一种制度性安排；从微观上看，是证券经纪人内部的一种制度性安排与设计，也就是人们设定的约束证券经纪人行为的规则与准则。因此证券经纪人制度安排必然涉及宏观方面的制度与微观上的规则与准则。

一、完善我国证券经纪人制度的思路

从本质上说，经纪业务是一种中介服务，因此，未来证券经纪人之间经纪业务的竞争将集中于研究和咨询方面，而不再是硬件环境和设备的较量。成功的经纪人模式必须要有正确的理念进行指导，树立“以客户为中心”的客户管理理念。“以客户为中心”的重要内涵就是要有长远的眼光，即不要只盯着眼前的短期收益，而要以获取长期稳定的收益来源为目标，并通过让客户资产稳定增长的途径来实现；券商应突出经纪人的营销功能，强调客户分类管理。要对客户实现个性化、差别化、专业化的服务，经纪人根据客户的投资特性、资金实力、文化背景、需求来帮助客户设计投资组合，提出有针对性的投资建议。如为客户提供持仓股票分析报告、个股投资建议、上市公司调研分析报告等，提供个性化的咨询服务。同时还要有相应的配套制度模式以保障服务方式的实现。要转向客户营销和客户服务的市场定位上来。在前台服务运作方式调整的同时，后台支持系统的构架也至为重要。在技术上，开辟和不断完善分别面向客户和面向经纪人的信息系统平台，在研究上，研究部门的内部组织结构和研究产品系列

也要围绕经纪人制度进行调整，以密切满足经纪人对外服务的需要。

二、完善我国证券经纪人制度的总体原则

建立证券经纪人制度的总体原则，应该是确立以证券经纪人制度为中心点的股票交易机制，在这一过程中，证券经纪人是收取佣金的中介人，必须要以保护投资者利益为出发点，最终建立有效的法律法规以及证券经纪人管理制度。

（一）确立以证券经纪人制度为中心点的股票市场新体制

我国建立证券经纪人制度应该放在建立多层次的资本市场中系统全面考虑，把证券市场的各项制度与证券经纪人制度结合在一起。建立证券经纪人制度的理念必须要与市场机制为主线，确立以经纪人制度为中心点的股票市场新体制，就是要确立以市场机制为主导的多层次、多样化的且充满竞争有活力的股票市场体系。新层次股票市场应是一个由证券经纪人主导并以经纪人为中心的市场，而不应是一个由政策导向以交易所为中心的市场。证券经纪人制度是实现交易机制多层次和灵活性的基本制度。其内在机理是，证券经纪人是一个多层次、多样化的群体，不同层次的经纪人服务于不同层次的股市供求群体，专业取向、专业技术不同的经纪人服务于股市供求群体的不同方面要求，因此，以这些经纪人群体为中心而展开的股市体系必然是一个多层次、多样化且具有竞争性和活力的股票体系。

（二）建立以保护投资者利益为核心的证券经纪人制度

在我国证券市场30年的发展历程中，作为我国证券市场提供资金支持的主要群体，投资者却一直处于信息弱势地位。这些证券投资者涉及面广，人数众多却分散，一般只能通过上市公司对外公开发布的财务报告来获得必要信息从而进行决策，而我国投资者相对没有发达国家的成熟，有关制度建设的相对滞后与信息不对称严重阻碍了投资者的利益。在证券经纪制度中，证券经纪人不仅是为交易双方充当中介并收取费用的商人，而且主要应向投资者提供证券投资的研究分析报告和咨询信息等服务。经纪人在产权关系上应该是独立运作、能够承担责任与风险、自负盈亏的经济

主体，要建立以注册经纪人为中心、证券经纪人承担有限或无限责任的制度，避免由委托代理理论和信息不对称所导致的种种对证券投资者有害行为的发生。这是建立证券经纪人制度的核心。

（三）建立有效的法律法规以及证券经纪人管理制度

在证券经纪人制度的理论基础委托代理关系两个层次关系中，投资者与证券公司形成委托代理关系，而证券经纪人又与公司形成了委托代理关系，经纪人与投资者之间没有权力与义务关系，三者之间没有形成利益共享、风险共担的共同体，这就导致投资者与经纪人之间脱节，在法律上必须明确二者之间的关系。在完善证券经纪人制度中要特别处理好证券经纪商、证券经纪人与投资者的法律关系，建立有效的法律法规以及证券经纪人管理制度。

第三节　完善我国证券经纪人制度法律法规体系

随着市场经济的不断发展与深化，多层次资本市场体系必然会形成。在资本市场制度建立与完善中，建立健全由经纪人主导的多层次证券市场体系，应是必不可少的，这也正是确立与完善证券经纪人制度的基础。证券市场竞争必然随证券业务的发展而愈演愈烈。因此完善的证券经纪人制度是保障证券市场有效运行的重要内容。规范和发展证券经纪人制度，必须建立完整、严谨的证券经纪人制度的法律、法规，以此作为证券经纪人制度健康发展的基础。

一、完善证券经纪制度的法律法规

在现有《证券法》的基础上，出台与之相配套的对证券经纪人注册制度、风险管理制度、分类管理制度、佣金管理制度等实施细则和相关法律就要注重现有法律法规之间衔接性，如《证券法》与《公司法》之间关于证券经纪人制度的规定应该相互衔接，《证券法》规定的法律责任，在

《刑法》《行政诉讼法》等法律作出相应补充规定。只有在相关法律的配合下，证券监管的法律手段在实际运用中才能奏效。

二、明确证券经纪制度的法律关系

建立现代意义的证券经纪人制度，就要在《证券法》中确定证券经纪人的法律地位，确定投资者、证券经纪商、证券经纪人三者之间的法律关系。在相关的法律条文中，对证券经纪人的定义应既包括证券公司（证券经纪商）也包括证券经纪人，给予证券经纪商及证券经纪人同等的合法地位，二者均受法律保护；同时也需界定证券商与证券经纪人的关系是雇佣关系，即证券经纪人只有成为证券经纪商的雇员，或与其形成了委托代理关系，才能取得证券经纪的执业资格，才能代客户进行证券交易。并随证券市场的不断发展，证券交易品种的日趋增多，证券经纪商和经纪人提供的服务才会日趋丰富。则投资者与经纪商、证券经纪人之间的法律关系也因经纪商和经纪人所提供的服务不同而有所不同。总之，明确证券经纪人制度的法律关系，不仅能够增强券商对客户的凝聚力，而且有助于证券业整体水平的提高，有助于证券市场优化资源配置的功能得到更充分的发挥。

三、制定不同层次的证券经纪人管理体系

建立由证券监管机构、证券业协会等自律组织、证券公司（证券经纪人）组成的三级管理机制。各级机构在证券经纪人管理方面所处的地位各异，发挥的作用不同。各级机构在证券经纪人管理方面所处的地位各异，发挥的作用也各不相同。

（一）明确证券经纪人的管理机构

由中国证监会全面负责规划证券经纪人制度，中国证监会、证券业协会和两个证券交易所要各司其责，制定自己管辖权限内的证券经纪人管理规则。由中国证监会制定证券经纪人管理条例，规定证券经纪人的资格认证制度、市场准入制度、证券经纪人的监管、证券经纪人业务范围等，并且制定处罚规则。证券业协会和证券交易所则根据法律法规制定相应的证

券经纪人协调、执行与监督细则。监督有关证券经纪人的各项法律法规的执行情况，对证券经纪人违规违法行为进行调查取证和查处。

证券业协会协助证券监管机构教育和组织会员执行有关证券经纪人的法律法规；监督检查会员所属的证券经纪人的行为，并对有违法违规的会员进行处分；接受投资者对证券经纪人的投诉并调解他们之间的纠纷。

在当前证券经纪人在法律法规方面的缺位问题短期内很难解决的情况下，行业自律、行业同盟、行业公约是现阶段解决证券经纪人制度诸多问题的权宜之策。

（二）明确证券经纪人协会职责

证券业协会和证券交易所协助证券监管机构教育和组织会员执行有关证券经纪人的法律法规，接受投资者对证券经纪人的投诉并调解纠纷。制定证券经纪人自律规则、执业标准，推动和参与监管部门制定有关证券经纪人管理法规。如制定相对统一的佣金标准，有利于经纪人队伍的稳定，避免经纪人的过度流动带来的券商间的恶性竞争。可推行客户知情权，就是让客户知道在其所开户的营业部里谁是该客户的理财顾问（经纪人），让客户明白理财顾问的责任、义务和权益。由证券业协会制定行业标准建立自律机构或行业同盟，配合协会开展证券经纪人培训、资格考试、执业注册。

还要培育和建立在中国证券业协会领导下的证券经纪人自律机构，发挥证券经纪人自律组织的重要作用。可以在证券经纪协会下面设立经纪人分会，对经纪人进行自律管理。证券经纪人协会应积极协助协会制定证券经纪人自律规则、执业标准，积极推动和参与监管部门制定有关证券经纪人管理法规；配合协会开展证券经纪人培训、资格考试、执业注册；建立相关证券经纪人的征信管理体系或数据库。为加强证券经纪人经纪合同的管理，针对当前证券经纪活动中存在的当事人权益得不到保障等问题，进一步规范证券经纪合同。可以由证券经纪人协会推出合同范本，并逐步推广。

（三）证券公司按照有关法律法规制定内部证券经纪人管理制度

中国证券监督管理委员会发布的《证券经纪人管理暂行规定》对证券经纪人的管理作了明确规定，证券经纪人是接受证券公司的委托，代理其从事客户招揽和客户服务等活动的证券公司以外的自然人，即证券经纪人不是证券公司的员工，是证券公司经纪业务的重要战略合作伙伴。因此证券公司要保证证券经纪人的合法利益，鼓励和支持证券经纪人的职业发展愿景，制订长期的证券经纪人管理规划和策略，培养能为客户提供专业化服务的队伍，才能保障证券公司经纪业务长期战略目标的实现。将证券经纪人纳入证券公司内部管理，有利于对经纪人培训、指导和监督。证券公司对录用的证券经纪人建立档案，客观翔实地记录证券经纪人在公司工作期间的市场表现、工作业绩、客户评价以及奖惩情况等。

第四节　完善证券经纪人制度中观管理体系

一、建立证券经纪人组织管理体系

建立有效的证券经纪人组织管理体系是保证经纪人制度的前提条件。在《证券经纪人管理暂行规定》相关规定的前提下，应制定相关的制度体系，利用先进的信息系统，建立具有高效执行力的管理架构，建立七大管理体系。将证券经纪人纳入证券公司整体管理范畴。如图 8 - 1 所示证券公司通过七大管理体系实现对证券经纪人的闭环管理。

二、确立证券经纪人的风险管理制度

证券经纪人业务风险产生的原因是复杂的，风险形式多种多样，造成的后果是严重的。为保护投资者的合法权益，维护证券市场的健康发展，应加强和完善证券经纪人的风险防范措施，建立证券经纪人的风险防范制度和证券经纪人赔偿制度。采用强有力的经济手段约束和规范经纪行为是一项重要的风险管理措施，它既有利于交易风险的防范，又有利于证券经

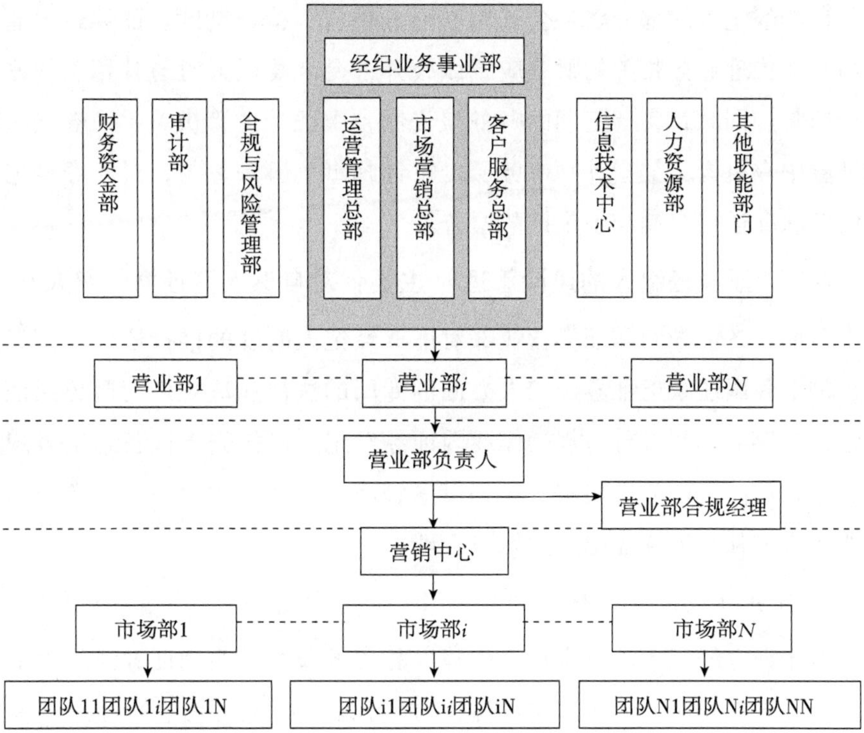

图 8-1　证券经纪人管理架构

纪人在经纪活动中提高自身的信誉度。可以采用以下几种方式：

（一）设立证券经纪人个人风险基金

每位证券经纪人都必须向证券经纪商的营业部或者指定的机构交纳一定的保证金，用于证券经纪人因工作失误给投资者造成风险损失时的风险赔偿。该基金主要来源于证券经纪人的佣金收入，即分月从个人证券经纪人佣金收入中提取一定比例存入其个人赔偿基金，作为个人证券经纪人的风险基金。

（二）设立证券经纪商风险管理基金

证券经纪商风险管理基金是用于券商因工作失误给投资者造成风险损失时的赔偿金。该基金主要来源于券商的佣金收入，即分月从券商的佣金收入中提取一定比例存入其赔偿基金，作为证券经纪人的风险赔偿基金。

实行证券经纪人的部分财务公开制和财务报告、检查制度。证券经纪业务中与委托代理业务相关的财务应予以公开，允许委托人对与其相关的账务进行监督。同时，实行定期的财务报告制，由证券主管机关、证券交易所和证券中介机构，如会计师事务所、审计师事务所等参与，对证券经纪人的财务状况进行定期与不定期的检查。

（三）证券经纪人的风险管理（主要针对自然人型证券经纪人）

目前，各证券商和证券营业部对证券经纪人制度的推行还处于探索阶段，加上我国还缺乏证券经纪人方面的专门的法律和法规，为避免因证券经纪人为谋取私利进行违规操作或因证券经纪人操作失误或疏忽给客户造成损失，从而给证券公司和营业部带来经济风险和法律风险，证券公司和营业部应加强对证券经纪人的风险管理。

1. 建立相关风险管理规则

对于证券经纪人的日常行为应建立相关的条文，明确证券经纪人的权利和义务，禁止证券经纪人的违法违规行为；并建立完整的客户交易档案，对证券经纪人的口头指令，详细地记录委托时间、内容；并建立监控系统，对频繁交易的客户账户予以审查，以确认证券经纪人的行为是否经客户同意。

2. 建立风险基金

为保护券商所持有的顾客的资金与证券，应设立风险赔偿基金，用于补偿因经纪人的过失而给投资者造成的损失，以保护投资者利益。赔偿基金的来源一部分由各证券经纪商和证券营业部根据客户资产按比例提取，另一部分来源于从证券经纪人的佣金提成中按一定比例提取，风险基金应由证券监管单位或地方证券业协会保管，证券监管单位或地方证券业协会可根据赔偿条例对投资者的赔偿申请进行鉴定和赔偿。若证券经纪人调离、辞职、死亡，从该证券经纪人离开工作岗位的第一天起一年内无投资者申请赔偿或对此申请无责任，从该经纪人佣金中提取的风险基金应归还其本人，并付一定利息。

（四）设立证券经纪人的民事责任制度

证券民事责任是指参与证券活动的民事主体违反证券法有关规定而应承担的民事法律后果。我国证券法直接涉及民事责任的规定就达 11 条之多，从具体内容来看现在涉及证券经纪人的民事责任的主要有以下两种：

1. 证券委托合同的违约责任

按照证券法规定，投资者通过证券交易所从事证券交易，必须委托证券公司来进行，因此，投资者与证券公司之间必然形成证券委托买卖的合同关系。在合同关系中，委托人与受托人均应按照约定承担法律后果，即承担民事责任。违反交易规则的，由所属的证券经纪商承担全部责任。

2. 欺诈客户的侵权责任

欺诈客户的侵权责任是指证券公司在从事证券经纪行为中，违反证券法设定义务给客户造成损失所应承担的赔偿责任。《证券法》第 73 条为证券公司及其从业人员设定了具体的法律义务；第 192 条对违反法定义务产生的侵权责任作了明确规定等。

总之，建立证券经纪人制度以后，我国对证券经纪人民事责任的规定是由所属证券公司和证券经纪人共同承担连带责任，这种模式要求证券公司必须精心培育证券经纪人队伍，并制定出一整套激励与约束证券经纪人的队伍。

三、建立证券经纪人执业管理制度

证券经纪人主要以自身专业知识、掌握的信息及社会信誉度作为资本从事中介活动的，因此，对执业人员素质要求非常高。为培养大批高层次证券经纪人才，建立证券经纪人执业制度十分重要。执业制度包括：

1. 对证券经纪人的市场准入实行注册制度

根据证券经纪人级别的不同，明确规定证券经纪人的注册登记条件和程序、资格审查内容、规定重新登记和注册登记撤销程序、规定注册登记的内容和时间等。

2. 证券经纪人资格培训

由证券业协会对证券经纪人进行资格认定。规定只有通过中国证券业协会或证券经纪人行业协会的特定专业测试者才能获得证券经纪人从业资格。参照国际成熟的经验，采取资格考试认定加经纪业绩记载的双重认定标准，考试和考核的内容包括职业道德规范、证券基础知识和相关的法律法规。通过立法规范证券经纪人的执业途径。即只有取得执业资格的证券经纪人才能从事证券经纪业务。

培训支持体系主要包括以下方面：上岗培训，即在正式执业之前，进行初次培训；综合知识培训，摆脱培训范围局限于专业知识过于狭窄的毛病，除在业务流程、技术分析等方面传授知识外，应在深层次的财务分析、会计知识等方面加强讲解，普及相关专业银行、保险、信托等方面的业务知识；持续性培训，适应不断发展变化的形势、市场和专业知识等；职业道德培训，对于证券经纪人应该增强职业道德素养和法律意识。中国证券业协会或经纪人分会和证券公司应主要承担培训工作。同时，证券公司也应加强内部研究力量，为证券经纪人开展业务提供强有力的后台保障。

3. 建立证券经纪人等级制和业务评级制

为提高证券经纪人的业务水平，应对证券经纪人所能从事的业务范围予以划分。根据证券经纪人业务水平的高低，将其评定为高、中、初等三个等级。高级证券经纪人信誉最高，业务水平最高，职业操守最好，获得该级的经纪人可从事委托代理、投资咨询和投资管理；中级证券经纪人可从事投资咨询与委托代理业务；初级证券经纪人只能从事委托代理业务。并根据证券经纪人状况随时进行级别升降。

4. 建立证券经纪人的档案管理制度

证券经纪商对录用的注册个人证券经纪人必须建立档案，客观翔实地记载其在工作期间的市场表现、工作业绩、客户评价以及奖惩情况，并在证监会指定的权威机构及证券经纪人协会备案，证券经纪商可以在该权威机构查询有关注册个人证券经纪人的相关信息。这实质上是建立证券经纪人的信用档案，有利于降低道德风险，减少交易成本。同时经常对注册个人证券经纪人进行信用评级，并在特定媒体上公布注册个人证券经纪人的信用评级情况。

5. 建立最低佣金保障制度

为了开发客户潜力和市场潜力，经纪人不断研究调查证券市场的行情变化趋势，在此基础上也要进行业务创新、服务创新和提高服务质量。固定佣金制不利于经纪人的这些业务的拓展与深化。在具体的投资活动中，不同的客户要求差别极大，经纪人可能提供的服务内容也不尽相同，这就要求不应实行统一佣金制度或最高佣金制度，而应实行最低佣金保障制度：其一，在代理客户进行股票交易中，便于经纪人根据客户委托和提供服务的差异，增加佣金数额；其二，只规定一部分最基本的经纪业务的最低佣金，其他的经纪业务则由经纪人与客户谈判商定。在交易佣金制度中，应改变按照交易额的一定比例收取佣金的制度，实行按照交易笔数收取浮动佣金的制度。

6. 建立证券经纪人业务评级体系

为提高证券经纪人的业务水平，应根据证券经纪人从事的业务范围划分证券经纪人等级。例如，参照证券经纪人业务水平的高低，将其评定为高级、中级和初级证券经纪人三个等级。高级信誉最高，业务水平最高，职业操守最好。获得该级的证券经纪人可从事全部的证券经纪业务，包括委托代理、投资咨询和投资管理；中级可从事投资咨询与委托代理业务；初级证券经纪人则只能从事委托代理业务。与此同时，将定期、不定期对证券经纪人的各个方面进行严格的评定，对其业务等级根据证券经纪人状况随时进行升降。

7. 开拓顾问型经纪业务和投资管理业务

还应适时扩大证券经纪人的业务范围，开拓顾问型经纪业务和投资管理业务。由于新技术的飞速发展和应用，以及投资者对专业化投资顾问的日益依赖，使证券经纪业务向智能化、咨询化方向转变。市场对证券经纪人的要求已经不仅是委托代理，咨询顾问的需求也越来越多。为此，首先应积极创造条件，逐步实现由以经纪业务为主向以证券咨询型业务为主的方向发展。通过高质量、全方位的咨询服务，逐步建立起系统完善的证券投资咨询业务体系，实现经纪业务的咨询化。其次，应在证券咨询服务的基础上进一步开展投资管理服务。

第五节　完善我国证券经纪人制度微观管理体系

2009 年 4 月 13 日正式实施中国证监会制定的《证券经纪人管理暂行规定》，对证券经纪人管理中存在的法律地位、资格条件、行为规范、权益保护等问题进行了界定和解决。这一法规在一定程度上规范了证券经纪人制度的发展，但证券经纪市场还处于较为混乱的状态。因此，从宏观的角度上看，中国证监会应尽快制定《证券经纪人管理条例》，让各级证券管理部门对经纪业务市场的管理和监督有法可依，有规可循。而具体地对于各证券公司来说，从现时激烈的经纪业务竞争和未来的发展前景去分析，亦势必逐步引入海外较为成熟的证券经纪人制度，以打破目前证券行业的经营困境。

一、证券公司搭建建立证券经纪人制度流程

从香港证券经纪协会总结出来的成功经验中可以看到，完善的经纪人制度主要涉及以下四个因素：经纪人的招聘、经纪人的培训、经纪人的管理、经纪人的分佣制度。

具体来说，首先应先在公司内确立证券经纪人制度的可行性，其次在公司的运作架构上进行改组，调整交易运作结构和管理。并在证券公司现有的架构下增设证券经纪部，由公司的一位负责人（交易董事）直接负责，设立经纪运作架构。

（一）经纪人的招聘

在确立了公司的运作架构后，下一步便要展开证券经纪人的招聘工作。在一般情况下，经纪人的招聘方法及来源有以下三种途径：一是公开招聘已有客户基础的在职经纪人；二是公司内部的工作人员经培训后转为经纪人；三是开设经纪培训课程，对外招生，从中选取成绩合格的学员聘为经纪人。上述三种招聘方法各有利弊，在证券公司刚设立经纪人制度时，第一、二种方法是最快、最便捷的途径，但从长远的发展目标来看，开设经纪人培训课程这一方法是较为理想和全面的。

首先，可以增加证券公司的知名度，扩大影响力。开设经纪培训课程，能够吸引一批对证券投资有兴趣的投资者参加学习，这些学员通过学习提高了金融证券知识和买卖证券的技巧，自然会介绍一些朋友一起参与学习或分享从经纪培训课程中学到的投资心得，对证券公司知名度的提高大有帮助。

其次，可以增加证券公司的客户来源。在经纪培训课程的学习中，由于学习场地就设置在公司的交易大堂，教师也由证券公司的交易董事担任，教材则加进公司的一些介绍和内容，对学员来说很有现场实习的感觉。因此，这批学员不管日后是否能成为经纪人，都极可能成为公司的客户。最重要的是，这些来参加学习的学员都是有志在证券行业发展或是对证券投资有兴趣的人，在成为证券经纪人后，本身就是公司的一个最稳定的客户。有资料显示，新入行的经纪人，其买卖股票的次数和金额，往往比一般客户更多更大。而且很快地，新经纪人会将他的亲戚、朋友、同学、同事等发展成为他的客户。从香港辉立证券有限公司的成功经验中可看到其开设经纪人培训课程的好处。香港辉立证券有限公司在近两年来总共开办了约 12 期经纪人培训课程，平均每班近 30 人中约 13 人成为辉立证券有限公司的新经纪人，前后近 150 多位经纪人共为公司带来近万名新客户。可以算到这些客户的股票买卖可为辉立证券有限公司带来多少经纪人佣金收入。

从上述两点我们可以看到，开设经纪人培训课程，无论是对吸引经纪人还是客户，都能达到双赢的效果。当然，开设经纪人培训课程最主要的目的，还是要为证券公司培养出一批合格、高素质的经纪人队伍，为证券市场的经纪业务服务。

（二）经纪人的培训

对经纪人的培训定位，应从提高素质和业务水平上升至提升价值的层面上来。当前的证券市场随着机构投资者队伍的壮大、规范化程度的提高，已经步入价值投资时代，越来越多的大众投资者受到自身研究能力和研究资源的限制回归弱势群体，投资者对高水准理财顾问的渴求也越来越强烈。在此背景下，对经纪人的培训定位就显得尤为重要，在基本培训的基础上，以提高经纪人的研究能力和识别能力为重点的培训，将有助于提升经纪人自身的价值。无论是通过哪种途径成为证券经纪人，证券公司都必须不断持续地培训经纪人，其目的在于更新经纪人的专业知识和提高经纪人的服务水平，同时要不断向经纪人灌输寻找客户的技巧。根据香港券商的经验，很多投资者看见开立账户的烦琐条文就已经打消了开户的念头；而证券经纪人面对诸多的证券规则和开户条文，亦难以很好地向客户解释开立账户和买卖股票的手续。因此，应制定出文字和图示配合的业务指南，清晰而简洁地说明客户开立户口及股票买卖的手续和程序。在这方面可参考保险行业对保险经纪人的持续培训经验。

对经纪人的培训，除了专业知识、找客技巧及服务水平，还应注意经纪人的职业道德操守问题，包括经纪人对个人客户及机构投资者的投资建议是否适当。当中涉及风险与回报、分散投资及资本增值等多方面的问题。

（三）经纪人的管理

经纪人队伍的管理既简单不易。其关键在于抓住证券经纪行业的特点，制定出《证券经纪人守则》，规范经纪人为客户买卖证券的程序和经纪人分佣制度，对经纪人的客户资金进出、证券交割及经纪人为客户提供的投资建议范围作出严格的规定，杜绝可能出现经纪人为求自身利益而损害公司及客户利益的行为。同时，鼓励所有的现职经纪人参加全国“证券业从业人员资格考试”，获取中国证监会颁发的证券业从业人员资格证书，并在公司聘用、职位晋升等方面作出明确规定，充分调动经纪人的工作积极性，为公司创造更多的利润。

（四）经纪人的分佣制度

证券公司和营业部对证券经纪人的考核，是证券经纪人管理中一个必不可少的内容。对证券经纪人的考核由当前的券商单因素考核逐步发展为券商客户双因素考核。目前对经纪人的考核主要是考虑券商因素，即以净收入为主要考核指标，追求的是券商利润最大化。但券商利润最大化的时候，客户利益不一定有保障，难免出现券商利润最大化的实现借以牺牲客户利益为代价的情况。

证券公司和证券营业部对经纪人的考核要全面客观，首先从市场开发能力，即自行开发客户的资金总额。其次从创造效益的能力和盈利能力，考核经纪人累计代理客户的月交易总额及佣金总额，考核所代理客户的综合盈利水平及客户资产的增值幅度。再次可考核经纪人的服务质量和工作态度，即对客户服务态度与服务水平的综合评价，以及公司或营业部同事对其工作态度及组织纪律等方面的综合评价。最后是考核经纪人的研究和创新能力，即对新业务的研究和思维的创造能力以及综合素质的整体评价。

二、确立专业化的客户关系管理制度

证券投资客户管理是以客户为中心，以客户关怀为经营理念的管理机制。证券经纪人客户服务系统是指采用信息技术对证券公司所积累的客户数据进行整理、分析和处理，识别不同客户的特征和偏好，并以此为依据为客户提供与其特征和偏好相匹配的信息，满足客户的需求，在经纪人制度建设中，客户服务体系的建设有着极其重要的意义。

（一）建立客户服务体系的要素

细分客户、向客户提供个性化的服务、完善服务系统将是证券营业部优化资源配置、提高服务效率及效益的三大核心要素。首先，对客户进行分类是建立客户服务体系的前提，从目前的现实情况来看，客户的资产规模、客户交易量是细分客户的直接标准。通常营业部按照客户贡献度、资产规模和开户时间对客户进行分级，分为核心客户和普通客户等类型。所有级别的客户享受同等的基础服务，包括及时行情及交易通道、免费的基础资讯产品、免费的基础信息咨询服务，如客服中心。不同级别的客户享受不同的关怀服务，高端客户还可以享受其他财富管理服务，如参与阳光私募产品、PE/VC 投资机会、艺术品投资等。其次，能够为客户提供以上服务的前提是建立一个研发平台。研发平台是证券客户服务体系的核心，每个服务系统都与其密切相关，其研究质量和数量也直接影响整个服务体系的服务质量。应以总公司的研究所为主开展研发产品，同时协助证券营业部做好研发平台的建设。最终以经纪人为桥梁，依托研发平台为客户提供这基础和增值服务。最后，提供个性化服务是建立客户服务体系的目的。客户投资的个性化特征，主要包括客户入市的历史、投资时间及精力、历史操作记录、风险偏好、操作频度等多方面因素。证券公司只有为投资提供适合他们自身投资特征的客户服务体系才能确立竞争力。

（二）确立客户服务体系的组织架构

一个完善的证券经纪人客户服务体系的组织架构包括总部和营业部两个部分（见表 8 -2）。

1. 总部层级及服务功能

涉及证券经纪人客户服务的总部部门一般包括客户服务主管部门、证券经纪人主管部门、信息技术部门、总部研究部门以及风险管理部门等多个部门。

表 8 -2　客户服务体系组织结构

部门	工作职责
客户服务主管部门	负责建立健全公司证券经纪人客户服务管理相关制度，规划公司整体的客户服务体系，为证券经纪人客户提供标准化资讯服务，指导营业部、证券经纪人落实相关客户服务管理工作，建立客户的投诉处理及责任追究机制

续表

部门	工作职责
证券经纪人主管部门	负责指导营业部对证券经纪人客户服务行为进行规范，负责组织证券经纪人参加客户服务技巧方面的培训，指导营业部组织投资者教育活动，提出证券经纪人客户服务系统的建设需求，并对证券经纪人客户风险进行监控等
信息技术部门	负责呼叫中心系统、证券经纪人客户服务系统以及证券经纪人执业合规监控系统的建设以及维护
公司总部研究部门	主要负责宏观分析、证券市场投资策略、行业以及上市公司的研究等，之后输出研究报告，并将研究成果转换为容易被客户理解的资讯产品。证券经纪人通过证券经纪人客户服务系统获得公司资讯产品，将其传递给所服务的客户
公司风险管理部门	负责监控证券经纪人客户服务的合规状况，并组织营业部做好证券经纪人客户服务过程的风险管理，切实保护客户合法权益

由公司总部研究部门提供以下服务：

（1）对所负责的行业和上市公司持续进行深入研究和分析，建立完善的行业研究体系，并形成行业研究报告和公司研究报告；

（2）捕捉行业投资热点方向和市场机会，为投资者提供专业投资建议；

（3）洞察资本市场发展趋势，对二级市场短中线运行趋势进行预测，并给出明确可行的操作策略，为投资者提供全面的投资策略建议；

（4）深入研究区域、行业轮动和股票估值，对大类资产配置提出系统配置方案；

（5）准确把握市场热点和资金动向，明确提出操作建议；

（6）为客户提供有针对性的、适合投资者需求的资讯产品，并负责公司资讯产品的传导、推广；

（7）为客户提供专业化、差异化、个性化的投资咨询服务；

（8）开发营业部存量客户、潜在客户成为财富中心签约客户，提升客户满意度、为客户制造价值。

2. 营业部层级及服务

营业部是证券经纪人客户服务管理的前端，主要由营业部客户服务部门和证券经纪人为客户提供服务，风险管理岗位负责营业部客户服务合规状况的监控。营业部根据公司相关制度，为客户提供的服务与总部层面的侧重点有所不同。总部层面能提供更多的标准化的服务内容，而营业部和证券经纪人更贴近客户，证券经纪人充当信息枢纽，根据投资者的风险特征和投资特点，利用证券经纪人客户服务系统，为客户统一提供公司的资讯产品。为提高证券经纪人客户服务质量，营业部要为证券经纪人的客户服务工作提供培训，组织证券经纪人落实客户服务和产品销售。

3. 制定客户服务管理体系制度

为保证证券经纪人客户服务活动有章可循，保证证券经纪人客户服务活动的有序性和合规性，证券公司应建立统一规范的客户服务管理制度。

首先，制定证券经纪人客户服务管理办法等基础制度。对证券经纪人客户业务办理流程、客户调查、投资者教育、客户的认定与维护、客户权益保障机制等方面作出了明确规定。

其次，制定经纪业务客户回访管理制度。无论是从质量控制要求，还是从合规执业的要求，证券公司及其营业部都需要从客户方面获得证券经纪人客户服务的信息。经纪业务客户回访管理制度是连接公司总部、营业部与客户三者间的信息传递和反馈通道。

最后，确立客户风险偏好分类管理办法。由于投资者的风险偏好不同，同一产品或者同一服务并不一定适合于所有的投资者，证券公司及证券经纪人必须为客户提供适应性的产品和适当性的服务。做好这项工作的前提是做好客户风险偏好分类。为了做好客户风险偏好分类工作，客户风险偏好分类管理办法通过对客户进行风险承受能力评估，根据客户的风险偏好进行客户分类，进而根据客户类型实施客户分类管理，使公司和证券经纪人更了解客户，从而向客户提供适当性的服务。

4. 搭建后台系统支持

为达到证券经纪人客户服务体系建设目标，证券公司应搭建强大的信息系统通过系统实现提高客户服务的效率。主要包括以下几个后台支持系统。

（1）证券经纪人客户服务系统

总部研究团队和客户服务团队将研究结果转化为客户容易理解的资讯和咨询信息，在证券经纪人客户服务系统中统一集中发布。证券经纪人通过登录该系统，访问相关资讯和咨询信息，并通过该系统将满足客户需要的资讯及咨询信息发送给客户。证券经纪人客户服务系统记录证券经纪人信息发布的过程及信息内容，总部证券经纪人主管部门及风险管理部门通过系统分析监控证券经纪人客户服务数量、质量及合规性。

证券经纪人客户服务系统为证券经纪人发布信息提供了多种畅通的渠道，如短信、电子邮件、公司网站内消息等。此外，证券经纪人还可以添加潜在客户，通过系统可以向潜在客户发送资讯、信息，也可以通过配置周期性事务给用户发送提醒，如生日关怀、重大事项提醒等。证券经纪人客户服务系统作为连接证券经纪人与客户的重要平台，证券经纪人可在该平台上查阅客户开发情况，总结客户开发和服务的经验等，并可查阅自己的客户服务记录以及相关的奖惩记录等。

（2）呼叫中心

为向客户提供标准统一的客户服务，集中管理营业部的客户服务活动，证券公司可建立呼叫中心。呼叫中心在客户服务体系中主要承担标准化服务、客户回访以及客户投诉受理和处理的职责。证券公司的客户数量是很大的，如果对每个客户都提供“一对一”的服务，服务成本会很高，而且现有的证券公司服务人员也满足不了这么巨大的客户群体的个性化服务需求。建立呼叫中心后，服务的流程标准化，服务的产品标准化，服务的手段也标准化，大大提高了服务的效率，使有限的服务人员可以为数量庞大的客户群提供标准统一的服务，如统一的资讯、信息配送等。为对证券经纪人服务不满意的客户，可以向证券公司的呼叫中心进行投诉。

（三）搭建客户服务体系的平台

通过建立客户服务体系将证券营业部对客户的服务做到内容个性化、服务标准化，使整体服务流程可控、过程可监测。证券经纪人客户服务系统一般包括如下平台：

1. 客户平台

一般而言，客户管理平台包括客户信息管理、客户开发管理、客户有效分析、合同与协议管理和竞争对手跟踪。客户信息管理主要是建立和维护客户的详细信息，利用分析模型统计分析客户数据，了解客户概况、账户信息、交易信息、持仓情况、客户评价（如价值、偏好等）、客户调查结果。客户开发管理主要是管理客户开发过程，包括销售机会的产生和确认、销售机会的跟踪以及相关活动等。客户分析是通过对客户信息进行多层次、多维度的综合分析，对现有客户群体进行分类、统计与报告，发现核心客户，细分客户群体，挖掘群体账户、持仓与交易行为特征，通过不同类别群体间指标分类比较，归纳指标间的关系，发现内在规律，为决策提供定性与定量依据。

2. 证券经纪人管理平台

证券经纪人管理平台主要为实现对证券经纪人的规范化管理与考核提供支持。其功能应该包括证券经纪人绩效评估和成本分摊管理，主要是提供对证券经纪人所服务客户的客户结构、利润贡献、账户盈利或亏损面及账户周转率等分析数据，以及证券经纪人对客户服务的量化信息，完成对证券经纪人业绩和服务质量的评估，为营业部制定各种不同的证券经纪人管理策略提供依据。为证券经纪人在业务流程中获得经纪业务后台各方面的支持。

3. 资讯管理平台

资讯管理模块主要实现统一平台、统一资讯、统一发送渠道的功能。证券经纪人在为客户提供资讯服务时，只能通过客户服务系统发送相关的资讯。资讯主要来源于第三方数据库、证券公司研究所、证券公司客户服务部门。资讯由公司统一管理，发布也必须有相应的审批流程，保证发送到客户服务系统上的资讯为证券公司统一提供的。证券经纪人可利用客户服务系统的标准化资讯邮件、短信、站内消息等方式向客户服务。

（四）通过增值服务提高经纪人服务质量

证券公司经纪业务为投资者提供的增值服务主要有通道服务、资讯服务和增值服务。

1. 增强基础服务精准度

基础服务包括通道服务和资讯服务。通道包括开户、交易及后续服务等物理通道服务。通道服务的质量、效果取决于服务辐射的半径、速度及便捷程度。证券公司应保证交易通畅、快捷，特别是行情火爆时委托、撤单、查询、成交回报不能出现延时情况；客户有疑难问题时能在第一时间联系到营业部或总部客服中心的工作人员，能得到及时回复、解决；能及时得到重要的基础信息，如权证行权、配股、新股申购与上市、加息等，通道服务属于投资者的基础需求，也是所有证券公司都能提供的基础服务，是公司为各类客户提供各种服务的桥梁和纽带。属于同质化的服务，与证券公司的规模、实力无关，多数证券公司差异不大。

资讯服务是证券公司能为客户提供有效、便捷、个性化的投资建议和参考资料。资讯服务有两种，一种是自助性资讯服务，另一种是“一对一”或“多对一”的资讯服务。属于增值咨询，包括投资策略、个股推荐、持仓股票诊断、实时交流。

2. 增加增值服务产品

这是在通道服务和资讯服务的基础上更高级形态的核心性服务，是决定客户服务能力高低的关键所在，也是证券公司维系客户稳定性、提高客户资产周转率、吸引更多增量客户、进而提高佣金费率的关键所在。主要有市场信息、市场策略、深度研究三大类，进一步又可细分为财经信息、市场研判、股票池、投资组合、债券基金研究、公司研究、行业研究、专题研究、宏观经济及相关政策九大类。

主要包括证券投资咨询服务和理财顾问服务。前者是指依托证券公司和研究机构的研究分析成果，利用互联网技术或媒体向客户提供研究报告及投资咨询服务。后者是指导证券公司向客户提供财务分析与规划、投资建议、个人投资产品推介等综合性理财专业化服务。通过设置专属投资顾问，根据客户的资信状况、投资偏好、风险偏好等，服务客户寻找最适合自己的投资组合，为客户提供有针对性的投资建议，这是一种综合性高附加值的服务，要求提供服务的经纪人对相关的金融市场及其交易机制、金融产品风险与收益都有清晰的认识，在此基础上提供专业性的判断。同时要求理财顾问兼顾客户各个方面的投资需求，不但涵盖金融产品投资等投资顾问服务，而且还要包括财务规划、税务规划、艺术品投资等领域。在境外的资本市场，证券公司的客户服务是有偿提供的，查看行情、咨询信息、接受专业理财建议等，都必须向证券公司缴纳一定的费用。

通过差异化战略树立品牌，加大研发部门的投入，强化市场咨询、信息收集等服务项目从而实现服务的专业化、差别化和个性化将是我国证券经纪业务的发展趋势。随着我国证券市场的发展，证券经纪业务将会进入一个新的发展阶段，未来营业部柜台人员将大大减少。未来证券公司之间经纪业务的竞争将集中于研究和咨询方面，而不再是硬件环境和设备的较量。与建立客户建立长期关系，为客户最大限度地提供个性化的增值服务，将成为证券经纪人吸引和留住客户的核心手段。以高质量、智能化、个性化的服务为特征的信息咨询服务将是我国证券经纪业务竞争的关键。

3. 提升资产管理业务来提升财富管理能力

未来我国证券公司经纪业务模式的发展趋势，主要是通过增加财富管理功能升级经纪业务，通过提升资产管理业务来提升财富管理能力。在佣金大幅下降的背景下，经纪业务转型的节奏日益加快。目前最新的转型即为投顾业务，增加财富管理功能将经纪业务升级。中介业务和财富管理业务是未来券商转型的方向。资本雄厚、资产管理业务及网点领先的券商将来会在竞争中占据足够的优势。首先资产管理业务领先的券商更具有财富管理的能力，其次网点较多的券商客户资源和渠道资源更丰富，更有利于财富管理业务的开展。所以拥有雄厚的资本实力、资产管理及营业网点领先的大型券商是未来的发展主流。这就要求证券公司必须进行制度创新和产品创新，通过强化资产管理来提升财富管理能力。

三、加快网上交易与交易手段现代化的发展

网上交易大大突破了传统经营模式中的地域限制，能有效降低证券经纪人的经营成本，提高服务的质量。随着我国投资者素质的不断提高，以及信息技术的迅速发展，网上交易、电话委托、手机炒股等逐渐被投资者接受，尤其是网上证券委托交易量占总交易量的比重正在不断增长。随着网上交易规模的不断加大，政府应对网上交易的安全性进行更加有效地监管，扶持网上交易新技术的使用。证券经纪人应通过对不同的交易方式实行差别佣金费率，积极引导投资者向网上交易转化。降低投资者交易成本，减少自身的经营费用的支出。

国外证券公司在这方面为国内的证券公司提供了诸多很好的借鉴，我们应该结合实际，参考国内公司的经验，不断完善证券经纪人的绩效考核体系，在激励证券经纪人积极性的同时，保持证券经纪人队伍的稳定。

综上所述，在中国证券市场逐步走向成熟、日趋规范发展的今天，建立完善的证券经纪人制度，培育素质高、品行优、服务佳的证券经纪人队伍将是证券公司的必然选择。未来中国证券经纪市场的发展趋势必然是：谁拥有成功的证券经纪人队伍，谁便能抢得证券经纪业务的先机，谁便能在激烈的证券经纪业务竞争中脱颖而出，从而不断扩大证券公司自身的业务经营网络，增大营业额，创造出更丰厚的利润。

附　录

一、《证券公司监督管理条例》

《证券公司监督管理条例》已经2008年4月23日国务院第6次常务会议通过，现予公布，自2008年6月1日起施行。

第一章　总则

第一条　为了加强对证券公司的监督管理，规范证券公司的行为，防范证券公司的风险，保护客户的合法权益和社会公共利益，促进证券业健康发展，根据《中华人民共和国公司法》（以下简称《公司法》）、《中华人民共和国证券法》（以下简称《证券法》），制定本条例。

第二条　证券公司应当遵守法律、行政法规和国务院证券监督管理机构的规定，审慎经营，履行对客户的诚信义务。

第三条　证券公司的股东和实际控制人不得滥用权利，占用证券公司或者客户的资产，损害证券公司或者客户的合法权益。

第四条 国家鼓励证券公司在有效控制风险的前提下，依法开展经营方式创新、业务或者产品创新、组织创新和激励约束机制创新。

国务院证券监督管理机构、国务院有关部门应当采取有效措施，促进证券公司的创新活动规范、有序进行。

第五条 证券公司按照国家规定，可以发行、交易、销售证券类金融产品。

第六条 国务院证券监督管理机构依法履行对证券公司的监督管理职责。国务院证券监督管理机构的派出机构在国务院证券监督管理机构的授权范围内，履行对证券公司的监督管理职责。

第七条 国务院证券监督管理机构、中国人民银行、国务院其他金融监督管理机构应当建立证券公司监督管理的信息共享机制。

国务院证券监督管理机构和地方人民政府应当建立证券公司的有关情况通报机制。

第二章 设立与变更

第八条 设立证券公司，应当具备《公司法》《证券法》和本条例规定的条件，并经国务院证券监督管理机构批准。

第九条 证券公司的股东应当用货币或者证券公司经营必需的非货币财产出资。证券公司股东的非货币财产出资总额不得超过证券公司注册资本的30%。

证券公司股东的出资，应当经具有证券、期货相关业务资格的会计师事务所验资并出具证明；出资中的非货币财产，应当经具有证券相关业务资格的资产评估机构评估。

在证券公司经营过程中，证券公司的债权人将其债权转为证券公司股权的，不受本条第一款规定的限制。

第十条 有下列情形之一的单位或者个人，不得成为持有证券公司5%以上股权的股东、实际控制人：

（一）因故意犯罪被判处刑罚，刑罚执行完毕未逾3年；

（二）净资产低于实收资本的50%，或者或有负债达到净资产的50%；

（三）不能清偿到期债务；

（四）国务院证券监督管理机构认定的其他情形。

证券公司的其他股东应当符合国务院证券监督管理机构的相关要求。

第十一条 证券公司应当有3名以上在证券业担任高级管理人员满2年的高级管理人员。

第十二条 证券公司设立时，其业务范围应当与其财务状况、内部控制制度、合规制度和人力资源状况相适应；证券公司在经营过程中，经其申请，国务院证券监督管理机构可以根据其财务状况、内部控制水平、合规程度、高级管理人员业务管理能力、专业人员数量，对其业务范围进行调整。

第十三条 证券公司变更注册资本、业务范围、公司形式或者公司章程中的重要条款，合并、分立，设立、收购或者撤销境内分支机构，变更境内分支机构的营业场所，在境外设立、收购、参股证券经营机构，应当经国务院证券监督管理机构批准。

前款所称公司章程中的重要条款，是指规定下列事项的条款：

（一）证券公司的名称、住所；

（二）证券公司的组织机构及其产生办法、职权、议事规则；

（三）证券公司对外投资、对外提供担保的类型、金额和内部审批程序；

（四）证券公司的解散事由与清算办法；

（五）国务院证券监督管理机构要求证券公司章程规定的其他事项。

本条第一款所称证券公司分支机构，是指从事业务经营活动的分公司、证券营业部等证券公司下属的非法人单位。

第十四条 任何单位或者个人有下列情形之一的，应当事先告知证券公司，由证券公司报国务院证券监督管理机构批准：

（一）认购或者受让证券公司的股权后，其持股比例达到证券公司注册资本的5%；

（二）以持有证券公司股东的股权或者其他方式，实际控制证券公司5%以上的股权。

未经国务院证券监督管理机构批准，任何单位或者个人不得委托他人或者接受他人委托持有或者管理证券公司的股权。证券公司的股东不得违反国家规定，约定不按照出资比例行使表决权。

第十五条　证券公司合并、分立的，涉及客户权益的重大资产转让应当经具有证券相关业务资格的资产评估机构评估。

证券公司停业、解散或者破产的，应当经国务院证券监督管理机构批准，并按照有关规定安置客户、处理未了结的业务。

第十六条　国务院证券监督管理机构应当对下列申请进行审查，并在下列期限内，作出批准或者不予批准的书面决定：

（一）对在境内设立证券公司或者在境外设立、收购或者参股证券经营机构的申请，自受理之日起6个月；

（二）对变更注册资本、合并、分立或者要求审查股东、实际控制人资格的申请，自受理之日起3个月；

（三）对变更业务范围、公司形式、公司章程中的重要条款或者要求审查高级管理人员任职资格的申请，自受理之日起45个工作日；

（四）对设立、收购、撤销境内分支机构，变更境内分支机构的营业场所，或者停业、解散、破产的申请，自受理之日起30个工作日；

（五）对要求审查董事、监事、境内分支机构负责人任职资格的申请，自受理之日起20个工作日。

国务院证券监督管理机构审批证券公司及其分支机构的设立申请，应当考虑证券市场发展和公平竞争的需要。

第十七条　公司登记机关应当依照法律、行政法规的规定，凭国务院证券监督管理机构的批准文件，办理证券公司及其境内分支机构的设立、变更、注销登记。

证券公司在取得公司登记机关颁发或者换发的证券公司或者境内分支机构的营业执照后，应当向国务院证券监督管理机构申请颁发或者换发经营证券业务许可证。经营证券业务许可证应当载明证券公司或者境内分支机构的证券业务范围。

未取得经营证券业务许可证，证券公司及其境内分支机构不得经营证券业务。

证券公司停止全部证券业务、解散、破产或者撤销境内分支机构的，应当在国务院证券监督管理机构指定的报刊上公告，并按照规定将经营证券业务许可证交国务院证券监督管理机构注销。

第三章　组织机构

第十八条　证券公司应当依照《公司法》《证券法》和本条例的规定，建立健全组织机构，明确决策、执行、监督机构的职权。

第十九条　证券公司可以设独立董事。证券公司的独立董事，不得在本证券公司担任董事会外的职务，不得与本证券公司存在可能妨碍其作出独立、客观判断的关系。

第二十条　证券公司经营证券经纪业务、证券资产管理业务、融资融券业务和证券承销与保荐业务中两种以上业务的，其董事会应当设薪酬与提名委员会、审计委员会和风险控制委员会，行使公司章程规定的职权。

证券公司董事会设薪酬与提名委员会、审计委员会的，委员会负责人由独立董事担任。

第二十一条　证券公司设董事会秘书，负责股东会和董事会会议的筹备、文件的保管以及股东资料的管理，按照规定或者根据国务院证券监督管理机构、股东等有关单位或者个人的要求，依法提供有关资料，办理信息报送或者信息披露事项。董事会秘书为证券公司高级管理人员。

第二十二条　证券公司设立行使证券公司经营管理职权的机构，应当在公司章程中明确其名称、组成、职责和议事规则，该机构的成员为证券公司高级管理人员。

第二十三条 证券公司设合规负责人，对证券公司经营管理行为的合法合规性进行审查、监督或者检查。合规负责人为证券公司高级管理人员，由董事会决定聘任，并应当经国务院证券监督管理机构认可。合规负责人不得在证券公司兼任负责经营管理的职务。

合规负责人发现违法违规行为，应当向公司章程规定的机构报告，同时按照规定向国务院证券监督管理机构或者有关自律组织报告。

证券公司解聘合规负责人，应当有正当理由，并自解聘之日起3个工作日内将解聘的事实和理由书面报告国务院证券监督管理机构。

第二十四条 证券公司的董事、监事、高级管理人员和境内分支机构负责人应当在任职前取得经国务院证券监督管理机构核准的任职资格。

证券公司不得聘任、选任未取得任职资格的人员担任前款规定的职务；已经聘任、选任的，有关聘任、选任的决议、决定无效。

第二十五条 证券公司的法定代表人或者高级管理人员离任的，证券公司应当对其进行审计，并自其离任之日起2个月内将审计报告报送国务院证券监督管理机构；证券公司的法定代表人或者经营管理的主要负责人离任的，应当聘请具有证券、期货相关业务资格的会计师事务所对其进行审计。

前款规定的审计报告未报送国务院证券监督管理机构的，离任人员不得在其他证券公司任职。

第四章

第一节 一般规定

第二十六条 证券公司及其境内分支机构从事《证券法》第一百二十五条规定的证券业务，应当遵守《证券法》和本条例的规定。

证券公司及其境内分支机构经营的业务应当经国务院证券监督管理机构批准，不得经营未经批准的业务。

2个以上的证券公司受同一单位、个人控制或者相互之间存在控制关系的，不得经营相同的证券业务，但国务院证券监督管理机构另有规定的除外。

第二十七条 证券公司应当按照审慎经营的原则，建立健全风险管理与内部控制制度，防范和控制风险。

证券公司应当对分支机构实行集中统一管理，不得与他人合资、合作经营管理分支机构，也不得将分支机构承包、租赁或者委托给他人经营管理。

第二十八条 证券公司受证券登记结算机构委托，为客户开立证券账户，应当按照证券账户管理规则，对客户申报的姓名或者名称、身份的真实性进行审查。同一客户开立的资金账户和证券账户的姓名或者名称应当一致。

证券公司为证券资产管理客户开立的证券账户，应当自开户之日起3个交易日内报证券交易所备案。

证券公司不得将客户的资金账户、证券账户提供给他人使用。

第二十九条 证券公司从事证券资产管理业务、融资融券业务，销售证券类金融产品，应当按照规定程序，了解客户的身份、财产与收入状况、证券投资经验和风险偏好，并以书面和电子方式予以记载、保存。证券公司应当根据所了解的客户情况推荐适当的产品或者服务。具体规则由中国证券业协会制定。

第三十条 证券公司与客户签订证券交易委托、证券资产管理、融资融券等业务合同，应当事先指定专人向客户讲解有关业务规则和合同内容，并将风险揭示书交由客户签字确认。业务合同的必备条款和风险揭示书的标准格式，由中国证券业协会制定，并报国务院证券监督管理机构备案。

第三十一条 证券公司从事证券资产管理业务、融资融券业务，应当按照规定编制对账单，按月寄送客户。证券公司与客户对对账单送交时间或者方式另有约定的，从其约定。

第三十二条 证券公司应当建立信息查询制度，保证客户在证券公司营业时间内能够随时查询其委托记录、交易记录、证券和资金余额，以及证券公司业务经办人员和证券经纪人的姓名、执业证书、证券经纪人证书编号等信息。

客户认为有关信息记录与实际情况不符的，可以向证券公司或者国务院证券监督管理机构投诉。证券公司应当指定专门部门负责处理客户投诉。国务院证券监督管理机构应当根据客户的投诉，采取相应措施。

第三十三条　证券公司不得违反规定委托其他单位或者个人进行客户招揽、客户服务、产品销售活动。

第三十四条　证券公司向客户提供投资建议，不得对证券价格的涨跌或者市场走势作出确定性的判断。

证券公司及其从业人员不得利用向客户提供投资建议而谋取不正当利益。

第三十五条　证券公司应当建立并实施有效的管理制度，防范其从业人员直接或者以化名、他人名义持有、买卖股票，收受他人赠送的股票。

第三十六条　证券公司应当按照规定提取一般风险准备金，用于弥补经营亏损。

第二节　证券经纪业务

第三十七条　证券公司从事证券经纪业务，应当对客户账户内的资金、证券是否充足进行审查。客户资金账户内的资金不足的，不得接受其买入委托；客户证券账户内的证券不足的，不得接受其卖出委托。

第三十八条　证券公司从事证券经纪业务，可以委托证券公司以外的人员作为证券经纪人，代理其进行客户招揽、客户服务等活动。证券经纪人应当具有证券从业资格。

证券公司应当与接受委托的证券经纪人签订委托合同，颁发证券经纪人证书，明确对证券经纪人的授权范围，并对证券经纪人的执业行为进行监督。

证券经纪人应当在证券公司的授权范围内从事业务，并应当向客户出示证券经纪人证书。

第三十九条　证券经纪人应当遵守证券公司从业人员的管理规定，其在证券公司授权范围内的行为，由证券公司依法承担相应的法律责任；超出授权范围的行为，证券经纪人应当依法承担相应的法律责任。

证券经纪人只能接受一家证券公司的委托，进行客户招揽、客户服务等活动。

证券经纪人不得为客户办理证券认购、交易等事项。

第四十条 证券公司向客户收取证券交易费用，应当符合国家有关规定，并将收费项目、收费标准在营业场所的显著位置予以公示。

第三节 证券自营业务

第四十一条 证券公司从事证券自营业务，限于买卖依法公开发行的股票、债券、权证、证券投资基金或者国务院证券监督管理机构认可的其他证券。

第四十二条 证券公司从事证券自营业务，应当使用实名证券自营账户。

证券公司的证券自营账户，应当自开户之日起 3 个交易日内报证券交易所备案。

第四十三条 证券公司从事证券自营业务，不得有下列行为：

（一）违反规定购买本证券公司控股股东或者与本证券公司有其他重大利害关系的发行人发行的证券；

（二）违反规定委托他人代为买卖证券；

（三）利用内幕信息买卖证券或者操纵证券市场；

（四）法律、行政法规或者国务院证券监督管理机构禁止的其他行为。

第四十四条 证券公司从事证券自营业务，自营证券总值与公司净资本的比例、持有一种证券的价值与公司净资本的比例、持有一种证券的数量与该证券发行总量的比例等风险控制指标，应当符合国务院证券监督管理机构的规定。

第四节 证券资产管理业务

第四十五条 证券公司可以依照《证券法》和本条例的规定，从事接受客户的委托、使用客户资产进行投资的证券资产管理业务。投资所产生的收益由客户享有，损失由客户承担，证券公司可以按照约定收取管理费用。

证券公司从事证券资产管理业务，应当与客户签订证券资产管理合同，约定投资范围、投资比例、管理期限及管理费用等事项。

第四十六条　证券公司从事证券资产管理业务，不得有下列行为：

（一）向客户作出保证其资产本金不受损失或者保证其取得最低收益的承诺；

（二）接受一个客户的单笔委托资产价值，低于国务院证券监督管理机构规定的最低限额；

（三）使用客户资产进行不必要的证券交易；

（四）在证券自营账户与证券资产管理账户之间或者不同的证券资产管理账户之间进行交易，且无充分证据证明已依法实现有效隔离；

（五）法律、行政法规或者国务院证券监督管理机构禁止的其他行为。

第四十七条　证券公司使用多个客户的资产进行集合投资，或者使用客户资产专项投资于特定目标产品的，应当符合国务院证券监督管理机构的有关规定，并报国务院证券监督管理机构批准。

国务院证券监督管理机构应当自受理申请之日起 2 个月内，对前款规定的事项作出批准或者不予批准的书面决定。

第五节　融资融券业务

第四十八条　本条例所称融资融券业务，是指在证券交易所或者国务院批准的其他证券交易场所进行的证券交易中，证券公司向客户出借资金供其买入证券或者出借证券供其卖出，并由客户交存相应担保物的经营活动。

第四十九条　证券公司经营融资融券业务，应当具备下列条件：

（一）证券公司治理结构健全，内部控制有效；

（二）风险控制指标符合规定，财务状况、合规状况良好；

（三）有经营融资融券业务所需的专业人员、技术条件、资金和证券；

（四）有完善的融资融券业务管理制度和实施方案；

（五）国务院证券监督管理机构规定的其他条件。

第五十条 证券公司从事融资融券业务，应当与客户签订融资融券合同，并按照国务院证券监督管理机构的规定，以证券公司的名义在证券登记结算机构开立客户证券担保账户，在指定商业银行开立客户资金担保账户。客户资金担保账户内的资金应当参照本条例第五十七条的规定进行管理。

在以证券公司名义开立的客户证券担保账户和客户资金担保账户内，应当为每一客户单独开立授信账户。

第五十一条 证券公司向客户融资，应当使用自有资金或者依法筹集的资金；向客户融券，应当使用自有证券或者依法取得处分权的证券。

第五十二条 证券公司向客户融资融券时，客户应当交存一定比例的保证金。保证金可以用证券充抵。

客户交存的保证金以及通过融资融券交易买入的全部证券和卖出证券所得的全部资金，均为对证券公司的担保物，应当存入证券公司客户证券担保账户或者客户资金担保账户并记入该客户授信账户。

第五十三条 客户证券担保账户内的证券和客户资金担保账户内的资金为信托财产。证券公司不得违背受托义务侵占客户担保账户内的证券或者资金。除本条例第五十四条规定的情形或者证券公司和客户依法另有约定的情形外，证券公司不得动用客户担保账户内的证券或者资金。

第五十四条 证券公司应当逐日计算客户担保物价值与其债务的比例。当该比例低于规定的最低维持担保比例时，证券公司应当通知客户在一定的期限内补交差额。客户未能按期交足差额，或者到期未偿还融资融券债务的，证券公司应当立即按照约定处分其担保物。

第五十五条 客户依照本条例第五十二条第一款规定交存保证金的比例，由国务院证券监督管理机构授权的单位规定。

证券公司可以向客户融出的证券和融出资金可以买入证券的种类，可充抵保证金的有价证券的种类和折算率，融资融券的期限，最低维持担保比例和补交差额的期限，由证券交易所规定。

本条第一款、第二款规定由被授权单位或者证券交易所作出的相关规定，应当向国务院证券监督管理机构备案，且不得违反国家货币政策。

第五十六条 证券公司从事融资融券业务，自有资金或者证券不足的，可以向证券金融公司借入。证券金融公司的设立和解散由国务院决定。

第五章 客户资产的保护

第五十七条 证券公司从事证券经纪业务，其客户的交易结算资金应当存放在指定商业银行，以每个客户的名义单独立户管理。

指定商业银行应当与证券公司及其客户签订客户的交易结算资金存管合同，约定客户的交易结算资金存取、划转、查询等事项，并按照证券交易净额结算、货银对付的要求，为证券公司开立客户的交易结算资金汇总账户。

客户的交易结算资金的存取，应当通过指定商业银行办理。指定商业银行应当保证客户能够随时查询客户的交易结算资金的余额及变动情况。

指定商业银行的名单，由国务院证券监督管理机构会同国务院银行业监督管理机构确定并公告。

第五十八条 证券公司从事证券资产管理业务，应当将客户的委托资产交由本条例第五十七条第四款规定的指定商业银行或者国务院证券监督管理机构认可的其他资产托管机构托管。

资产托管机构应当按照国务院证券监督管理机构的规定和证券资产管理合同的约定，履行安全保管客户的委托资产、办理资金收付事项、监督证券公司投资行为等职责。

第五十九条 客户的交易结算资金、证券资产管理客户的委托资产属于客户，应当与证券公司、指定商业银行、资产托管机构的自有资产相互独立、分别管理。非因客户本身的债务或者法律规定的其他情形，任何单位或者个人不得对客户的交易结算资金、委托资产申请查封、冻结或者强制执行。

第六十条 除下列情形外，不得动用客户的交易结算资金或者委托资金：

（一）客户进行证券的申购、证券交易的结算或者客户提款；

（二）客户支付与证券交易有关的佣金、费用或者税款；

（三）法律规定的其他情形。

第六十一条 证券公司不得以证券经纪客户或者证券资产管理客户的资产向他人提供融资或者担保。任何单位或者个人不得强令、指使、协助、接受证券公司以其证券经纪客户或者证券资产管理客户的资产提供融资或者担保。

第六十二条 指定商业银行、资产托管机构和证券登记结算机构应当对存放在本机构的客户的交易结算资金、委托资金和客户担保账户内的资金、证券的动用情况进行监督，并按照规定定期向国务院证券监督管理机构报送客户的交易结算资金、委托资金和客户担保账户内的资金、证券的存管或者动用情况的有关数据。

指定商业银行、资产托管机构和证券登记结算机构对超出本条例第五十三条、第五十四条、第六十条规定的范围，动用客户的交易结算资金、委托资金和客户担保账户内的资金、证券的申请、指令，应当拒绝；发现客户的交易结算资金、委托资金和客户担保账户内的资金、证券被违法动用或者有其他异常情况的，应当立即向国务院证券监督管理机构报告，并抄报有关监督管理机构。

第六章 监督管理措施

第六十三条 证券公司应当自每一会计年度结束之日起4个月内，向国务院证券监督管理机构报送年度报告；自每月结束之日起7个工作日内，报送月度报告。

发生影响或者可能影响证券公司经营管理、财务状况、风险控制指标或者客户资产安全的重大事件的，证券公司应当立即向国务院证券监督管理机构报送临时报告，说明事件的起因、目前的状态、可能产生的后果和拟采取的相应措施。

第六十四条 证券公司年度报告中的财务会计报告、风险控制指标报告以及国务院证券监督管理机构规定的其他专项报告，应当经具有证券、期货相关业务资格的会计师事务所审计。证券公司年度报告应当附有该会计师事务所出具的内部控制评审报告。

证券公司的董事、高级管理人员应当对证券公司年度报告签署确认意见；经营管理的主要负责人和财务负责人应当对月度报告签署确认意见。在证券公司年度报告、月度报告上签字的人员，应当保证报告的内容真实、准确、完整；对报告内容持有异议的，应当注明自己的意见和理由。

第六十五条 对证券公司报送的年度报告、月度报告，国务院证券监督管理机构应当指定专人进行审核，并制作审核报告。审核人员应当在审核报告上签字。审核中发现问题的，国务院证券监督管理机构应当及时采取相应措施。

国务院证券监督管理机构应当对有关机构报送的客户的交易结算资金、委托资金和客户担保账户内的资金、证券的有关数据进行比对、核查，及时发现资金或者证券被违法动用的情况。

第六十六条 证券公司应当依法向社会公开披露其基本情况、参股及控股情况、负债及或有负债情况、经营管理状况、财务收支状况、高级管理人员薪酬和其他有关信息。具体办法由国务院证券监督管理机构制定。

第六十七条 国务院证券监督管理机构可以要求下列单位或者个人，在指定的期限内提供与证券公司经营管理和财务状况有关的资料、信息：

（一）证券公司及其董事、监事、工作人员；

（二）证券公司的股东、实际控制人；

（三）证券公司控股或者实际控制的企业；

（四）证券公司的开户银行、指定商业银行、资产托管机构、证券交易所、证券登记结算机构；

（五）为证券公司提供服务的证券服务机构。

第六十八条 国务院证券监督管理机构有权采取下列措施，对证券公司的业务活动、财务状况、经营管理情况进行检查：

（一）询问证券公司的董事、监事、工作人员，要求其对有关检查事项作出说明；

（二）进入证券公司的办公场所或者营业场所进行检查；

（三）查阅、复制与检查事项有关的文件、资料，对可能被转移、隐匿或者毁损的文件、资料、电子设备予以封存；

（四）检查证券公司的计算机信息管理系统，复制有关数据资料。

国务院证券监督管理机构为查清证券公司的业务情况、财务状况，经国务院证券监督管理机构负责人批准，可以查询证券公司及与证券公司有控股或者实际控制关系企业的银行账户。

第六十九条 证券公司以及有关单位和个人披露、报送或者提供的资料、信息应当真实、准确、完整，不得有虚假记载、误导性陈述或者重大遗漏。

第七十条 国务院证券监督管理机构对治理结构不健全、内部控制不完善、经营管理混乱、设立账外账或者进行账外经营、拒不执行监督管理决定、违法违规的证券公司，应当责令其限期改正，并可以采取下列措施：

（一）责令增加内部合规检查的次数并提交合规检查报告；

（二）对证券公司及其有关董事、监事、高级管理人员、境内分支机构负责人给予谴责；

（三）责令处分有关责任人员，并报告结果；

（四）责令更换董事、监事、高级管理人员或者限制其权利；

（五）对证券公司进行临时接管，并进行全面核查；

（六）责令暂停证券公司或者其境内分支机构的部分或者全部业务、限期撤销境内分支机构。

证券公司被暂停业务、限期撤销境内分支机构的，应当按照有关规定安置客户、处理未了结的业务。

对证券公司的违法违规行为，合规负责人已经依法履行制止和报告职责的，免除责任。

第七十一条 任何单位或者个人未经批准，持有或者实际控制证券公司5%以上股权的，国务院证券监督管理机构应当责令其限期改正；改正前，相应股权不具有表决权。

第七十二条 任何人未取得任职资格，实际行使证券公司董事、监事、高级管理人员或者境内分支机构负责人职权的，国务院证券监督管理机构应当责令其停止行使职权，予以公告，并可以按照规定对其采取证券市场禁入的措施。

第七十三条 证券公司董事、监事、高级管理人员或者境内分支机构负责人不再具备任职资格条件的，证券公司应当解除其职务并向国务院证券监督管理机构报告；证券公司未解除其职务的，国务院证券监督管理机构应当责令其解除。

第七十四条 证券公司聘请或者解聘会计师事务所的，应当自作出决定之日起3个工作日内报国务院证券监督管理机构备案；解聘会计师事务所的，应当说明理由。

第七十五条 会计师事务所对证券公司或者其有关人员进行审计，可以查阅、复制与审计事项有关的客户信息或者证券公司的其他有关文件、资料，并可以调取证券公司计算机信息管理系统内的有关数据资料。

会计师事务所应当对所知悉的信息保密。法律、行政法规另有规定的除外。

第七十六条 证券交易所应当对证券公司证券自营账户和证券资产管理账户的交易行为进行实时监控；发现异常情况的，应当及时按照交易规则和会员管理规则处理，并向国务院证券监督管理机构报告。

第七章 法律责任

第七十七条 证券公司有下列情形之一的，依照《证券法》第一百九十八条的规定处罚：

（一）聘任不具有任职资格的人员担任境内分支机构的负责人；

（二）未按照国务院证券监督管理机构依法作出的决定，解除不再具备任职资格条件的董事、监事、高级管理人员、境内分支机构负责人的职务。

第七十八条 证券公司从事证券经纪业务，客户资金不足而接受其买入委托，或者客户证券不足而接受其卖出委托的，依照《证券法》第二百零五条的规定处罚。

第七十九条 证券公司将客户的资金账户、证券账户提供给他人使用的，依照《证券法》第二百零八条的规定处罚。

第八十条 证券公司诱使客户进行不必要的证券交易，或者从事证券资产管理业务时，使用客户资产进行不必要的证券交易的，依照《证券法》第二百一十条的规定处罚。

第八十一条 证券公司有下列情形之一的，依照《证券法》第二百一十九条的规定处罚：

（一）证券公司或者其境内分支机构超出国务院证券监督管理机构批准的范围经营业务；

（二）未经批准，用多个客户的资产进行集合投资，或者将客户资产专项投资于特定目标产品。

第八十二条 证券公司在证券自营账户与证券资产管理账户之间或者不同的证券资产管理账户之间进行交易，且无充分证据证明已依法实现有效隔离的，依照《证券法》第二百二十条的规定处罚。

第八十三条 证券公司违反本条例的规定，有下列情形之一的，责令改正，给予警告，没收违法所得，并处以违法所得 1 倍以上 5 倍以下的罚款；没有违法所得或者违法所得不足 10 万元的，处以 10 万元以上 30 万元以下的罚款；情节严重的，暂停或者撤销其相关证券业务许可。对直接负责的主管人员和其他直接责任人员，给予警告，并处以 3 万元以上 10 万元以下的罚款；情节严重的，撤销任职资格或者证券从业资格：

（一）违反规定委托其他单位或者个人进行客户招揽、客户服务或者产品销售活动；

（二）向客户提供投资建议，对证券价格的涨跌或者市场走势作出确定性的判断；

（三）违反规定委托他人代为买卖证券；

（四）从事证券自营业务、证券资产管理业务，投资范围或者投资比例违反规定；

（五）从事证券资产管理业务，接受一个客户的单笔委托资产价值低于规定的最低限额。

第八十四条 证券公司违反本条例的规定，没有违法所得或者违法所得不足3万元的，处以3万元以上30万元以下的罚款。对直接负责的主管人员和其他直接责任人员单处或者并处警告、3万元以上10万元以下的罚款；情节严重的，撤销任职资格或者证券从业资格：

（一）未按照规定对离任的法定代表人或者高级管理人员进行审计，并报送审计报告；

（二）与他人合资、合作经营管理分支机构，或者将分支机构承包、租赁或者委托给他人经营管理；

（三）未按照规定将证券自营账户或者证券资产管理客户的证券账户报证券交易所备案；

（四）未按照规定程序了解客户的身份、财产与收入状况、证券投资经验和风险偏好；

（五）推荐的产品或者服务与所了解的客户情况不相适应；

（六）未按照规定指定专人向客户讲解有关业务规则和合同内容，并以书面方式向其揭示投资风险；

（七）未按照规定与客户签订业务合同，或者未在与客户签订的业务合同中载入规定的必备条款；

（八）未按照规定编制并向客户送交对账单，或者未按照规定建立并有效执行信息查询制度；

（九）未按照规定指定专门部门处理客户投诉；

（十）未按照规定提取一般风险准备金；

（十一）未按照规定存放、管理客户的交易结算资金、委托资金和客户担保账户内的资金、证券；

（十二）聘请、解聘会计师事务所，未按照规定向国务院证券监督管理机构备案，解聘会计师事务所未说明理由。

第八十五条 证券公司未按照规定为客户开立账户的，责令改正；情节严重的，处以 20 万元以上 50 万元以下的罚款，并对直接负责的董事、高级管理人员和其他直接责任人员，处以 1 万元以上 5 万元以下的罚款。

第八十六条 违反本条例的规定并处以违法所得 1 倍以上 5 倍以下的罚款；没有违法所得或者违法所得不足 10 万元的，处以 10 万元以上 60 万元以下的罚款；情节严重的，撤销相关业务许可。对直接负责的主管人员和其他直接责任人员给予警告，撤销任职资格或者证券从业资格，并处以 3 万元以上 30 万元以下的罚款：

（一）未经批准，委托他人或者接受他人委托持有或者管理证券公司的股权，或者认购、受让或者实际控制证券公司的股权；

（二）证券公司股东、实际控制人强令、指使、协助、接受证券公司以证券经纪客户或者证券资产管理客户的资产提供融资或者担保；

（三）证券公司、资产托管机构、证券登记结算机构违反规定动用客户的交易结算资金、委托资金和客户担保账户内的资金、证券；

（四）资产托管机构、证券登记结算机构对违反规定动用委托资金和客户担保账户内的资金、证券的申请、指令予以同意、执行；

（五）资产托管机构、证券登记结算机构发现委托资金和客户担保账户内的资金、证券被违法动用而未向国务院证券监督管理机构报告。

第八十七条 指定商业银行有下列情形之一的，由国务院证券监督管理机构责令改正，给予警告，没收违法所得，并处以违法所得 1 倍以上 5 倍以下的罚款；没有违法所得或者违法所得不足 10 万元的，处以 10 万元以上 60 万元以下的罚款。对直接负责的主管人员和其他直接责任人员给予警告，并处以 3 万元以上 30 万元以下的罚款：

（一）违反规定动用客户的交易结算资金；

（二）对违反规定动用客户的交易结算资金的申请、指令予以同意或者执行；

（三）发现客户的交易结算资金被违法动用而未向国务院证券监督管理机构报告。

指定商业银行有前款规定的行为，情节严重的，由国务院证券监督管理机构会同国务院银行业监督管理机构责令其暂停或者终止客户的交易结算资金存管业务；对直接负责的主管人员和其他直接责任人员，国务院证券监督管理机构可以建议国务院银行业监督管理机构依法处罚。

第八十八条　违反本条例的规定，有下列情形之一的，责令改正，给予警告，并处以 3 万元以上 20 万元以下的罚款；对直接负责的主管人员和其他直接责任人员，给予警告，可以处以 3 万元以下的罚款：

（一）证券公司未按照本条例第六十六条的规定公开披露信息，或者公开披露的信息中有虚假记载、误导性陈述或者重大遗漏；

（二）证券公司控股或者实际控制的企业、资产托管机构、证券服务机构未按照规定向国务院证券监督管理机构报送、提供有关信息、资料，或者报送、提供的信息、资料中有虚假记载、误导性陈述或者重大遗漏。

第八十九条　违反本条例的规定，有下列情形之一的，责令改正，给予警告，没收违法所得，并处以违法所得等值罚款；没有违法所得或者违法所得不足 3 万元的，处以 3 万元以下的罚款；情节严重的，撤销任职资格或者证券从业资格：

（一）合规负责人未按照规定向国务院证券监督管理机构或者有关自律组织报告违法违规行为；

（二）证券经纪人从事业务未向客户出示证券经纪人证书；

（三）证券经纪人同时接受多家证券公司的委托，进行客户招揽、客户服务等活动；

（四）证券经纪人接受客户的委托，为客户办理证券认购、交易等事项。

第九十条　证券公司违反规定收取费用的，由有关主管部门依法给予处罚。

第八章　附则

第九十一条　证券公司经营证券业务不符合本条例第二十六条第三款规定的，应当在国务院证券监督管理机构规定的期限内达到规定要求。

第九十二条　证券公司客户的交易结算资金存管方式不符合本条例第五十七条规定的，国务院证券监督管理机构应当责令其限期调整。

证券公司客户的交易结算资金存管方式，应当自本条例实施之日起1年内达到规定要求。

第九十三条　经国务院证券监督管理机构批准，证券公司可以向股东或者其他单位借入偿还顺序在普通债务之后的债，具体管理办法由国务院证券监督管理机构制定。

第九十四条　外商投资证券公司的业务范围、境外股东的资格条件和出资比例，由国务院证券监督管理机构规定，报国务院批准。

第九十五条　境外证券经营机构在境内经营证券业务或者设立代表机构，应当经国务院证券监督管理机构批准。具体办法由国务院证券监督管理机构制定，报国务院批准。

第九十六条　本条例所称证券登记结算机构，是指《证券法》第一百五十五条规定的证券登记结算机构。

第九十七条　本条例自2008年6月1日起施行。

二、《证券经纪人管理暂行规定》

中国证券监督管理委员会公告〔2009〕2号，现公布《证券经纪人管理暂行规定》，自2009年4月13日起施行。二〇〇九年三月十三日

第一条　为了加强对证券经纪人的监管，规范证券经纪人的执业行为，保护客户的合法权益，根据《证券法》和《证券公司监督管理条例》（以下简称《条例》），制定本规定。

第二条　证券公司可以通过公司员工或者委托公司以外的人员从事客

户招揽和客户服务等活动。委托公司以外的人员的，应当按照《条例》规定的证券经纪人形式进行，不得采取其他形式。

第三条 证券公司应当建立健全证券经纪人管理制度，采取有效措施，对证券经纪人及其执业行为实施集中统一管理，保障证券经纪人具备基本的职业道德和业务素质，防止证券经纪人在执业过程中从事违法违规或者超越代理权限、损害客户合法权益的行为。

第四条 证券经纪人为证券从业人员，应当通过证券从业人员资格考试，并具备规定的证券从业人员执业条件。

证券经纪人只能接受一家证券公司的委托，并应当专门代理证券公司从事客户招揽和客户服务等活动。

第五条 委托合同应当载明下列事项：

（一）证券公司的名称和证券经纪人的姓名；

（二）证券经纪人的代理权限；

（三）证券经纪人的代理期间；

（四）证券经纪人服务的证券营业部；

（五）证券经纪人的执业地域范围；

（六）证券经纪人的基本行为规范；

（七）证券经纪人的报酬计算与支付方式；

（八）双方权利义务；

（九）违约责任。

证券经纪人的执业地域范围，应当与其服务的证券公司的管理能力及证券营业部的客户管理水平和客户服务的合理区域相适应。

第六条 证券公司应当对证券经纪人进行不少于60个小时的执业前培训，其中法律法规和职业道德的培训时间不少于20个小时。证券公司应当对证券经纪人执业前培训的效果进行测试。

第七条 证券公司应当在与证券经纪人签订委托合同、对其进行执业前培训并经测试合格后，为其向中国证券业协会（以下简称协会）进行执业注册登记。执业注册登记事项包括证券经纪人的姓名、身份证号码、代理权限、代理期间、服务的证券营业部、执业地域范围和公司查询与投诉电话等。

证券公司应当在为证券经纪人进行执业注册登记后，按照协会的规定打印证券经纪人证书，并加盖公司公章，颁发给证券经纪人。证券经纪人证书由协会统一印制、编号。

第八条 证券经纪人证书载明事项发生变动的，证券公司应当将该证书收回，向协会变更该人员的执业注册登记，并按照本规定第七条第二款办理新证书的打印和颁发事宜。

证券公司终止与证券经纪人的委托关系的，应当收回其证券经纪人证书，并自委托关系终止之日起5个工作日内向协会注销该人员的执业注册登记。证券公司因故未能收回证券经纪人证书的，应当自委托关系终止之日起10个工作日内，通过证监会指定报纸和公司网站等媒体公告该证书作废。

第九条 取得证券经纪人证书后，证券经纪人方可执业。证券经纪人应当在执业过程中向客户出示证券经纪人证书，明示其与证券公司的委托代理关系，并在委托合同约定的代理权限、代理期间、执业地域范围内从事客户招揽和客户服务等活动。

第十条 证券经纪人在执业过程中，可以根据证券公司的授权，从事下列部分或者全部活动：

（一）向客户介绍证券公司和证券市场的基本情况；

（二）向客户介绍证券投资的基本知识及开户、交易、资金存取等业务流程；

（三）向客户介绍与证券交易有关的法律、行政法规、证监会规定、自律规则和证券公司的有关规定；

（四）向客户传递由证券公司统一提供的研究报告及与证券投资有关的信息；

（五）向客户传递由证券公司统一提供的证券类金融产品宣传推介材料及有关信息；

（六）法律、行政法规和证监会规定证券经纪人可以从事的其他活动。

第十一条 证券经纪人从事客户招揽和客户服务等活动，应当遵守法律、行政法规、监管机构和行政管理部门的规定、自律规则以及职业道德，自觉接受所服务的证券公司的管理，履行委托合同约定的义务，向客户充分提示证券投资的风险。

第十二条 证券经纪人应当在本规定第十条规定和证券公司授权的范围内执业，不得有下列行为：

（一）替客户办理账户开立、注销、转移，证券认购、交易或者资金存取、划转、查询等事宜；

（二）提供、传播虚假或者误导客户的信息，或者诱使客户进行不必要的证券买卖；

（三）与客户约定分享投资收益，对客户证券买卖的收益或者赔偿证券买卖的损失作出承诺；

（四）采取贬低竞争对手、进入竞争对手营业场所劝导客户等不正当手段招揽客户；

（五）泄露客户的商业秘密或者个人隐私；

（六）为客户之间的融资提供中介、担保或者其他便利；

（七）为客户提供非法的服务场所或者交易设施，或者通过互联网络、新闻媒体从事客户招揽和客户服务等活动；

（八）委托他人代理其从事客户招揽和客户服务等活动；

（九）损害客户合法权益或者扰乱市场秩序的其他行为。

第十三条 证券公司应当按照协会的规定，组织对证券经纪人的后续职业培训。

第十四条 证券公司应当建立健全证券经纪人执业支持系统，向证券经纪人提供其执业所需的有关资料和信息。

第十五条 证券公司应当建立健全信息查询制度，保证客户能够通过现场、电话或者互联网络的方式随时查询证券经纪人的姓名、代理权限、代理期间、服务的证券营业部、执业地域范围及证券经纪人证书编号等信息，能够通过现场或者互联网络的方式查看证券经纪人的照片。

证券公司应当按月或者按季将证券经纪人所招揽和服务客户账户的交易情况及资产余额等信息，以信函、电子邮件、手机短信或者其他适当方式提供给客户。证券公司与客户另有约定的，从其约定。

第十六条 证券公司应当建立健全客户回访制度，指定人员定期通过面谈、电话、信函或者其他方式对证券经纪人招揽和服务的客户进行回访，了解证券经纪人的执业情况，并作出完整记录。负责客户回访的人员不得从事客户招揽和客户服务活动。

第十七条 证券公司应当建立健全异常交易和操作监控制度，采取技术手段，对证券经纪人所招揽和服务客户的账户进行有效监控，发现异常情况的，立即查明原因并按照规定处理。

第十八条 证券经纪人在执业过程中发生违反证券公司内部管理制度、自律规则或者法律、行政法规、监管机构和行政管理部门规定行为的，证券公司应当按照有关规定和委托合同的约定，追究其责任，并及时向公司住所地和该证券经纪人服务的证券营业部所在地证监会派出机构报告。证券经纪人不再具备规定的执业条件的，证券公司应当解除委托合同。

证券经纪人的行为涉嫌违反法律、行政法规、监管机构和行政管理部门规定的，证券公司应当及时报告有关监管机构或者行政管理部门；涉嫌刑事犯罪的，证券公司应当及时向有关司法机关举报。

第十九条 证券公司应当建立健全证券经纪人档案，实现证券经纪人执业过程留痕。证券经纪人档案应当记载证券经纪人的个人基本信息、证券从业资格状态、代理权限、代理期间、服务的证券营业部、执业地域范围、执业前及后续职业培训情况、执业活动情况、客户投诉及处理情况、违法违规及超越代理权限行为的处理情况和绩效考核情况等信息。

第二十条 年度报告应当至少包括下列内容：

（一）本年度与证券经纪人有关的管理制度、内控机制和技术系统的运行和改进情况；

（二）本年度证券经纪人数量的变动情况，报告期末证券经纪人的数量及在证券营业部的分布情况；

（三）本年度证券经纪人委托合同执行情况、证券经纪人报酬支付和合法权益保障情况；

（四）本年度证券经纪人执业前培训和后续职业培训的内容、方式、时间和接受培训的人数以及下一年度的培训计划；

（五）本年度与证券经纪人有关的客户投诉和纠纷及其处理情况，当前可能出现集中投诉的事项、形成原因及拟采取的化解措施。

第二十一条 协会负责制定有关自律规则，组织或者办理证券经纪人的资格考试、注册登记、证书印制与后续职业培训，并可以对证券公司委托、管理证券经纪人的情况和证券经纪人的执业行为进行监督检查，对违反自律规则的证券公司和证券经纪人予以纪律处分。

协会建立证券经纪人数据库，向社会公众提供证券经纪人执业注册登记信息的查询服务。

第二十二条 证监会及其派出机构依法对证券经纪人进行监督管理。对违法违规的证券经纪人，依法采取监管措施或者予以行政处罚。对违反规定或者因管理不善导致证券经纪人违法违规、客户大量投诉、出现重大纠纷、不稳定事件的证券公司，可以要求其提高经纪业务风险资本准备计算比例和有关证券营业部的分支机构风险资本准备计算金额，并依法采取限制其证券经纪人规模等监管措施或者予以行政处罚。

证券公司和证券经纪人的失信行为信息，记入证券期货市场诚信信息数据库系统。

第二十三条 与证券经纪人有关的管理制度，应当至少包括证券经纪人的资格管理、委托合同管理、执业前和后续职业培训、证书管理、行为规范、报酬计算与支付方式以及本规定第十四条至第二十一条规定的事项等内容；证券经纪人制度启动实施方案，应当至少包括实施该制度的证券营业部的选择标准和确定程序、实施该制度的基本步骤等内容。

第二十四条 证券公司的员工从事证券经纪业务营销活动，参照本规定执行。

证券公司的证券经纪业务营销人员数量应当与公司的管理能力相适应。

第二十五条 本规定自2009年4月13日起施行。

三、《证券业从业人员资格管理办法》

第一章 总 则

第一条 为了加强证券业从业人员资格管理，促进证券市场规范发展，保护投资者合法权益，根据《中华人民共和国证券法》，制定本办法。

第二条 在依法从事证券业务的机构（以下简称“机构”）中从事证券业务的专业人员，应当按照本办法规定，取得从业资格和执业证书。

第三条 本办法所称机构是指：

（一）证券公司；

（二）基金管理公司、基金托管机构、基金销售机构；

（三）证券投资咨询机构；

（四）证券资信评估机构；

（五）中国证券监督管理委员会（以下简称“中国证监会”）规定的其他从事证券业务的机构。

第四条 本办法所称从事证券业务的专业人员是指：

（一）证券公司中从事自营、经纪、承销、投资咨询、受托投资管理等业务的专业人员，包括相关业务部门的管理人员；

（二）基金管理公司、基金托管机构中从事基金销售、研究分析、投资管理、交易、监察稽核等业务的专业人员，包括相关业务部门的管理人员；基金销售机构中从事基金宣传、推销、咨询等业务的专业人员，包括相关业务部门的管理人员；

（三）证券投资咨询机构中从事证券投资咨询业务的专业人员及其管

理人员；

（四）证券资信评估机构中从事证券资信评估业务的专业人员及其管理人员；

（五）中国证监会规定需要取得从业资格和执业证书的其他人员。

第五条　中国证券业协会（以下简称“协会”）依据本办法负责从业人员从业资格考试、执业证书发放以及执业注册登记等工作。

第六条　中国证监会对协会有关证券业从业人员资格管理的工作进行指导和监督。

第二章　从业资格取得和执业证书

第七条　参加资格考试的人员，应当年满 18 周岁，具有高中以上文化程度和完全民事行为能力。

第八条　资格考试由协会统一组织。参加考试的人员考试合格的，取得从业资格。

第九条　从业资格不实行专业分类考试。资格考试内容包括一门基础性科目和一门专业性科目。

根据证券市场发展的需要，协会可在资格考试之外另行组织各项专业的水平考试，但不作为法定考试内容，由从业人员自行选择，供机构用人时参考。

第十条　取得从业资格的人员，符合下列条件的，可以通过机构申请执业证书：

（一）已被机构聘用；

（二）最近三年未受过刑事处罚；

（三）不存在《中华人民共和国证券法》第一百二十六条规定的情形；

（四）未被中国证监会认定为证券市场禁入者，或者已过禁入期的；

（五）品行端正，具有良好的职业道德；

（六）法律、行政法规和中国证监会规定的其他条件。

申请执业证券投资咨询以及证券资信评估业务的，申请人应当同时符合《中华人民共和国证券法》第一百五十八条，以及其他相关规定。

第十一条 申请人符合本办法规定条件的，协会应当自收到申请之日起三十日内，向中国证监会备案，颁发执业证书；不符合本办法规定条件的，不予颁发执业证书，并应当自收到申请之日起三十日内书面通知申请人或者机构，并书面说明理由。

第十二条 执业证书不实行分类。取得执业证书的人员，经机构委派，可以代表聘用机构对外开展本机构经营的证券业务。

第三章 监督管理

第十三条 取得执业证书的人员，连续三年不在机构从业的，由协会注销其执业证书；重新执业的，应当参加协会组织的执业培训，并重新申请执业证书。

第十四条 从业人员取得执业证书后，辞职或者不为原聘用机构所聘用的，或者其他原因与原聘用机构解除劳动合同的，原聘用机构应当在上述情形发生后十日内向协会报告，由协会变更该人员执业注册登记。

取得执业证书的从业人员变更聘用机构的，新聘用机构应当在上述情形发生后十日内向协会报告，由协会变更该人员执业注册登记。

第十五条 机构不得聘用未取得执业证书的人员对外开展证券业务。

第十六条 从业人员在执业过程中违反有关证券法律、行政法规以及中国证监会有关规定，受到聘用机构处分的，该机构应当在处分后十日内向协会报告。

第十七条 协会、机构应当定期组织取得执业证书的人员进行后续职业培训，提高从业人员的职业道德和专业素质。

第十八条 协会依据本办法及中国证监会有关规定制定的从业资格考试办法、考试大纲、执业证书管理办法以及执业行为准则等，应当报中国证监会核准。

第十九条 协会应当建立从业人员资格管理数据库，进行资格公示和执业注册登记管理。

第四章　罚　　则

第二十条　参加资格考试的人员，违反考场规则，扰乱考场秩序的，在两年内不得参加资格考试。

第二十一条　取得从业资格的人员提供虚假材料，申请执业证书的，不予颁发执业证书；已颁发执业证书的，由协会注销其执业证书。

第二十二条　机构办理执业证书申请过程中，弄虚作假、徇私舞弊、故意刁难有关当事人的，或者不按规定履行报告义务的，由协会责令改正；拒不改正的，由协会对机构及其直接责任人员给予纪律处分；情节严重的，由中国证监会单处或者并处警告、3 万元以下罚款。

第二十三条　机构聘用未取得执业证书的人员对外开展证券业务的，由协会责令改正；拒不改正的，给予纪律处分；情节严重的，由中国证监会单处或者并处警告、3 万元以下罚款。

第二十四条　从业人员拒绝协会调查或者检查的，或者所聘用机构拒绝配合调查的，由协会责令改正；拒不改正的，给予纪律处分；情节严重的，由中国证监会给予从业人员暂停执业 3 个月至 12 个月，或者吊销其执业证书的处罚；对机构单处或者并处警告、3 万元以下罚款。

第二十五条　被中国证监会依法吊销执业证书或者因违反本办法被协会注销执业证书的人员，协会可在 3 年内不受理其执业证书申请。

第二十六条　协会工作人员不按本办法规定履行职责，徇私舞弊、玩忽职守或者故意刁难有关当事人的，协会应当给予纪律处分。

第五章　附　　则

第二十七条　本办法实施前，持有协会颁发的证券经纪资格证书、证券代理发行资格证书、证券投资咨询资格证书和基金从业人员资格证书的，可以直接申请取得执业证书。

持有上述两个或者两个以上证书的，可以根据协会规定，取得专业水平级别认证。

第二十八条　机构高级管理人员的资格管理由中国证监会另行规定。

第二十九条 本办法自2003年2月1日起施行。1995年发布的《证券业从业人员资格管理暂行规定》同时废止。

四、《证券业从业人员执业行为准则》

（2014年12月10日协会第五届常务理事会第30次会议修订通过，2014年12月17日发布）

为促进证券行业健康持续发展，保护投资者利益，规范证券业从业人员（以下简称“从业人员”）执业行为，树立从业人员的良好职业形象和维护行业声誉，提高从业人员专业服务水平，特指定本准则。证券从业人员应严格遵守准则。各会员单位应加强监督检查，督促从业人员按准则要求从事证券活动。

一、从业人员应自觉遵守法律、行政法规，接受并配合中国证监会的监督与管理，接受并配合协会的自律管理，遵守交易场所有关规则、所在机构的规章制度以及行业公认的职业道德和行为准则。

二、从业人员在执业过程中应当维护客户和其他相关方的合法利益，诚实守信，勤勉尽责，维护行业声誉。

三、从业人员应依照相应的业务规范和执业标准为客户提供专业服务，了解客户需求、财务状况及风险承受能力，为客户推荐合适的产品或服务，充分揭示其推荐产品或服务涉及的责任、义务及相关风险，包括但不限于法律风险、政策风险、市场风险等。

四、从业人员应具备从事相关业务活动所需的专业知识和技能，取得相应的从业资格，通过所在机构向协会申请执业注册，接受协会和所在机构组织的后续职业培训，维持专业胜任能力。

五、从业人员应保守国家秘密、所在机构的商业秘密、客户的商业秘密及个人隐私，对客户服务结束或者离开所在机构后，仍应按照有关规定或合同约定承担上述保密义务。

六、从业人员应当公平对待所有客户，不得从事与履行职责有利益冲突的业务。遇到自身利益或相关方利益与客户的利益发生冲突或可能发生冲突时，应及时向所在机构报告；当无法避免时，应确保客户的利益得到公平的对待。

七、机构或者其管理人员对从业人员发出指令涉嫌违法违规的，从业人员应及时按照所在机构内部程序向高级管理人员或者董事会报告。机构未妥善处理的，从业人员应及时向中国证监会或者协会报告。

八、从业人员应当尊重同业人员，公平竞争，不得贬损同行或以其他不正当竞争手段争揽业务。

九、从业人员不得从事以下活动：

（一）从事内幕交易或利用未公开信息交易活动，泄露利用工作便利获取的内幕信息或其他未公开信息，或明示、暗示他人从事内幕交易活动；

（二）利用资金优势、持股优势和信息优势，单独或者合谋串通，影响证券交易价格或交易量，误导和干扰市场；

（三）编造、传播虚假信息或做出虚假陈述或信息误导，扰乱证券市场；

（四）损害社会公共利益、所在机构或者他人的合法权益；

（五）从事与其履行职责有利益冲突的业务；

（六）接受利益相关方的贿赂或对其进行贿赂，如接受或赠送礼物、回扣、补偿或报酬等，或从事可能导致与投资者或所在机构之间产生利益冲突的活动；

（七）买卖法律明文禁止买卖的证券；

（八）利用工作之便向任何机构和个人输送利益，损害客户和所在机构利益；

（九）违规向客户做出投资不受损失或保证最低收益的承诺；

（十）隐匿、伪造、篡改或者毁损交易记录；

（十一）中国证监会、协会禁止的其他行为。

十、从业人员应主动倡导理性成熟的投资理念，坚持长期投资、价值投资导向，自觉弘扬行业文化，加强自身职业道德修养，规范自身行为，履行社会责任，遵守社会公德，服务社会和投资者。

五、《证券投资顾问业务暂行规定》

第一条 为了规范证券公司、证券投资咨询机构从事证券投资顾问业务行为，保护投资者合法权益，维护证券市场秩序，依据《证券法》《证券公司监督管理条例》《证券、期货投资咨询管理暂行办法》，制定本规定。

第二条 本规定所称证券投资顾问业务，是证券投资咨询业务的一种基本形式，指证券公司、证券投资咨询机构接受客户委托，按照约定，向客户提供涉及证券及证券相关产品的投资建议服务，辅助客户作出投资决策，并直接或者间接获取经济利益的经营活动。投资建议服务内容包括投资的品种选择、投资组合以及理财规划建议等。

第三条 证券公司、证券投资咨询机构从事证券投资顾问业务，应当遵守法律、行政法规和本规定，加强合规管理，健全内部控制，防范利益冲突，切实维护客户合法权益。

第四条 证券公司、证券投资咨询机构及其人员应当遵循诚实信用原则，勤勉、审慎地为客户提供证券投资顾问服务。

第五条 证券公司、证券投资咨询机构及其人员提供证券投资顾问服务，应当忠实客户利益，不得为公司及其关联方的利益损害客户利益；不得为证券投资顾问人员及其利益相关者的利益损害客户利益；不得为特定客户利益损害其他客户利益。

第六条 中国证监会及其派出机构依法对证券公司、证券投资咨询机构从事证券投资顾问业务实行监督管理。

中国证券业协会对证券公司、证券投资咨询机构从事证券投资顾问业务实行自律管理，并依据有关法律、行政法规和本规定，制定相关执业规范和行为准则。

第七条 向客户提供证券投资顾问服务的人员，应当具有证券投资咨询执业资格，并在中国证券业协会注册登记为证券投资顾问。证券投资顾问不得同时注册为证券分析师。

第八条 证券公司、证券投资咨询机构应当制定证券投资顾问人员管理制度，加强对证券投资顾问人员注册登记、岗位职责、执业行为的管理。

第九条 证券公司、证券投资咨询机构应当建立健全证券投资顾问业务管理制度、合规管理和风险控制机制，覆盖业务推广、协议签订、服务提供、客户回访、投诉处理等业务环节。

第十条 证券公司、证券投资咨询机构从事证券投资顾问业务，应当保证证券投资顾问人员数量、业务能力、合规管理和风险控制与服务方式、业务规模相适应。

第十一条 证券公司、证券投资咨询机构向客户提供证券投资顾问服务，应当按照公司制定的程序和要求，了解客户的身份、财产与收入状况、证券投资经验、投资需求与风险偏好，评估客户的风险承受能力，并以书面或者电子文件形式予以记载、保存。

第十二条 证券公司、证券投资咨询机构向客户提供证券投资顾问服务，应当告知客户下列基本信息：

（一）公司名称、地址、联系方式、投诉电话、证券投资咨询业务资格等；

（二）证券投资顾问的姓名及其证券投资咨询执业资格编码；

（三）证券投资顾问服务的内容和方式；

（四）投资决策由客户作出，投资风险由客户承担；

（五）证券投资顾问不得代客户作出投资决策。

证券公司、证券投资咨询机构应当通过营业场所、中国证券业协会和公司网站，公示前款第（一）、（二）项信息，方便投资者查询、监督。

第十三条 证券公司、证券投资咨询机构应当向客户提供风险揭示书，并由客户签收确认。风险揭示书内容与格式要求由中国证券业协会制定。

第十四条 证券公司、证券投资咨询机构提供证券投资顾问服务，应当与客户签订证券投资顾问服务协议，并对协议实行编号管理。协议应当包括下列内容：

（一）当事人的权利义务；

（二）证券投资顾问服务的内容和方式；

（三）证券投资顾问的职责和禁止行为；

（四）收费标准和支付方式；

（五）争议或者纠纷解决方式；

（六）终止或者解除协议的条件和方式。

证券投资顾问服务协议应当约定，自签订协议之日起 5 个工作日内，客户可以书面通知方式提出解除协议。证券公司、证券投资咨询机构收到客户解除协议书面通知时，证券投资顾问服务协议解除。

第十五条 证券投资顾问应当根据了解的客户情况，在评估客户风险承受能力和服务需求的基础上，向客户提供适当的投资建议服务。

第十六条 证券投资顾问向客户提供投资建议，应当具有合理的依据。投资建议的依据包括证券研究报告或者基于证券研究报告、理论模型以及分析方法形成的投资分析意见等。

第十七条 证券公司、证券投资咨询机构应当为证券投资顾问服务提供必要的研究支持。证券公司、证券投资咨询机构的证券研究不足以支持证券投资顾问服务需要的，应当向其他具有证券投资咨询业务资格的证券公司或者证券投资咨询机构购买证券研究报告，提升证券投资顾问服务能力。

第十八条 证券投资顾问依据本公司或者其他证券公司、证券投资咨询机构的证券研究报告作出投资建议的，应当向客户说明证券研究报告的发布人、发布日期。

第十九条 证券投资顾问向客户提供投资建议，应当提示潜在的投资风险，禁止以任何方式向客户承诺或者保证投资收益。

鼓励证券投资顾问向客户说明与其投资建议不一致的观点，作为辅助客户评估投资风险的参考。

第二十条 证券投资顾问向客户提供投资建议，知悉客户作出具体投资决策计划的，不得向他人泄露该客户的投资决策计划信息。

第二十一条 证券公司、证券投资咨询机构从事证券投资顾问业务，应当建立客户回访机制，明确客户回访的程序、内容和要求，并指定专门人员独立实施。

第二十二条 证券公司、证券投资咨询机构从事证券投资顾问业务，应当建立客户投诉处理机制，及时、妥善处理客户投诉事项。

第二十三条 证券公司、证券投资咨询机构应当按照公平、合理、自愿的原则，与客户协商并书面约定收取证券投资顾问服务费用的安排，可以按照服务期限、客户资产规模收取服务费用，也可以采用差别佣金等其他方式收取服务费用。

证券投资顾问服务费用应当以公司账户收取。禁止证券公司、证券投资咨询机构及其人员以个人名义向客户收取证券投资顾问服务费用。

第二十四条 证券公司、证券投资咨询机构应当规范证券投资顾问业务推广和客户招揽行为，禁止对服务能力和过往业绩进行虚假、不实、误导性的营销宣传，禁止以任何方式承诺或者保证投资收益。

第二十五条 证券公司、证券投资咨询机构通过广播、电视、网络、报刊等公众媒体对证券投资顾问业务进行广告宣传，应当遵守《广告法》和证券信息传播的有关规定，广告宣传内容不得存在虚假、不实、误导性信息以及其他违法违规情形。

证券公司、证券投资咨询机构应当提前 5 个工作日将广告宣传方案和时间安排向公司住所地证监局、媒体所在地证监局报备。

第二十六条 证券公司、证券投资咨询机构通过举办讲座、报告会、分析会等形式，进行证券投资顾问业务推广和客户招揽的，应当提前 5 个工作日向举办地证监局报备。

第二十七条 以软件工具、终端设备等为载体，向客户提供投资建议或者类似功能服务的，应当执行本规定，并符合下列要求：

（一）客观说明软件工具、终端设备的功能，不得对其功能进行虚假、不实、误导性宣传；

（二）揭示软件工具、终端设备的固有缺陷和使用风险，不得隐瞒或者有重大遗漏；

（三）说明软件工具、终端设备所使用的数据信息来源；

（四）表示软件工具、终端设备具有选择证券投资品种或者提示买卖时机功能的，应当说明其方法和局限。

第二十八条 证券公司、证券投资咨询机构应当对证券投资顾问业务推广、协议签订、服务提供、客户回访、投诉处理等环节实行留痕管理。向客户提供投资建议的时间、内容、方式和依据等信息，应当以书面或者电子文件形式予以记录留存。

证券投资顾问业务档案的保存期限自协议终止之日起不得少于5年。

第二十九条 证券公司、证券投资咨询机构应当加强人员培训，提升证券投资顾问的职业操守、合规意识和专业服务能力。

第三十条 证券公司、证券投资咨询机构以合作方式向客户提供证券投资顾问服务，应当对服务方式、报酬支付、投诉处理等作出约定，明确当事人的权利和义务。

第三十一条 鼓励证券公司、证券投资咨询机构组织安排证券投资顾问人员，按照证券信息传播的有关规定，通过广播、电视、网络、报刊等公众媒体，客观、专业、审慎地对宏观经济、行业状况、证券市场变动情况发表评论意见，为公众投资者提供证券资讯服务，传播证券知识，揭示投资风险，引导理性投资。

第三十二条 证券投资顾问不得通过广播、电视、网络、报刊等公众媒体，作出买入、卖出或者持有具体证券的投资建议。

第三十三条 证券公司、证券投资咨询机构及其人员从事证券投资顾问业务，违反法律、行政法规和本规定的，中国证监会及其派出机构可以采取责令改正、监管谈话、出具警示函、责令增加内部合规检查次数并提交合规检查报告、责令清理违规业务、责令暂停新增客户、责令处分有关人员等监管措施；情节严重的，中国证监会依照法律、行政法规和有关规定作出行政处罚；涉嫌犯罪的，依法移送司法机关。

第三十四条　证券公司从事证券经纪业务，附带向客户提供证券及证券相关产品投资建议服务，不就该项服务与客户单独作出协议约定、单独收取证券投资顾问服务费用的，其投资建议服务行为参照执行本规定有关要求。

第三十五条　本规定自 2011 年 1 月 1 日起施行。

参考文献

[1]中国证券业协会．证券行业发展报告(2016)(2015)(2014)(2013).

[2]王国刚．建立多层次资本市场体系研究[M]．北京:人民出版社,2006.

[3]唐立军．证券经纪人[M]．北京:中国工商出版社,2007.

[4]吴奉刚．证券经纪人集团化模式与治理[M]．北京: 中国金融出版社, 2006.

[5]中国证券监督管理委员会．中国资本市场发展报告[R].2014.

[6]证券业从业人员一般从业资格考试辅导教材编委会编．金融市场基础知识[M]．北京:中国财政经济出版社,2015.

[7]韩世君,初英．证券经纪人与证券经纪人制度研究[M]．北京:经济科学出版社,2010.

[8] 约翰·S. 戈登．伟大的博弈——华尔街金融帝国的崛起(中译本)[M]．北京:中信出版社,2005.

[9] 林建．大交易场:美国证券市场风云实录[M]．北京:机械工业出版社,2008.

[10][美]艾略特·艾登伯格．4R 营销[M]．北京:企业管理出版社,2006 - 8 - 1.

[11]程峰,王彬．证券营销学[M]．广州:广东经济出版社,2003.

[12]杜晓颖,丁俊峰．金融客户经理[M]．北京:中国金融出版

社,2007.

[13]何杰．证券交易制度论[M]．北京:经济日报出版社,2001.

[14]陈学荣．中国证券经纪制度[M]．北京:企业管理出版社,1998.

[15]王利明．民法[M]．北京:中国人民大学出版社,2000:123.

[16]证券业如何应对互联网冲击　中小券商的出路何方,2014-02-20.

[17]龚映清．互联网金融对证券行业的影响与对策[N]．证券市场导报,2013-11.

[18]张和群．小议我国经纪人的历史变迁[J]．教育教学论坛,2014(12).

[19]吴紫燕．证券公司客户经理制度之改进分析[J]．中国商界,2010(2).

[20]看准网(Kanzhun.com)．浅谈证券经纪人制度创新的思考[EB/OL].2015-03-28.

[21] 胡颖．证券行业:共同关注资本实力强的上市公司, 2008-9-3.

[22]严长胜．构建证券经纪人制度的六大体系[N]．上海证券报,2003-11-24.

[23]沈全水．借鉴美国的证券经纪人制度加速我国证券经纪业发展[J]．经纪人,2002.

[24] 曹颖．浅析我国证券市场监管中存在的主要问题[J]．经济研究导刊料,2001(3).

[25]刘德．香港辉立证券,证券经纪人制度与国内券商经纪业务的拓展．

[26]庞瑞江,于江．克隆美林经纪模式,中国证券经纪人临危上阵[J].IT 经理世界, 2002.

[27]潘圣韬,杨晶．证券经纪人最终定性,委托制占先[N]．中国证券网—上海证券报 2009-0-19.

[28]洪小娟,杨小进．证券经纪人法制规范问题的思考[J]．企业经济,

2001(4).

[29]詹荔华. 对建立我国个人证券经纪人制度的思考[J]. 商业经济与管理,2002(6).

[30]薛峰. 论我国证券公司经纪人的法律地位[N]. 中国人民大学学报,1999-2.

[31]宗长玉. 证券经纪人制度研究[N]. 证券市场导报,2003.

[32]韩世君,初英. 证券经纪人与证券经纪人制度研究[M]. 北京:经济科学出版社,2010.

[33]马俊宁. 证券投资咨询行业现状及发展趋势浅析[EB/OL]. 证券时报网,2016-1-25.

[34]杨晓帆,私募基金公司创始人. 互联网金融在证券业的发展方向[EB/OL]. 知乎网站.

[35]“大鹏”折翅反思录:一个原大鹏证券员工的讲述[EB/OL]. 证券时报网,2013-10-25.

[36]艾经纬. 富友证券“租田到户”模式:被遗忘的证券经纪人试验[N]. 第一财经日报,2009-6-5.

[37]李强. 发达国家证券市场监管法律的比较及借鉴[N]. 河南大学学报,2006.

[38]盛学军. 法德英证券监管体制研究——以证券监管主体在近代的变迁为线索[N]. 西南民族大学学报(人文社科版),2006(5).

[39]司徒大年. 英国资本市场和证券服务业开放情况研究. 上海证券交易所,2006(8).

[40]刘李胜. 纽约证券交易所专营商制度及其借鉴意义[J]. 证券业,2000(12).

[41]刘建洲. 访美归来话自律[J]. 证券业,2000(7).

[42]中国证券监督管理委员会. 英国2000年金融服务与市场法[M]. 法律出版社,2014.

[43]中国证券业协会经纪业务赴英考察团. 关于英国证券经纪业务的

考察报告,中国证券业协会,2007(1).

[44]陈胜荣．从美国经验看我国的证券经纪人制度[J]．财政金融,2004(7).

[45]尚福林．证券市场监管体制比较研究[M]．中国金融出版社,2006．

[46] 徐文．英美证券监管体制及其对中国的启示[J]．西南民族学院学报,1999 (8).

[47] 吴晓求．海外证券市场[M]．中国人民大学出版社, 2002.

[48] (俄) C·IO· 库兹涅佐夫．《货币与信贷》, 德国的有价证券市场,1992 年(12).

[49] 陈柳钦．德国金融混业经营及其监管[J]．上海金融学院学报,2008 (4).

[50] 张精华．德国市场经济体制[M]．兰州大学出版社, 1994.

[51] 何广文．德国金融制度研究[M]．中国劳动社会保障出版社, 2000.

[52] 陈道江,王利民．制度演进: 金融混业经营与分业经营的分叉[J]．财经理论与实践, 2003(5).

[53] 邓兰松,边绪宝．德国全能银行的发展、变革与启示[J]．济南金融, 2004 年(5).

[54] 高基生．德国证券市场行政执法机制研究[N]．证券市场导报,2005(4).

[55] 李俊元, 张秋艳．德国金融业的基本特点及其启示[J]．中国人民大学学报, 2000(1).

[56] 李木子．我国证券经纪人监管制度若干问题研究[J]．河南社会科学, 2011(4).

[57] 吕静．我国证券经纪人制度存在的问题及发展建议[J]．黑龙江金融, 2011(4).

[58] 朱泓．关于我国证券经纪人制度的思考[J]．市场周刊,2009(3).

[59] 华忠．证券经纪人发展前景分析[J]．合作经济与科技,2008(11).

[60] 张幼芳．我国证券经纪人制度发展中存在的风险及防范措施[J]．广东外语外贸大学学报, 2008(5).

[61] 朱颖．美国的证券经纪人制度[N]．金融时报, 2000 (8).

[62] 武为群．香港证券市场[M]．中国金融出版社, 1996.

[63] 周镇宏．新加坡金融业考察报告[J]．广东经济,2000(2).

[64] 金小川．台湾证券市场的结构与特征[J]．台湾研究集刊,2001(3).

[65] 韩骏．英美证券监管体制比较分析及启示[J]．青海金融,2013(1).

[66] 殷克胜．日本证券市场考察报告[N]．证券市场导报,1994(1).

[67] 周振华．英国证券市场考察报告[J]．经济研究参考,? 1993(3).

[68] 丁浩,孟祥辉．英国证券市场监管对我国的启示[J]．商品与质量,? 2010(5).

[69] 李朝晖．证券市场法律监管比较研究[M]．人民出版社, 2000.

[70] 黄运成,申屹,刘希普．证券市场监管：理论、实践与创新[M]．中国金融出版社,2001.

[71] 陈志武．证券监管的英美路线[J]．财经,2002(9).

[72] 潘朝顺,胡朝辉,夏芸．国外证券经纪业务发展模式与启示[J]．特区经济,2005(7).

[73] 中国证券监督管理委员会．证券立法国际研讨会论文集[C]．法律出版社, 1997.

[74] (台)余雪明．证券管理[M]．正中书局,1984.

[75] 齐绍州．欧盟证券市场一体化[M]．武汉大学出版社,2002.

[76] 高基生．德国证券市场行政执法机制研究[N]．证券市场导报,2005(4).

[77] 徐辉．英国金融监管独具特色[N]．国际金融报, 2004(9).

[78] 鲁篱. 证券交易所自治地位的比较研究[J]. 社会科学研究, 2004(5).

[79] 曾慧敏. 美国证券市场分层结构功能与借鉴[J]. 中央财经大学学报,2013(1).

[80] 邱继成. 美国证券市场多层次结构和多交易模式的竞争性演绎, 创新与发展[A]. 中国证券业 2013 年论文集[C]. 中国财政经济出版社, 2014(1).

[81] 程悠. 我国证券经纪人制度发展研究[D]. 重庆大学硕士学位论文,2004.

[82] 陈国辉. 我国证券经纪人制度研究[D]. 西安理工大学硕士学位论文,2002.

[83] 宁洪震,张启文,吕琳. 我国证券经纪人运行模式研究——以美林证券 FC 模式为例[J]. 中国集体经济,2012(22).

[84] 庄志虹. 我国证券经纪人制度研究[D]. 厦门大学硕士学位论文,2008.

[85] 赵鲲翔. 证券经纪人制度研究[D]. 吉林财经大学硕士学位论文,2019.

[86] 姜敏. 证券经纪人向理财顾问的转换[D]. 山东大学硕士学位论文,2011.